漢初風雲人物

惜秋 撰

三民書局

國家圖書館出版品預行編目資料

漢初風雲人物 / 惜秋撰. －－四版一刷. －－臺北市:
三民, 2015
　　面; 公分.

　　ISBN 978－957－14－6011－6　(平裝)

　1.傳記 2.漢代 3.中國

782.12　　　　　　　　　　　　　　104006047

© 　漢初風雲人物

撰　　　者	惜　秋
發 行 人	劉振強
著作財產權人	三民書局股份有限公司
發 行 所	三民書局股份有限公司
	地址　臺北市復興北路386號
	電話　(02)25006600
	郵撥帳號　0009998-5
門 市 部	(復北店)臺北市復興北路386號
	(重南店)臺北市重慶南路一段61號
出版日期	初版一刷　1972年8月
	四版一刷　2015年6月
編　　　號	S 780550

行政院新聞局登記證局版臺業字第○二○○號

有著作權・不准侵害

ISBN　978-957-14-6011-6　(平裝)

http://www.sanmin.com.tw　三民網路書店
※本書如有缺頁、破損或裝訂錯誤,請寄回本公司更換。

四版說明

一、人物故事常常可以啟發智慧，鼓勵向上，提供經驗，示範品性等等，歸納言之，對世道人心，有所裨益而已。作者本此宗旨，撰寫人物故事集，本書即為該系列中的一冊。

二、歷代人物足供啟發借鏡者甚多。作者所選擇的以動亂時期之偉人為主，有鼓勵世人積極奮鬥之意。

三、歷史事實的發生，有突起的，有連續的。史學家對連續性的歷史事實，最為注意。斷代史對其前後的連續，已不無遺憾；而歷史人物則為斷代史斷面的一角，對整個時代之了解，不免知其一而不知其二了。本書對此，特加注意。不僅對當時歷史事實之來源，常加扼要的敘述；對後世的影響，亦作簡要的說明；俾讀者了解這些人物在歷史主流中所處之地位。

四、本書所有資料來源，儘量在文中說明，例如據某書某部分云云，俾讀者讀其文，即知其出處，亦以證明本書所說，是歷史事實，並非虛構故事。

五、為豐富本書內容，另增補新圖，特此說明。

編輯部謹識

二〇一五年五月

【歷史人物第二輯】

漢初風雲人物

目次

壹 智計絕倫張子房

一、平民政治運動中的傑出人物

　　大概是《三國演義》徐庶走馬薦諸葛一回中的話吧，當徐庶辭別劉備時，盛稱諸葛亮的才能，謂劉備如能得諸葛亮出山相助，有如周建立八百年政權之得姜尚，漢建立四百年政權之得張良。《演義》的話，不知何據？我們不能拿它當正經根據；但張良對於劉邦政權的建立，確是有非常的貢獻。高祖既滅項羽，置酒於雒陽南宮，請列侯諸侯，都直言無隱的說明高祖所以得天下與項羽所以失天下之故。高起、王陵都說：「陛下慢而侮人，項羽仁而愛人；然陛下使人攻城略地，所降下者因以予之，與天下同利也；項羽妒賢嫉能，有功者害之，賢者疑之，戰勝而不予人功，得地而不予人利，此所以失天下也。」高祖對他們的說法，不表同意，他說：「公知其一，未知其二。夫運籌策帷帳之中，決勝於千里之外，吾不如子房；鎮國家，撫百姓，給餽饟，不絕糧道，吾不如蕭何；連百萬之軍，戰必勝，攻必取，吾不如韓信。此三者，皆人傑也，吾能用之，此吾所以取天下也。項羽有一范增而不能用，此其所以為我擒也。」高祖的話，大部分實在就是高起、王陵的話，不過他是用事實作為說明罷了。我們平心而論，劉邦知人善任的才能，確是高人一等，尤其能夠辨別各種建議之是非長短，而能作最佳的抉擇，這是所謂「天授」，非人力，而三傑之能盡心

盡力的輔助高祖，的確是他成功的主要因素。這三個人中，他首舉張良，足證張良在三人中的地位更為突出。

我們知道戰國之世，是平民知識分子抬頭的時代。許多平民知識分子共同不斷的努力，才造成第一個真正統一全國的秦政權。這也就是說秦政權的建立，是平民知識分子和封建諸侯的餘孽合作而成的。但是這個政權的壽命並不長，自秦王政二十六年統一全國，至三十八年而去世，二世繼位不足三年，子嬰繼位僅四十六日而亡，總計不過二十年。這天下大亂的並起群雄，如陳勝、吳廣，如項梁、劉邦等，除項氏世為楚將外，其餘都是平民，而且也不一定是知識分子。這是平民自己起來致力於政治運動而釀成大風波的第一次。項梁及其姪項羽之被滅，以及六國之後都不能立足，這一事實，足以說明染有貴族氣味的政治運動，都是時代的落伍者，都無成功的可能。我們再看劉邦幕中的重要人物，如蕭何，沛人，高祖的同鄉，「以文無害為沛主吏掾」，那就是後來縣政主辦司法事務的承審官之流，曹參也是沛人，是蕭何手下的獄掾，丞相陳平是陽武戶牖鄉人，家產只有三十畝地，是一位貧而好讀書的知識分子，周勃也是沛人，以織薄曲為生，常為人吹簫給喪事，王陵是沛縣的豪家，樊噲和高祖為襟兄弟，是沛縣的屠狗者，夏侯嬰是沛廄的司御，灌嬰是睢陽的販繒者。

此外，秦末首先起兵抗秦的陳勝、吳廣，秦時都是屯長，吳廣曾經做過僱農。而漢高祖本人也不過一個泗上的亭長，由此，可知秦末天下大亂，是戰國晚期平民政治運動的連續。可是在這個運動中，有一個特色，那就是知識分子並不很多，就是漢高祖所稱的三傑，韓信似乎是熟讀兵書的人，蕭何對秦的法律似乎很有研究，而張良卻是一個貴族的知識分子。張良之所以成為一個突出的知識分子，就是在乎他雖然出身於貴族，而且曾經為他的國君向秦始皇報復，但是他並不主張恢復舊的封建諸侯；換言之，

他並不與當時平民政治運動的大潮流相逆。光是這一點，就足以說明他的智慧是高人一等了。

我國的政治，自戰國而秦而漢，由封建諸侯的割據而成為統一的國家，更演變為平民政治運動而由平民出身的劉邦來建立政權，這是世界政治史的奇蹟。但是在這樣的奇蹟創造以後，我們的政治便停滯下來，一直停在君主專制的階段。我們細思其故，當與農業生產有極大關係。因為農業生產是爭取天時的一種職業，春季一到，大家爭著下種，不可落後，否則便影響收成，其後的夏耘與秋收，都是搶著在適當的天氣中完成。這樣的種植業養成了一種對於公共事務的管理之不熱心。於是，所有公共事務的管理，都由少數人代勞，讓君主專制一直流傳下來，直要到國父推翻滿清成功，才把它結束。

張良這位我國歷史上最偉大的軍略家和政治家，值得我們宣揚和效法之處實在太多了。我們現在先從他的家世了解起，然後了解他的工作和學術思想的來源，再了解他對漢高祖的貢獻，漢高祖是這一次平民政治運動的領袖，他對漢高祖的貢獻，就是對當時國家統一、社會安全的貢獻。

二、傾家蕩產為報國仇

張良和漢高祖劉邦，在初起事時並沒有直接關係，他本是韓國的公族，張良是他在刺秦始皇以後的化名，後世再也不知道他的原名，好像他本姓張名良似的。他的老家原是在黃河流域的韓國，有人說他的原籍是城父，恐怕不一定正確。從他的祖父起到他的父親，做了五個韓王的宰相，《史記》所謂「五世相韓」，並不是張良家裡五世做韓國的宰相。怎樣知道是他的祖父和父親做五個韓王的宰相呢？這一點，《史記》倒是敘述得很清楚的，原文

張　良

說：「大父開地，相韓昭侯、宣惠王、襄哀王。父平，相釐王、悼惠王。」從他祖父到父親只有兩代，而歷相五位韓君，所以「五世相韓」的五世，應指韓的王家，這是倒句，如果太史公把這一句話寫作「相韓五世」，就不會有誤解，幸而史公把五個韓王的名字列出來，否則正確的解釋就不容易找到了。韓悼惠王二十三年，張良的父親死了，韓國也亡了，這時候的張良只有二十歲。

　　從張良的父親之死與韓國之亡在同一年的事實來看，極可能他的父親是憂時憂國而死的。這樣國破家亡的慘變，加在這樣一位年輕人的身上，他所遭受的打擊之大，我們可以想像得到的。這位年輕人對此慘變的第一個反應是要為國家報仇。他甚至於弟弟死了也不辦葬事，家僮三百也不加管理，萬金家財也把它散出去；他所日夜企求的是利用他的家財，求得一個勇敢而強有力的刺客，把秦始皇刺死。可是當時秦已統一宇內，聲勢浩大，那裡去找一位敢於不要性命而輕拂虎鬚的同志？所以這個志願的達成，並不簡單。但是終於給他想到一條出路，就是不在國內找刺客，而在國外去找。居然給他找到了刺客。

　　他找刺客，可真不易，在他學禮於淮陽的時候，知道有一個叫做倉海君的隱士。這個隱士，可能有如周滅殷商後恥食周粟的伯夷、叔齊以及戰國時義不帝秦的魯仲連一流人物。他的真姓名，當時已經不傳了，只是因為他居住在倉海而得名。倉海不是秦的郡縣，其今之地望，可能是在朝鮮半島。漢武帝時曾以東夷濊貊為郡，稱為倉海郡，當以其地曾有倉海之名之故，《括地志》說：「穢貊在高麗南，新羅北，東至大海西」，則其地當在今大韓民國

首都首爾附近。由此，可知倉海君為了逃避秦的統治而隱居朝鮮半島，此人當是一個反秦的義士，為徐淮間海上往來之人所稔知。故張良得以此而訪問倉海君，並且由於他的介紹，得到一個能使用重一百二十斤鐵鎚的大力士作刺客，乘著秦始皇東遊的機會，他們兩個人在博浪沙中迎上前去，予始皇以奮力的一擊，這是秦始皇二十九年（西元前218年）的事。這一擊，誤中在始皇的副車，所以始皇尚得延續其生命八年。但是刺客和張良，卻遭到嚴厲的搜捕，也震動了全國。張良因而改姓易名，流亡於徐州一帶。從此他便以張良出名，他的本名反而大家都不知道了。

張良的任俠性格和勇敢力行，對於當時各封建諸侯地區的老百姓來說，可能是引以為快的義俠之舉。徐州一帶，原屬楚國，所謂「秦滅六國，楚最無罪」，所以一般楚人都是反秦的，張良刺秦王的壯烈行動，一定轟動於當時的社會，何況他為人尤美丰姿，能忍耐，所以一般百姓對於這個來歷不明的青年，都樂予便利，他反而很安全地生活在這個地區，社會聲望也高起來了。怎樣知道他的社會聲望在徐州一帶是很高的？此可於黃石公特別找他，而以玩弄他的方法來試驗他的忍耐工夫的故事中得到消息。黃石公當時並沒有名字，大概也是一位戰國之世遺留下來深通兵法而富有反秦思想的神祕人物，有如倉海君一樣。歷史上稱這位神祕人物叫做圯上老人，是因為和張良相遇於圯上而得名。

三、流亡下邳的奇遇

張良之與這位神祕人物相見於圯上，是老人自動去找他。《史記》〈留侯世家〉有這樣一段記載：

　　良嘗學禮淮陽，東見倉海君，得力士，為鐵椎重百二十斤。

頤和園彩繪「張良進履」

秦皇帝東游，良與客狙擊秦皇帝博浪沙中，誤中副車。秦
皇帝大怒，大索天下，求賊甚急，為張良故也。良乃更名
姓，亡匿下邳。良嘗閒從容步游下邳圯上，有一老父，衣
褐，至良所，直墮其履圯下。顧謂良曰：「孺子，下取履。」
良愕然，欲毆之；為其老，彊忍，下取履。父曰：「履我！」
良業為取履，因長跪履之。

從這一段記載中，可以知道張良本不姓張名良，張良是刺秦
帝以後的化名，而其得遇圯上老人，是老人主動的找他。這也就
是說流亡在下邳的這位美青年，雖然大家沒有說破，業已料到他
和秦始皇的刺案有關，因此打動這位神祕人物的心意，從試他的
耐性著手，傳授他深奧的知識，達到反秦的目的。作者深信這種
文字記載之外的了解，與當時的實際情形，不會相差很遠。這也
就是說為什麼在毛共匪幫這樣嚴密的控制之下，我們地下工作人
員不但能生存，而且還得迅速發展的必然趨勢。從秦始皇大索張
良不得，而張良反得從容優遊於下邳，而且還得到知識傳受的奇
異機遇的一點來看，更可深信民心向背對於政治運動的重要性了。

在政治運動，尤其是軍事行動中，忍耐力的大小，和成敗的關係最為重要，所謂「小不忍則亂大謀」的便是。圯上老人知道張良的忠肝義膽，俠行敢為，深覺其忍耐力量不夠，是知識和修養不足之故。他之所以直至其前，自行墮履，又命其納履，是測驗他有無忍耐力的基礎。一個嬌生慣養一呼百諾的環境中長成的貴族青年，被一個素不相識的老人當眾侮辱，他能夠忍得下來，已是難得。但是圯上老人還認為不夠，還要約他，直到他先老人而至期約之地，他才說「孺子可教」，才以太公兵法授之，並且告訴他說：「讀此，則為王者師矣。」張良在下邳，於是得了一部可讀的書，作為他增加智能的工具；但是他任俠的特性，未嘗改變。他自己是逋逃客，但他卻又掩護了另外一個殺人犯項伯，項伯就是項羽的叔叔。他們二人由此結下深厚的交情，為後來鴻門宴上漢高祖能夠脫險的基本因素。所以張良的性格和行動，隨時得到得道多助的結果。

張良在下邳居住的時間，先後達十年之久，經歷了秦始皇、秦二世的兩代，而陳勝、吳廣起兵，天下大亂。張良自己也聚集了百餘少年，參加了亡秦的運動。其時有一個叫做景駒的人，自立為楚假王，在留。張良原欲往投景駒，但是到了留以後，遇到劉邦，遂與劉邦相合。

四、初遇劉邦

劉邦那個時候，已有很多神祕傳說，都蘊藏著帝王之尊的意味。如說：當他母親懷胎之前，「嘗息大澤之陂，夢與神遇，是時雷電晦冥，太公（劉邦的父親）往視，則見蛟龍於其上，已而有身，遂產高祖」；如說：他在王媼酒店裡喝多了酒，醉臥時常有龍蟠其身上；如說：「呂公（劉邦的岳父）好相人，見高祖狀貌，敬

而引之上座，並以女許婚」；如說：呂后與兩子俱在田中耨，有一老人求食，相呂及二子皆貴，及見劉邦，則謂呂氏與兩子之貴，皆由劉邦；如說：劉邦匿居芒碭山澤岩石間時，他人皆不能找到，獨呂氏一找便得，是由他的居處之上嘗有雲氣之故；如說：秦始皇生時已知東南有王者氣，故嘗在這一帶巡狩等，不一而足。至白帝子被赤帝子所殺的故事，知道的人更加普遍了。劉邦之起兵的原因，與陳勝、吳廣相同。由此可知當時的楚人，很希望有一個平民出身的皇帝出現，因而種種故事，都集中在這位「仁而愛人，喜施，常有大度，不事家人生產」的劉邦身上。所以當時的豐沛少年子弟，都願跟隨劉邦起兵，一下子便得了二、三千人，其中便有蕭何、曹參與樊噲等。張良與劉邦相見於留，他們談得很投機，張良甘心為劉邦效力，被拜為廄將，所以張良不是劉邦初起兵時的嫡派幹部，其與劉邦的親疏，自與蕭、曹等不同。這也許是張良在劉邦這一方面，常有神龍見首不見尾的意味的基本因素，而且他所做的都是參謀業務，而不是直接帶兵作戰的任務；可是，我們得注意一點，那就是當發生關鍵性的重要問題，都是張良出主意來解決的，劉邦都是採取他的意見的。史稱：「良數以太公兵法說沛公，沛公善之，常用其策。良為他人言，皆不省。良曰：『沛公殆天授』。」他之取消往見景駒，即在劉邦軍中工作，便是為此。

張良是韓國的貴族，但是他並沒有為韓國的前途打算過，有之，只有在項梁立楚懷王時，他向項梁建議為韓立後。他說：「君已立楚後，而韓諸公子橫陽君成賢，可立為王，益樹黨。」他的理由，表面上是增強反秦的力量，而實際上何嘗不是分項梁的勢，所謂「益樹黨」，語意雙關，用心深長，我們如果因此而認為張良是贊成封建諸侯的復活，那正和張良的用意相反。我們有兩件具體的事實，可作證明。橫陽君韓成雖得張良一言而立，而且還是

張去找出來，奉著他略韓地作對秦的遊擊戰的；可是張良和劉邦的關係依然存在，當劉邦從雒陽出轘轅，張良即引兵從劉邦作戰，而由劉邦令韓王成留守陽翟，由此，可知張良對於恢復韓國，並不熱心。這是一個事實。當酈食其說劉邦立六國之後，劉邦已經把印信都趕刻好了，張良適回劉邦的司令部，知道了這件事，立刻舉出八大理由，反對這個方案，足證他是贊成這個以平民為主流的統一運動，而不贊成返回封建割據的舊路的。這是又一個事實。所以張良雖是出身貴族，但是他是努力於平民政治運動，在這個主流中貢獻其智慧和能力的，張良之高人一等，便是在這種地方。

五、太公兵法的運用

南陽與武關兩役，顯示出張良對太公兵法的心得之深和心思之密。原來，劉邦之攻關中，不是從嶢關、函谷關正面攻入，而是採用大迂迴戰略，南繞南陽，然後折而西北，取秦嶺中之要塞武關，然後俯衝咸陽。由於楚懷王有「先入關者王之」的約言，所以劉邦偏師西征，企圖獲得「先入關」的機會，因而兵過南陽，捨而不攻。張良提出異議，他說：「沛公（時劉邦已為沛公）雖欲急入關，秦兵尚眾，距險。今不下宛（南陽），宛從後擊，強秦在前，此危道也。」劉邦因而還兵圍宛，宛守是一個窩囊廢，聽說漢兵圍城三匝，懼欲自殺。他的舍人叫做陳恢的，倒是一個有見識的人，勸宛守慢點自裁，等他看到劉邦後再說。陳恢對劉邦說：「臣聞足下約先入咸陽者王之，今足下留守宛，宛，大郡之都也，連城數十，人民眾，積蓄多，吏人自以為降必死，故皆堅守乘城。今足下盡日止攻，士死傷者必多；引兵去宛，宛必隨足下後。足下前則失咸陽之約，後又有強宛之患。為足下計，莫若約降，封

其守，因使止守；引其甲卒與之西，諸城未下者，聞聲爭開門而待，足下通行無所累。」陳恢的話，就是張良所顧慮的話。由於宛及以西諸地的輕而易舉的取得，且又得部隊甚多，劉邦實力增強，於是浩浩蕩蕩的向武關進兵。

劉邦統兵二萬，進擊武關，張良又有不同的意見，他說：「秦兵尚強，未可輕。臣聞其將屠者子，賈豎易動以利。願沛公且留壁，使人先行，為五萬人具食，益為張旗幟諸山上，為疑兵，令酈食其持重寶啗秦將（其實同時被遣的還有一位能說善道的陸賈）。」秦將固然貪圖這個大紅包，欲叛秦，與劉邦聯和，共同進兵咸陽。劉邦很想接受聯和西進的建議；可是張良又有不同的看法，他說：「此獨其將欲叛耳，恐士卒不從，不從必危，不如因其解（同懈）擊之。」於是劉邦引兵襲擊毫無戒備的守關軍，大破之，直下藍田，逕至霸上，約秦皇降。剛剛接位還只有四十六天的秦皇子嬰只好頸子上掛著一條粗繩子，以白馬素車，奉天子璽，向劉邦投降。

劉邦原是一個酒色之徒，他雖然自泗水亭長升到了沛公的地位，但是那裡見過王宮中繁華豔麗的風光，所以他一進阿房宮，處於集天下之精奇事物和天下之美麗女子群中，就有捨不得離開的意思，樊噲諫之不聽，張良又和他說出一番道理：「夫秦為無道，故沛公得至此。夫為天下除殘賊，宜縞素為資。今始入秦，即安其樂，此所謂助桀為虐。且忠言逆耳利於行，毒藥苦口利於病，願沛公聽樊噲言。」張良這一番道理，有兩個重要的伏筆：第一，劉邦力量尚非項羽之敵，如果住在宮中，以關中王自居，必遭項羽攻擊，那是危險萬分的事情；第二，紛爭方起，劉邦即以聲色享受自娛，頗有自隳朝氣的可能。如果劉邦不聽他的勸告，可能影響張良和劉邦的關係。幸而這位殆有天授的平民領袖，一聽張良的話，便出宮還霸上軍中。這是好危險的事情，因為項羽

不久即率大軍入關，軍於鴻門，欲攻劉邦，劉邦在鴻門宴中得以備盜為託詞，以解項羽之疑。不然，他定會遭受項羽的猛烈攻擊，漢之為漢，正就無法可以推測了。

六、鴻門宴的危險鏡頭

提起鴻門宴，那是另外一個驚險的歷史鏡頭。原來，項羽隨卿子冠軍宋義北救趙，屢破秦軍，降秦大將章邯，自以為功高蓋世，威震天下，而不知他攻堅頓兵，逗留時日過久，劉邦早已繞道進入關中。及項羽軍入關，見關門已閉，守關的不是秦軍而是劉邦的部下，始知關中已入劉邦手中，羽大怒，退至鴻門下，欲攻劉邦。這本是一項極其機密的消息，知道的人很少，他的叔叔項伯是知道此項消息的一個。項伯一心關切張良的安危，乃私入沛公軍中，密見張良，欲與同走。張良帶著感激的語氣對項伯說：「臣為韓王送沛公，今事有急，亡去不義」，「不可以不告」。張良在這裡又把韓王抬出，是表示他的忠，事急亡去不義，又把他從來任俠好義的個性表達出來，使項伯不能不對他信服。張良乃以此機密消息告劉邦，劉邦不由得不大吃一驚，因問張良該怎樣辦？張良首先問他是不是對項羽有違背的意思？劉邦告訴他：「鯫生教我距關無內諸侯，秦地可盡王。」這是置守關兵和對項羽背叛的企圖。張良因問：「沛公自度能卻項羽乎？」劉邦沉默了好一回，回答說：「固不能也，今為奈何？」張良乃固要項伯與劉邦相見。劉邦盡力結歡項伯，兄事之，為項伯祝壽，並結賓婚；因令項伯向項羽委婉說明劉邦並無背叛項羽之意，籍吏民、封府庫，所以待項羽，設兵守關，所以防盜匪。項伯果然把這個意思向項羽說了，而且還加了一些話：「沛公不先破關中，公豈敢入乎；今人有大功而擊之，不義也。」項羽之怒始解。

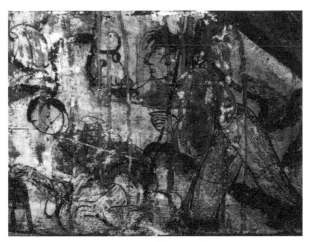

漢墓壁畫「鴻門宴」

　　但是項羽智囊人物范增等必欲殺劉邦，所以劉邦赴鴻門謝過的時候，又有一個危險的鏡頭。劉邦之謝過，是從項伯之約，以百餘騎赴會，項羽設宴款待。項羽、項伯東向坐，范增南向坐，劉邦北向坐，張良西向侍，范增在席間數次以目示意，要項羽乘機除劉邦，並舉所佩玉玦以示之者三，要項羽以決心來殺卻劉邦，這本是他們原來約定的暗號；可是項羽此時，忽以項伯之言在先，反而猶豫不決。范增乃出，召項莊舞劍為壽，因在座中擊劉邦而殺之。范增並且警告他說：「不者，若屬皆且為所虜！」可是當項莊舞劍，「意在沛公」的時候，項伯也拔劍起舞，常以翼沛公，使項莊無法行刺。張良看到了這種情形，馬上回去見樊噲，把危急的情形告訴他，樊噲即帶劍擁盾而強入軍門，衛士阻止，盡被仆，樊噲入帷，西向項羽，頭髮上指，目眥盡裂，這是另一幕荊軻刺秦王式的故事，項羽反而害怕起來，按劍而跽曰：「客何為者？」張良介紹他是：「沛公之參乘樊噲者也。」項羽壯之，賜酒贈肉。樊噲因說項羽：「夫秦王有虎狼之心，殺人如不能舉，刑人如恐不勝，天下皆叛之。懷王與諸將約曰：『先破秦入咸陽者王之』，今

沛公先破秦入咸陽，毫毛不敢有所近，封閉宮室，還軍霸上，以待大王來。……勞苦而功高如此，未有封侯之賞，而聽細說，欲誅有功之人，此亡秦之續耳，竊為大王不取也。」

　　從這一段話以及以前對劉邦出秦宮的諍諫來看，我們殊不能以樊噲以屠狗為業而有所輕視，這是戰國時代平民知識分子隱於雞鳴狗盜賣漿博徒的遺風。這一段話所以能發生力量，一因劉邦遷出秦宮的事實，二因項伯已先向項羽說明，所以打動了項羽，不但不加嗔怪，而且還給他坐位。劉邦因得小安，借著盥洗的因子，招樊噲等逃出鴻門，從間道至霸上。獨留張良在楚軍中，以白璧一雙獻項羽，以玉斗一雙獻范增。項羽坐等劉邦不至，因問張良，張良入謝，獻璧與斗，並謂「聞大王有意督過之，脫身獨去，已至軍矣」。項羽受璧置坐上，范增受斗置地，拔劍擊破之，嘆著說：「豎子不足與謀，奪項王天下者，必沛公也，吾屬今為之虜矣！」劉邦在這兩幕驚心動魄的險局中得以擺脫，完全是張良的機智和勇敢的結果。當是時，項羽兵力四十萬，號稱百萬，劉邦兵力十萬號稱二十萬，強弱懸殊，亦即劉邦處於危險萬分的境地。張良對他的貢獻之大，光是這一件事，已經是恩同再造了。

七、南送劉邦，東從韓王

　　鴻門之會以後，項羽的優勢，已經明確了；於是他西向咸陽，殺秦降王子嬰，燒秦宮室，火勢蔓延了三個月，所有的寶物婦女，都被席捲而東。羽並大封諸侯，范增仍欲使項羽的王業維繫下去，於是以巴蜀道險而遠，把劉邦封為漢王，王巴蜀、漢中，都於南鄭，詭稱巴蜀也是關中，以示並未違背楚懷王的約言。他們還怕劉邦仍圖死灰復燃，把關中之地，分封秦之降將章邯、司馬欣、董翳，使他們對項羽發生感激之心，而忠於項羽，阻塞劉邦捲土

重來的通路。劉邦經此次的重大打擊，只好乖乖的接受命令，南
赴南鄭，所有部隊，項羽只許帶三萬人，但是諸侯之慕從者也有
數萬人，所以劉邦仍然擁有一支相當龐大的軍隊。這裡，張良又
在運用他的智慧了，劉邦南行，張送行至南鄭，並且建議把棧道
燒了。棧道就是在山麓鑿山架木而成的道路，將棧道燒了，就是
表示劉邦並無捲土重來以與項羽爭天下的野心，使項羽不再以劉
邦為大敵人而處處防備他了。

　　在劉邦就漢王之位於南鄭的行列中，張良到達目的地後，又
有新職務，那就是還燒棧道，歸故國佐韓王成。韓王成之得立，
由於張良的建議，而張良則輔佐劉邦，因觸項羽之怒，不遣返國，
攜以俱東，不但降而為侯，而且還在彭城把他殺了。張良與韓王
在彭城逗留了一段相當長的時間，與韓信、陳平之叛楚歸漢，是
不是有關係？史無明文，但《西漢演義》硬說是出於張良的遊說
與介紹。平劇「蕭何月下追韓信」，確有其事，但硬說韓信藏有張
良所給的角書，硬是說張良之東行，旨在尋覓興漢滅楚大元帥，
而他理想中的大元帥，就是韓信。角書一辭不可解，這是小說家
言，大概是指一種約定好了的暗中通信之記號。這就是想當然的
說法。不過張良在彭城，仍然為劉邦做了不少的工作：一是說明
劉邦燒絕棧道顯無東嚮之意，使項羽不再有西顧之憂；一是報告
田榮謀反的消息，使項羽放放心心的有事於齊，而良則從間道亡
歸劉邦。那時候劉邦已經拜韓信為大將，韓信則已北出秦嶺，擊
滅了三個項羽所封的諸侯，已完全占定了原來失去的關中地盤。
張良還為了此事，寫信給項羽，謂「漢王失職，欲得關中，如約
即止，不敢東」；又把齊梁的反書送給項羽看，謂「齊欲與趙並滅
楚」，項羽因此仍以北方為重，並不以劉邦為第一號敵人。

　　漢王在還定三秦以後，以張良為成信侯，自以為力量已足，
乘項羽北擊田榮、後方空虛的機會，率部東征彭城。以張良的智

慧和新從項羽那裡跑回的時機來看，漢兵仍非項羽之敵，他寧有
不知之理？但史書未記良有諫阻之言，這大概是劉邦那時已是志
得意滿，不大肯接受勸諫的關係。可是劉邦那一次攻楚，敗得實
在可憐。當項羽在齊的時候，漢兵很輕易的占領了彭城，收其貨
寶美人，日置酒高會，不慮項羽的還擊。可是當項羽還兵彭城時，
漢軍就慘敗了。項羽聞劉邦之入彭城，乃以北方的軍事，委諸部
屬，親率精兵三萬回彭城，從西方的蕭縣攻入，早上發生戰事，
至日中，就大破漢軍，殺漢軍十餘萬人，餘皆南走，項羽迫之，
至靈壁東的睢水，又殺死漢軍十餘萬，屍體堆積睢水，水為之不
流。項羽圍漢三匝，眼看劉邦及其殘部都要做俘虜了，可是上帝
特別幫劉邦的忙，「大風從西北而起，折木發屋，揚沙石，窈冥晝
晦，逢迎楚軍，楚軍大亂，壞散，而漢王乃得與數十騎遁去」。從
這些記載看，我們可以知道劉邦在還定三秦以後，兵數大增，東
征之軍達二十餘萬之眾。有了這麼大的兵力，所以張良、韓信等
深通軍略的智謀之士的意見，都不在他的眼下。他占了項羽的首
都以後那種趾高氣揚、全不為備的行動，都是外行的作法；而不
知他的部隊多數乃是得自三秦等諸侯而未加訓練的部隊，故不敵
人數不過三萬的項家哀憤之兵。假使不是那陣狂風捲沙而來，劉
邦之被俘，是無可避免的了。真正是所謂「天授」了。

八、策動反楚與反對新封建

　　劉邦經此慘敗，狼狽西遁，妻子父母都被項羽虜為人質，諸
侯見楚強漢弱，原已投漢的又轉投項羽，局勢對劉邦更為不利。
劉邦經梁（大梁，即今之開封）至虞，感到形勢的嚴重，於是又
想到張良過人的智計，提出一個問題，徵詢他的意見。這個問題
便是：「吾欲捐關以東等棄之，誰可與共功者？」張良於是向漢王

建議，楚的驍將英布和聯齊反楚的彭越，以及漢王部下的韓信，都可以運用。劉邦乃使隨何向楚的九江王英布遊說，別遣人以將軍印賜彭越，因而達到煽動英布反楚、彭越攻楚的目的；而韓信本是漢王的部下，張良稱他為漢王部下惟一「可屬大事」的大將，因此益見重用。漢王終於靠了他們三個人的力量，擊敗項羽，成立了我國第二個統一的政權，而且是純粹平民建立的政權。張良這個建議的關係之大，由此可見。這些都是漢王二年的事。

漢王三年，漢軍復出滎陽，項羽急引軍圍之，漢王希望有人起來反對項羽，以分其勢。策士酈食其建議立六國之後，使他們都感戴漢王，必可激起一段反楚的力量。漢王贊成他的建議，命從速趕刻關防，要酈食其送給六國之後。酈食其正要動身的時候，張良從外面進來，漢王正在吃飯，因將酈食其的建議，告訴張良，張良說：「誰為陛下畫此計者？陛下事去矣！」漢王問他：為什麼？張良即請以食物時使用的筷子（箸）計數，舉出八大理由來反駁這個計畫，這便是所謂「借箸代謀」和「發八難以止之」的故事了。他的最重要理由，是針對當時的環境，最能打動劉邦，他說：「天下游士，離其親戚，棄墳墓，去故舊，從陛下游者，徒欲日夜望咫尺之地。今復六國，立韓魏燕趙齊楚之後，天下游士各歸事其主，從其親戚，反（同返）其故舊墳墓，陛下與誰取天下乎！」最後他更強調說：「楚唯無強，六國立者復撓而從之，陛下焉得而臣之！誠用客之謀，陛下事去矣！」漢王於是恍然大悟，立刻輟食吐哺而罵曰：「豎儒，幾敗而（同爾）公事！」即銷毀印信而作罷！這是張良對漢又一次的大貢獻。

韓信，張良認為漢王部下惟一能屬大事的大將，在一個緊要關頭上，張良彌補了韓信和漢王之間的衝突，完成了漢王對項羽的合圍。漢王三、四年間，楚漢相持於滎陽、成皋之間，漢王常常被圍，其間惟一能開拓地盤增強兵力的，只有韓信一個人。韓

信破魏降趙、下齊七十餘城，欲為齊王，因藉口鎮懾北方，非有一個位高權重的人不可，所以他向劉邦建議，設置一個「假齊王」，他並且說因為事實的需要，他已自立了。言外之意，自然是希望劉邦封他做「假齊王」，最好把假字去了，就封齊王。劉邦在那個時候正是困窘萬分，日夜盼韓信援兵，而韓信卻先來這一手，大有乘人之危來要挾的意味，所以劉邦勃然大怒。時適張良和陳平都在，一個踢踢他的腳，一個拉拉他的衣，劉邦始悟，張良乘間向漢王說：「漢方不利，寧能禁信之王乎？不如因而立，善遇之，使自為守。不然，變生！」漢王乃回嗔作戲謔語：「大丈夫定諸侯，即為真王耳，何以假為！」乃遣張良策封韓信為齊王，並徵其兵以擊楚，使項羽腹背陷於夾攻，造成了漢軍的優勢。這是張良另一次對漢的統一之大貢獻。

　　漢王四年的一次戰爭中，項羽因親自率軍東擊彭越等軍，在成皋暫取守勢。漢王使人辱罵其守將海春侯大司馬曹無咎，曹無咎不能忍，重違項羽堅守不戰的囑付，出城與漢軍戰，曹無咎自然不是劉邦的對手，因此敗了下來。

九、合圍項羽的設計

　　項羽回軍，與劉邦相遇於臨與廣武之間，劉邦面數其十大罪狀，項羽大怒，以伏弩射中漢王胸，漢王欲安軍心，乃以手捫足，但謂「虜中吾指」，表示是輕傷，實際上傷得很重，臥病不能起。張良務請漢王勉強起來，慰勞和安撫士卒，以安軍心。漢王從其請，漢軍復安，漢王亦得乘巡視的機會，馳入成皋，一面養傷，一面向關中調兵增防。於是，漢軍迫於西，韓信擊於北，彭越以梁為基地，遊擊楚軍的糧道，項羽乃恐，與漢王約和，以鴻溝（即汴河）為界，項羽則以歸還漢王的父母妻子為條件。

　　項羽方欲東歸，而張良、陳平都勸漢王不要放過滅楚的機會。劉邦乃仍以部隊，躡項羽之後，於是楚漢之爭復起，這是平劇「霸王別姬」的序幕。這一次戰爭之初，彭越等期而不至，所以漢兵仍為項羽所敗，漢王只好仍以堅壁自守。於是，漢王又問張良：「諸侯不從約，為之奈何？」張良告訴他：「楚兵且破，信、越未有分地，其不至固宜！君王能與共分天下，今可立致也；即不能，事未可知也。君王能自陳以東傳海，盡與韓信；睢陽以北至穀城，以與彭越，使各自為戰，則楚易敗也。」漢王採用他的建議，立許韓信、彭越等以封地，而隨何說英布也成了功，劉賈等與韓信、彭越都與漢王相會於垓下，漢兵圍項羽兵數重，夜間，漢軍四面皆發楚歌聲，楚兵散去者甚眾。平劇「霸王別姬」中有楚歌一幕，那是事實。用鄉音和悲歌以散敵人的部隊，這是音樂又一次應用到軍事方面，這當然是一種很高智慧，其設計者，歷史上不傳其人，《西漢演義》的小說中，則有「張子房悲歌散楚」一回，謂韓信見項羽雖已受困，但其親兵仍有強大的戰鬥力，乃問計於張良。張良乃於月夜吹簫，附以楚歌之聲。這雖然是想像之詞，但是其可能性當甚大。這幾項事情，都是有關鍵性的重要，大多數都是張良的主意。高起、王陵所說漢王能以攻克之地予人，為其成功之要素，實際上這些都是出於張良之所教。

　　楚漢相爭中，張良所扮演的角色，不自己帶兵作戰，常常稱病，若隱若現於漢高祖劉邦的左右，凡遇重大問題，必有張良在替他畫策。其方式大多數是出於劉邦的諮詢，但也有劉邦不妥當的決策被張良所諫阻的，出於主動的建議者不多，我們試一探索其因素，其有跡象可尋者，大約有三：其一，圯上老人以太公兵法授張良時對他所說的「讀此，則為王者師矣」，這一點對張良是有深厚的影響力，所以他在高祖左右，是一派「王者師」的作法。其二，漢高幕中，各色人等都有，其中隱然有一派中心的人物，

那就是豐沛起兵時的舊人，張良竭力避免出風頭，露頭角，以免遭人之忌。其三，漢高祖是一個有心機的人，當其窮困時諮詢張良的甚多，但當他自以為羽毛豐滿時，他自有主張，聰明到玲瓏剔透的張子房，自然一看便知。這些因素，當為張良對漢高祖保持不即不離的基本原因了。我們試看當漢高祖論功行賞以張良居首，要拿齊的三萬戶封張良，張良謙遜不遑地說：「始臣起下邳，與上會留，此天以臣授陛下，陛下用臣計，幸而時中，臣願封留足矣，不敢當三萬戶。」這是張良封為留侯的由來。以此與韓信自請為假齊王較，其高明與拙劣，何啻有霄壤之別，此張良所以佐漢有首功而能完名全功的基本原因。

十、安定人心的奇計

劉邦既平項羽以後，安治天下，張良還多次貢獻了很高的智慧。漢王六年，已封功臣二十餘人，其餘功臣，日夜爭論，不能盡封，於是頗有不平與憤懣之心。高祖在雒陽複道中，望見諸將往往在沙中坐語，高祖問張良：他們談論些什麼？張良答道：「此謀反耳！」高祖很奇怪地說：「天下屬安定，何故反乎？」張良說：「陛下起布衣，以此屬取天下；今陛下為天子，而所封皆蕭、曹故人所親愛，而所誅者皆生平所仇怨。今軍吏計功，以天下不足徧封；此屬畏陛下不能盡封，恐又見疑平生過失及誅，故即相聚謀反耳。」高祖乃深憂之，問張良：該怎麼辦？張問他：生平最恨的是誰？高祖答稱：是雍齒，因為他常故意窘辱之故，所以高祖要借故殺他，因為他功多，還沒有得到機會。張良乃建議先封雍齒，使大家知道雍齒都能被封，他們不像雍齒那樣為漢高祖所不喜，自然改變人人自危的心理為人人自慰的心理。高祖乃急封雍齒為什方侯，並急赴丞相府，要他們從速定功行賞。大家這才安

定下來。他的智計之高與妙，大率類此。

天下既定，最重要的事，是首都的決定。儒生劉敬勸高祖都關中，高祖本人對這個建議不很贊成，其左右皆豐沛一帶人，多勸高祖都雒陽，理由是「東有成皋，西有殽黽。倍（同背）河，向伊雒，其固亦足恃」。張良乃發表他的意見：「雒陽雖有此固，其中小，不過數百里，田地薄，四面受敵，此非用武之國也。夫關中左殽函，右隴蜀，沃野千里，南有巴蜀之饒，北有胡苑之利，阻三面而守，獨以一面東制諸侯。諸侯安定，河渭漕輓天下，西給京師；諸侯有變，順流而下，足以委輸，此所謂金城千里，天府之國也，劉敬說是也。」高祖之意乃決，即日命駕西都長安。

張良從行至都，即有退出政治漩渦以歸隱之意，他乃以多病為辭，下「道引不食穀」的工夫，杜門不出。年餘以後，這位好色成性的高祖，因為僻愛戚夫人，推愛於戚夫人所生之子趙王如意，欲廢太子而立之，大臣多諫爭，高祖不從，呂后不知所措。有人向呂后建議應該求教於智計過人的張良，因使呂澤強張良出主意。張良說：「始上數在困急之中，幸用臣策。今天下安定，以愛欲易太子，骨肉之間，雖臣等百餘人何益？」

呂澤還是固請畫策不已，張良乃說這一件事不是口舌所能爭得過來的；不過有四個人素為高祖所敬而無法邀請得到；這四個人就是東園公、綺里季、夏黃公、角里先生，這便是所謂商山四皓，他們年事都已很高，因為高祖好侮慢人，所以逃匿山中，不願稱臣；這四個人愈是不願稱臣，高祖愈是高重四人；他建議以金、玉、璧、帛等貴重物品，由太子為書，語氣要卑下，禮備安車，使辯士固請，四人大致不會固拒；太子因而厚與結交，待高祖見到這四位老人能在太子幕中作客，高祖必以太子為賢，而易嗣之事可以消除了。呂后如法泡製，禮請商山四皓，果然應邀下山，為客於建成侯家。漢王十一年，英布反，時漢王因病，欲使

太子將兵擊之。四皓因對呂澤說：「太子將兵，有功則位不益太子，無功還，則從此受禍矣。且太子所與俱諸將，皆嘗與上定天下梟將也，今使太子將之，此無異使羊將狼也，皆不肯盡力，其無功必矣。……君何不急請呂后承間為上泣言：『黥布（即英布，秦時因犯罪，面上刺過字，故稱），天下猛將也，善用兵；今諸將皆陛下故等夷，乃令太子將此屬，無異使羊將狼，莫肯為用，且使布聞之，則鼓行而西耳！上雖病，彊載輜車，臥而護之，諸將不敢不盡力。上雖苦，為妻子自彊』。」於是建成侯立刻夜見呂后，呂后照四皓所說，向高祖泣訴，高祖固然自將親征。群臣相送霸上，張良也扶病送之，至督郵，因進言：「臣宜從，病甚。楚人剽疾，願上無與楚人爭鋒。」並建議應使「太子為將軍，監關中兵」。高祖仍令張良扶病輔佐太子，稱少輔，位在叔孫通下（按叔時任太輔），良不顧也。高祖既平英布，仍欲廢太子，張良諫，不從；叔孫通以死力爭，實際也沒有發生效果。所謂「不可以口舌爭」，良誠預有所見。及高祖設宴，太子侍，四皓從太子之後，年皆八十有餘，鬚眉皓白，衣冠卻很古雅，高祖問四人是些什麼人？四人自言姓名，高祖大驚，問彼等何以避不見面，今反從太子遊？四人都說「太子為人仁孝，恭敬愛士，天下莫不延頸欲為太子死者，故臣等來耳」。高祖因謂「煩公幸卒調護太子」，於是變更太子之意乃置。我們不要忘記，這個主意的原設計人，乃是張良。

高祖北征陳豨於代，張良從征，出奇計，下馬邑，陳豨遂一蹶不振，這是張良最後一次的從征和獻計。其計如何，史不傳。

十一、結　語

及高祖還，立蕭何為相國，張良乃堅欲辟穀學仙從赤松子遊，自謂：「家世相韓，及韓滅，不愛萬金之資，為韓報讎彊秦，天下

振動；今以三寸舌為帝者師，封萬戶，位列侯，此布衣之極，於良足矣。」於是過著不食人間煙火的隱居生活。及高祖崩，惠帝繼，呂后德張良，強勸他不必自苦如此，並且勉強他吃東西。這大概是他最後一次同政府人員接觸了。其後八年而卒，當是呂后的元年，西元前 187 年。按韓亡時，良二十歲，內史騰虜韓王，是秦王政十七年，即西元前 230 年，然則留侯享年當為四十三歲，正在壯年時期。由此，知他時時託病，天下既定，時時以學仙為名而竭力擺脫政府的關係，都是他明哲保身之處，按張良謝世時，英布、彭越、韓信等都已被殺，功成身退，這正是張良的高明處。後世傳言張良已仙去，則惜其享年不久之說辭而已。

關於張良刺秦始皇一事，宋蘇軾撰〈留侯論〉一文，深怪其自逞匹夫之勇之不合。蘇氏說：「當韓之亡，秦之方盛也，以刀鋸鼎鑊待天下之士，其平居無罪夷滅者，不可勝數，雖有賁、育，無所復施。夫持法太急者，其鋒不可犯，而其末可乘。子房不忍忿忿之心，以匹夫之力，而逞於一擊之間。當此之時，子房之不死者，其間不能容髮，蓋亦已危矣。千金之子，不死於盜賊，何者？其身之可愛，而盜賊之不足以死也。子房以蓋世之才，不為伊尹、太公之謀，而特出於荊軻、聶政之計，以僥倖於不死。」蘇氏此說，蓋深以張良的生命為念，我們的看法，略有不同。張良為「帝者師」的學問基礎，是由圯上老人送給他的太公兵法得來，而圯上老人之自動的去找張良而授予此書，是振於此一來歷不明之青年人有類於鎚擊秦王的刺客之一，其亡居下邳而與圯上老人相值，都是由於此一擊而來。不然茫茫人海，張良何由而得知於圯上老人，老人亦何得以太公兵法授張良？所以博浪一擊，正是張良學問和事業的關鍵。蘇氏認為太史公傳張良，以其貌如婦人女子為言，而不傳其志氣；這也未必是司馬遷的錯誤。張良不是一個魁梧奇偉的大漢，而是秀麗絕俗的美男子，正所以為其出身

世家的貴冑公子作注腳，而張良的志氣，諸如為「帝者師」，常託病不直接帶兵等等事實，都可以清楚地看到他的志氣之所在。作者介紹張良的故事，以蘇氏的批評作為結束，正足以說古今任何偉人，常受見仁見智的批評，是不足為怪的，我們知人論世，最重要的是要明瞭他的環境，以客觀資料作為推論的根據，也許是少致歧誤的一個有效途徑。

貳　功蓋當世蕭相國

一、蕭何的重要性

　　漢高祖平定項羽，重行將分裂的國家統一起來，歸其功於三個得力的智囊人物，居於首功者為張良，次為蕭何，又次為韓信。張良與蕭何都未在疆場上立功，而高祖重之，尚在立功於疆場的韓信之上。他說：「運籌策帷帳之中，決勝於千里之外，吾不如子房；鎮國家，撫百姓，給餽饟，不絕糧道，吾不如蕭何；連百萬之軍，戰必勝，攻必取，吾不如韓信。此三者，皆人傑也，吾能用之，此吾所以取天下也。項羽有一范增而不能用，此其所以為我擒也。」漢高祖對於他幕中的三位高級幹部，雖然三傑並稱，但其地位顯有不同。我們很客觀的說，行大事，決大策，定正確的方針與實施途徑的確定，智慧最關重要；決策既定，執行的正確，也是一件非常重要的事。諸葛武侯的隆中對策，就是替劉備的政治前途，作一個可能的有效的打算，其重點是東聯孫吳，北拒曹操，西取巴蜀，南定南中，然後興師北伐，由荊州與巴蜀分取襄樊與漢中，以會攻曹魏。這個決策，原則上是正確的，但是執行的時候發生了不正確的現象：㈠劉備自將取巴蜀，諸葛亮鎮守荊州；但劉備不能以其入蜀時率領的部隊解決問題，而要諸葛亮去支援他，諸葛亮把鎮守荊州的責任交給關羽，關羽改為分兵以拒曹操與孫權，以致荊州失守，這是隆中對策的執行，第一個大挫

折。㈡荊州既失，劉備硬欲以蜀的全力
與東吳作戰，結果蜀的精銳喪盡，荊州
仍未能復，這是隆中對策的致命打擊。
諸葛亮隆中對策，未能完成漢室的復興，
這不是決策的問題，而是執行的問題。
有了高明而正確的決策，還需要正確的
執行，所以對漢高祖的建立政權來說，
張良為高祖運籌幃幄，固然有其極端的
重要性，但是蕭何、韓信二人，一個在

蕭　何

安定後方補給前方這一方面能夠盡其最大的努力，使前方與後方
打成一片，前方能夠運用他的機智與才能，有效地使他的部隊發
揮最高的效力，使敵人的爪牙，一個接著一個的倒下去，是直接
打敗了敵人，自然是勝利的重要因素之一了。我們從隆中對策的
失敗因素來看漢高祖的成功，蕭何、韓信之重要，自然更加可以
確信無疑。所以當漢高祖分封有功之臣時，大家對蕭何之無戰功
而得封侯拜相，很多人不服氣，是沒有道理的，蕭何之受封早而
厚，決不是因為漢高祖同鄉和資格最老的同事之故！

　　蕭何，是沛豐人，是漢高祖的小同鄉，而且在高祖貧賤時就
是朋友，這是事實；漢高祖貧賤時常常得到蕭何的幫助與照拂，
也是事實。但是，蕭何之善視高祖，自有他的識見，後來為高祖
安定後方補給前方，自有他的貢獻，不是有心人，是看不到的。

　　蕭何的才能，究竟在什麼地方呢？史稱蕭何以「文無害為沛
主吏掾」，主吏是漢時的地方官的一種，據韋昭的說法，主吏就是
功曹史，其主要的執掌是管選署的功勞，是郡的僚屬。按沛之設
郡始於漢，秦時則為縣，韋昭之說如確，則秦時的縣亦設功曹史
與掾。根據太史公的〈蕭相國世家〉，說他是秦的刀筆吏，則蕭何
所管的事情，是司法方面的事情明甚。掾是一種佐貳的官，也就

是說蕭何微時，曾經做沛的主吏的幫手，以「文無害」為社會所稱道。所謂「文無害」，就是在法律條文的彈性範圍內許可的，他儘量的不去刻意害人。因此，也有人說當時蕭何的工作，是典獄制律，如司馬貞的《史記索隱》，便主此說；但是無論如何，蕭何對於法律是深有研究，而且有很高的心得，所以能夠做得到「文無害」的程度。由「文無害」而成名的一點來看，我們有理由相信蕭何的官職，與民間的接觸相當廣泛，因此作者頗疑此職與後世府州縣的刑房師爺相似。

二、蕭何與劉邦的關係

劉邦與蕭何是同鄉好友，觀乎「高祖為布衣時，何數以吏事護高祖」一語，更可知蕭何在郡中有相當勢力，而且其地位也相當的重要。蕭何之護佑高祖，在高祖微時，還有下列數事，為史書所載：

> 高祖為亭長，常左右之。(《史記》〈蕭相國世家〉)

> 高祖以吏繇咸陽，吏皆送奉錢三，何獨以五。(同上)

> 單父人呂公善沛令，避仇從之客，因家沛焉。沛中豪傑吏聞令有重客，皆往賀，蕭何為主吏，主進，令諸大夫曰：「進不滿千錢，坐之堂下。」高祖為亭長，素易諸吏，乃紿為謁曰「賀錢萬」，實不持一錢。謁入，呂公大驚，起，迎之門。呂公者，好相人，見高祖狀貌，因重敬之，引入坐。蕭何曰：「劉季固多大言，少成事。」(《史記》〈高祖本紀〉)

　　這裡，我們可以看到蕭何迴護高祖，無微不至。他是誤以為呂公之迎高祖，由於他說「賀萬錢」之故，而蕭何明知他是不名一錢的，這樣不是高祖要窘不可言了嗎？所以他特別說一句，作為劉邦的下場，而不知呂公之迎高祖，不是為了賀錢多，而是為了奇其狀貌。這裡，我們又當注意一事，那就是當呂公避仇至沛時，蕭何已由主吏掾進而為主吏，已是官升一級了。

　　蕭何為什麼這樣重視劉邦而處處為他迴護？是不是他也像呂公一樣深通相術？史無明文記載，無法作正面的答案。但是，有一點我們可以很確定的，那就是蕭何有很高的才能，曾為秦御史之監郡者所發現，他之被升為主吏，又被調為泗水卒史，而他在泗水卒史任上，工作成績列於首位，這可以說蕭何稍試其才能，便已嶄露頭角了。因此，秦御史還要向秦庭保舉，徵赴咸陽，而蕭何不欲，固請不必，因而作罷。蕭何為什麼不肯到咸陽去升官？以蕭何的才智，當知天下必將大亂，秦的中央政府可能就此垮臺，所以他不願意向這一方面發展。大抵秦始皇晚年至二世在位的數年，各地謠言已四起，尤其關於劉邦為帝氣所鍾的種種神祕性的傳說，在豐沛一帶已不脛而走，傳布甚廣，這真是人心皇皇的時代末世的象徵，無怪蕭何不肯走咸陽以求發展了。

　　秦二世元年秋，陳勝等起兵，由蘄至陳，已近豐沛地區。當時各地方咸起騷亂，往往殺其長吏，響應陳勝。沛令恐懼，想用先發制人的手段，由他自己來領導，向陳勝投降。蕭何時任主吏，曹參為掾，都認為他是秦政府任命的官，即欲背叛秦政府，沛子弟恐未必聽命；他們向沛令建議應該召集亡命在外的沛子弟，可得數百人，用以劫持不服從的沛子弟，他們便不敢不聽命於沛令了。沛令從其議，蕭、曹乃令樊噲召劉邦，時劉邦也是因為和陳勝等同樣原因而流亡在芒碭山澤間。原來，他以亭長身分為沛縣送徒往酈山，徒多道亡，他計算在到酈山的路上，所率徒必將逃

亡殆盡，他的死罪也逃脫不了，當他想通以後，便要諸徒都自動逃走，他自己也從此過流亡生活。諸徒中願隨劉邦而流亡者有十餘人。豐沛子弟願從者也很多，當樊噲把縣中的消息傳達給劉邦時，他已有眾百人上下；於是劉邦率其從人與樊噲至沛縣，沛公令恐生變，閉城門不納。劉邦以告父老書射至城上，書信裡面說：「天下苦秦久矣，今父老雖為沛令守，諸侯並起，今屠沛。沛今共誅令，擇子弟可立者立之，以應諸侯，則家室完。不然，父子俱屠，無為也。」父老乃率子弟共殺沛令，開城門迎劉邦。這裡，我們又一次的看到蕭何之迴護劉邦，導引他到達沛子弟的正式領袖的地位。劉邦既入城，眾舉為沛令，劉邦固辭。他的理由是：「天下方擾，諸侯並起，今置將不善，壹敗塗地。吾非敢自愛，恐能薄，不能完父兄子弟，此大事，願更相推擇可者。」但是在這種情況之下，凡稍有地位的人，誰願意在天下大勢未定之際來幹殺頭滅族之事，包括蕭何、曹參在內，都不願當此職任，因而在數次謙讓與固請之後，共立劉邦為沛公，蕭何自此始為沛公的輔佐，稱為丞，為劉邦處理各種事務。秦政府任命的沛令欲舉兵應陳勝，蕭何不肯從，而劉邦為沛公，蕭何便答允做他的丞，這豈不是蕭何對劉邦有特別認識和特別信仰的明證嗎？

　　軍事行動，蕭何似乎並沒有大能耐，這一點可從下列兩項事實中體認得出來：其一，蕭何在漢高祖為沛公以迄入關中的一段期間，無論在〈蕭相國世家〉或〈高祖本紀〉都沒有什麼關於蕭何的話；其二，蕭何一生從未帶兵作過戰。三傑中張良是能帶兵作戰的，但是他對漢高祖多疑多忌的性格看得很清楚，他又不是豐沛初舉兵時的老幹部，所以他只是以「帝者師」的姿態，在漢高祖危難時或重大措施而有不當時才進言獻計；而韓信根本是一個作戰指揮的能手。不能帶兵作戰，是蕭何異於張、韓二傑之處。可是他對漢高祖的貢獻卻在另一方有高人一等的成就。

三、蕭何的大貢獻

　　漢王元年（西元前206年），進入咸陽，諸將都搶著到儲藏金帛財物的府庫中去搶東西，只有蕭何首先搜秦丞相御史府的律令圖書而藏之。靠這些資料，使劉邦能夠完全知道天下形勢、險塞所在和戶口多少，對於漢室的統治和兵力的徵調、賦稅的徵收，都發生很大的作用。漢高祖稱許蕭何的才能和貢獻是「鎮國家，撫百姓，給饋饟，不絕糧道」，這些功績的基礎，就是秦丞相和御史府的律令圖書。這些資料，也是國家最重要的史料，如果不被蕭何搜去，隨著項羽的一把火都被燒掉，那真太可惜了。這是蕭何對劉邦的最大貢獻之一。

　　蕭何對劉邦的第二大貢獻是懇切地勸導劉邦接受漢王的封號，放棄關中之地而到南鄭去就職。《漢書》〈蕭何傳〉有如下的一段：

　　諸侯相與約，先入關破秦者王其地，沛公既先定秦，項羽後至，欲攻沛公，沛公謝之得解。羽遂屠燒咸陽，與范增謀曰：「巴蜀道險，秦之遷民皆居蜀。」乃曰：「蜀漢亦關中地也。」故立沛公為漢王，而三分關中地，王秦降將以距漢王。漢王怒，欲謀攻項羽，周勃、灌嬰、樊噲皆勸之，何諫之曰：「雖王漢中之惡，不猶愈於死乎！」漢王曰：「何為乃死也？」何曰：「今眾弗如，百戰百敗，不死何為？周書曰，『天予不取，反受其咎。』語曰『天漢』，其稱甚美。夫能詘於一人之下，而信於萬乘之上者，湯武是也。臣願大王王漢中，養其民以致賢人，收用巴蜀，還定三秦，天下可圖也。」

劉邦之被封為漢王而移都於漢中，他的第一謀士張良是贊成他就封的；可是張良對劉邦的關係，沒有像蕭何來得密切，而且蕭何的看法，遷居漢中是避死的意見，未必為劉邦所接受，但是遷至漢中以後，對天下仍有可圖之道，那是劉邦聽得進的，這才決定了劉邦就漢王與遷居漢中的政策。從這一段話，也可以看到蕭何是有見識的人，並不是只是替劉邦料理後方事務的。

蕭何對劉邦的另外一個貢獻，是介紹韓信給劉邦，要劉邦任命他為漢軍的總司令之職。韓信本是項梁麾下默默無聞的一個下級軍官，項梁死遂屬項羽，他多次向項羽獻計，項羽皆不用，故漢王南遷後，從項羽那裡逃亡至漢中，做漢王麾下的連敖官，不知道違犯了什麼法，按律當斬，在他前面的十二個人都已被斬，就要輪到他，他抬頭一看，事有湊巧，適見滕公夏侯嬰，也是一個豐沛舉兵時沛公的老幹部，因長嘆說：「上不欲就天下乎？何為斬壯士！」

夏侯嬰非常驚異他的話，對他的形貌，也覺得甚為雄壯，因而釋之。同他談談，竟使夏侯嬰大為悅服，因舉於漢王，任命以為治粟都尉。韓信在治粟都尉任內，常得與蕭何見面長談，蕭何也非常賞識他的才能。韓信在擔任治粟都尉期間，他料想蕭何必已向漢王薦舉，而未見任何動靜，他認為漢王這裡未必有他的出路，所以就不告而別。其事聞於蕭何，蕭何追之返，以薦於漢王而得到重用，這些是歷史的事實。小說家根據這些事實，加以想像和穿插，於是有「韓信問路斬樵夫」，「蕭何月下追韓信」等章回出現（見《西漢演義》），劇作家根據小說家的想像之詞，編製成蕭何追韓信的戲劇，以誇大韓信之能與蕭何之賢，甚至於在「未央宮」一劇中，還出現了陳倉樵夫之女，為報父仇而混入漢宮，終於得到殺韓信的機會，而這個誑韓信進宮的人，還是蕭何，以致形成兩句流傳得很普遍的成語：「成也由蕭何，敗也由蕭何」，

這雖是無稽之談而確有些歷史事實的根據的。戲劇中，第一個發現韓信是一個傑出人才的是夏侯嬰，也是事實。至於夏侯嬰主招賢館而識韓信，那又是民間小說的老窠臼，而由此任連敖官，則把事實顛倒了。蕭何追韓信的消息，漢王以為蕭何也逃走了，漢王大怒，但內心卻有「如失左右手」的痛苦；一、二日後，蕭何偕韓信而回，漢王且怒且喜地問蕭何：怎麼你也逃走了？原來漢王南遷就國的時候，項羽准許帶三萬部隊，而諸侯部隊之慕漢王重義而相從者亦約三萬人。及張良送漢王至漢中北返，一路把棧道都燒了，此舉是對項羽表示漢王無北出以與項羽爭天下的雄心，足以懈項羽對漢王的防備；但也相當動搖了漢的軍心士氣，以為自此無東歸之望，所以逃亡者甚多。這是漢王責問蕭何的時代背景。及蕭何回答他說：「臣非敢亡，追亡者也。」漢王問他：「所追者誰?」蕭何答稱韓信。漢王因而又罵他：「諸將亡者已數十，公無所追；追信，詐也!」蕭何因把韓信的才能向漢王說明，並力保他做大將軍，他說：「諸將易得，至如信，國士無雙。王必欲長王漢中，無所事信；必欲爭天下，非信無可與計事者，顧王策安決。」蕭何仍以爭天下來打動漢王。漢王沉思一下，才說：「吾亦

平劇中的「蕭何月下追韓信」

欲東耳，安能鬱鬱久居此乎！」於是蕭何進一步將漢王一軍，他說：「王計必東，能用信，信即留；不能用信，信終亡耳。」漢王乃很勉強地說：「吾為公以為將。」蕭何見漢王之心已動，於是便說：「雖為將，信不留。」漢王乃以韓信為大將，欲召信。蕭何再行抬高韓信的身價，更向漢王進言：「王素慢無禮，今拜大將如召小兒，此乃信所以去也。必欲拜之，擇日齋戒，設壇場具禮，乃可。」這便是小說家韓信登壇拜將的故事之根據了。後來，奠定漢室江山的最大軍功人員，便是韓信，連漢王都說「連百萬之軍，戰必勝，攻必取，吾不如韓信」，可見韓信實實在在是傑出的將才，也足見蕭何有知人之明，足為作者在上面所說蕭何不從沛令而從劉邦的知人之明的佐證。

　　蕭何對劉邦最大的貢獻，是鎮定後方，補給前方。原來，劉邦在拜韓信為大將以後，韓信便勸漢王北出陳倉，還定三秦。韓信對漢王也來一個激將法，問漢王：「今東向爭權天下，豈非項王耶？大王自料勇悍仁強，孰與項王？」漢王默然良久說：「不如也。」於是韓信把項羽的為人及其處事以及人心向背的天下形勢，替漢王作一分析，他的結論是：「其強易弱」、「三秦可傳檄而定」。於是漢軍北出陳倉，下三秦。《漢書》把北出陳倉，寫作東出陳倉，這一個東字顯然有問題的。大家都知道漢中在漢水上游，陳倉則在秦嶺北麓，在今寶雞縣東二十里，怎樣會是在漢中的東方呢？小說家故意描寫韓信的軍略之高明，有「明修棧道，暗度陳倉」之說，當也是出於想像之詞，但是在我們的社會卻也流傳著這兩句話，表示出其不意的意思。這還是漢王元年與二年間的事。所以漢王在漢中鬱居的時間並不長久，在項羽東歸的不久，便就向關中下手。這中間張良的關係很大。張良既燒棧道，又在彭城以田榮反楚的消息向項羽傳送，項羽遂以為無西顧之憂，而作對齊用兵的決策；及漢王已定三秦，張良還告訴項羽：這不過是收

回原王的關中，並無東向與項羽爭逐天下的企圖。所以漢王重定關中，誠有如反掌之易。而一向看不起劉邦的項羽，並不知道漢王已定關中後，便要以項羽為作戰目標。在漢王定關中以後向彭城（項羽首都）進軍，我們不妨稱之為東征。在漢王北伐與東征的軍事行動中，蕭何做些什麼事呢？蕭何並沒有隨著漢王的大軍去作軍事方面的貢獻，他是在後方做鎮定與補給的工作。《漢書》〈蕭何傳〉稱：「何以丞相留，收巴蜀，填撫諭告，使給軍食。」由此可知漢王還定三秦時蕭何所擔任的是留守的職務。又說：「漢二年，漢王與諸侯擊楚，何守關中，侍太子，治櫟陽。為法令約束，立宗廟、社稷、宮室、縣邑，輒奏上，可，許以從事。」那是指漢王東征以後的蕭何的職務是留守關中，當然漢中與巴蜀也都是在蕭何的留守範圍之內。蕭何鎮守關中的時候，和鎮守漢中、巴蜀時不同，其顯著之處有三：㈠奉侍太子，共同行事，這是表示蕭何對劉邦的忠，也是他謹慎小心之處。㈡常常頒布法令，這是由於關中的文化水準較高於漢中與巴蜀，官吏與民間的關係，必須用政令來加以規定，始可相安無事，但是他如有政令頒布，必先向漢王請示，得到許可後才付實施，這不僅是公事的手續必須如此，而且也足以說明蕭何的謹慎小心處；但也有許多比較次要的，「輒以便宜施行，上來以聞」的。㈢他建立許多宗廟、社稷、宮室、縣邑，足證項羽入關以後，關中殘破得十分厲害，經過蕭何的鎮撫與建設，關中是安定而富庶，瘡夷也已恢復過來了。

　　這種後方安定而使之富庶的局面之造成，當然是蕭何治理國家的才能表現，已是對漢王的莫大貢獻，其尤重要者，則為糧食與兵員的補充。原來，漢王統率了二十多萬大軍，乘項羽北征田榮、後方空虛的機會，直衝彭城，馬到成功；但在項羽回師的戰役中，卻是一敗塗地，靠著大風沙驟起的幫助，才能夠脫出重圍，所餘敗殘之卒，不過數十騎而已。於是漢軍屢被項羽所困，漢王

在滎陽、成皋之間，與項羽作捉迷藏式的戰爭，其困窘實不堪言狀。其能維持殘局而未被項羽所滅，端賴蕭何在關中的人力與物力的支持。所謂「關中事計戶口轉漕給軍」，所謂「漢王數失軍遁去，何常興關中卒，輒補缺」，都是蕭何對漢王最大的幫助。

四、蕭何與漢初的法治

蕭何在漢中和關中的留守，對蕭何治理國家的經驗，增加了很多，這對漢高祖來說，卻有異常的需要。由於得天下與治天下的途徑，是絕對不同的，得天下完全以兵力為強弱，以是否善於運用其兵力為關鍵；而治天下則不然，治天下是要使其國人能安居樂業為最高原則，不僅政府與人民之間的關係要規定得清清楚楚，就是人民與人民之間的關係，尤其是官吏與人民之間的關係，更應該規定得明明白白，才可獲得社會安定，官民和樂的結果。所以創立新政權，以天下大亂為有利；政權既已創立了，則以天下安定為有利。漢高祖既滅羽以後，政權的創立，算是完成了，但是怎樣使新政權安定？是劉邦的大問題。劉邦在政權創立以後，便深深地感到可以「馬上得天下，不可以馬上治之」的道理，所以從前他對儒生一股勁的使用傲慢侮蔑的態度，及叔孫通為定朝儀，君臣之名分始定，君王之威儀始具，才知道禮的重要。但是治天下，只憑禮還是不夠的，而最重要的還是對政府與人民之間的權利義務的關係，有明確的規定。蕭何留守漢中和關中，尤其長期留守關中的種種措施，獲得閭閻安定的結果，這些經驗，對劉邦的新政權之安定，實在具有無比的重要。戰後如何治理其國家？此在劉邦來說，幾乎是一張白紙，而蕭何則是有成竹在胸的。

蕭何治國的本領，其基礎是在他法律的知識。我們不要忘記，他是熟悉秦的律令的，他是做過秦政府的縣府刀筆吏的；在入關

以後，他又把秦中央政府所搜藏的律令、圖書戶口等都捆載而歸，從這些豐富的資料中，又增加了他治國平天下的能力，大家都知道劉邦入關，與民約法三章，並宣布廢止秦的苛法。他所廢止的秦苛法，如「誹謗者族」、「偶語者棄市」等，而其餘維繫政府與人民的關係和人與人間關係的律令，都還存在。蕭何對秦的律令，既然異常熟悉，這些律令正好做了他治理國家的基本知識。

《史記》〈蕭相國世家〉說：「漢二年，漢王與諸侯擊楚，何守關中，侍太子，治櫟陽。為法令約束。」又《漢書》〈刑法志〉卷三：「漢興，高祖初入關，約法三章曰：『殺人者死，傷人及盜抵罪』，蠲削煩苛，兆民大說（同悅）。其後四夷未附，兵革未息，三章之法不足以禦姦，於是相國蕭何攈摭秦法，取其宜於時者，作律九章。當孝惠、高后時，百姓新免毒蠚，人欲長幼養老，蕭、曹為相，填以無為，從民之欲，而不擾亂，是以衣食滋殖，刑罰用稀。」從這兩段文字來看，可知蕭何守關中時，已經常常用令來規定人民應該遵守的行為和事情；後來在漢高祖統一全國後，又制律九章，以為國家長治久安之計；而大亂之後，人心喜靜，所以蕭何為相國，以不擾民為施政原則，這樣才把國家安定下來。這是蕭何對漢高祖最後的也是最大的貢獻。劉邦的西漢政權所以能夠不像秦始皇的統一政權一樣，僅僅如曇花之一現者，我們如果說是蕭何的大貢獻，當與事實無甚出入。

這裡我們要附帶研究一下「令」是什麼？蕭何的《九章律》是什麼？「令」用現在的話來說，就是政府所頒布的命令，也可以說是臨時性的法律；而「律」則是具有比較永久性的。我國在清代以前，都是君主專制的政體，所謂律與令，都用君主的名義宣布的，其效用完全一樣，最大的分別，或許是「令」為律的補充；現代憲政時代的法律必須經由立法機關通過，經政府的最高行政首長正式公布者，始得稱為法律或條例，而法律與條例如與憲法

牴觸者無效，政府所頒布之命令如與法律或憲法牴觸者無效。此種觀念，在當時是完全沒有的；所以政府可以用君主的名義來頒布命令，與法律具有同等的效力。歷史事實告訴我們：蕭何的《九章律》乃至於所頒布的令，都是根據秦的舊法而斟酌於當時的需要來決定的。蕭何的律與令之主要來源，是秦的律與令，而秦的律令，則主要的是出於商鞅之手，而商鞅法律方面的知識則來自魏文侯時代李悝所著的《法經》。所以蕭何的律令與秦的律令相較，雖然有斟酌損益的地方，但是大體上是和秦的律令一脈相承的。秦的律令，原來只適用於秦本國；及秦始皇統一全國，把僅僅通行於秦的律令，強迫行之於其他六國，這中間當然有許多規定與六國原來的規定不同的，這是引起六國人民反抗的重要因素之一，也就是秦滅亡的重要原因之一。全國統一的律令，經過秦的努力推行之後，引起了天下大亂，經過五、六年的戰爭而人心望治，蕭何再把這一套律令斟酌時代需要而略予增損，再繼之以寬厚的行政原則，統一局面便穩定下來了。

　　以後，我國的法律，大體上就是沿著這個系統發展下來的，其間的大原則，並無重大的改變，直到西方法律思想輸入，才發生重大的改革。所以蕭何在我國法制史上占著承先啟後的地位；雖然他的《九章律》重在解決當時的實際問題，並無法理上創新的見解，所以他只能稱為律家而不能稱為法家；但是他對我國法律的綿延和對當時的貢獻來說，其功顯然可見，我們決不能以其沒有法理新見解而忽視其重要性。

　　蕭何的《九章律》，《漢書》〈藝文志〉法家類下不著錄，其律究竟包括些什麼？我們今天也難於詳考。但是從王先謙《漢書補注》引沈欽韓的解釋，我們也可以略知其梗概。沈欽韓說：「《晉志》：蕭何定律，除參夷連坐之法，增部主見知之條，益事律〈興〉、〈廄〉、〈戶〉三篇，合為九篇。」由此知秦律至漢，已有損

益，其損益的原則，當不出「除秦苛法」與「宜於時」的兩大綱領。蕭何可以說「律家之時者」，太史公稱他為「秦時為刀筆吏」，這是他的基本工夫，後世稱為律家而不稱為法家，也是事實，他是不以理論見長，而以切於世用見稱的。

五、劉邦對蕭何的猜疑

蕭何對漢高祖劉邦，從他微賤時處處迴護他起，到他滅項羽統一全國止，如此的忠心耿耿，有如此的重大貢獻，漢高祖對他，也倚之如「左右手」，但對他是不是完全信任而沒有絲毫的猜疑呢？不，絕對的不，漢高祖對他，是常存疑懼之心的，特別是在其危難之際或有時於征伐叛亂的部將之際，對蕭何是放不下心的。如〈蕭相國世家〉，有下面兩段的記載：

> 漢王數失軍遁去，何常興關中卒，輒補缺，上以此專屬任何關中事。（按此事記載在漢王三年之前，當是漢王二年之事。）

> 三年，漢王與項羽相距京索之間，上數使使勞苦丞相。

漢王二年與項羽相距於滎陽、成皋間，形勢危殆，所以漢王惟恐關中不穩，影響他對項羽爭天下的基礎，而且滎成對關中究竟還有相當的距離，漢王沒有餘暇顧及關中，所以以信任蕭何的方法來穩定他；及西敗，項羽的壓力已輕，他對蕭何的不放心，因而有了顧及的時機，他之常常派人去慰勞蕭何，就是他不放心的表現，是藉著使臣的前往，來搜集情報，來監視蕭何。劉邦對蕭何之起疑心，是不是由於蕭何在關中的種種措施，有時候先請

示,有時候先執行後請示,因而使漢高祖發生蕭何有專權的感覺?我們不便臆測;但是,此在蕭何來看,他以高祖微時的舊友、舉兵時的舊幹部、漢中困守時的重臣的資格,在戎馬倥傯,前方正在吃緊的時候,在若干可以先行決定實施的事務性的事情,由他來先行後奏,這正是他忠於漢室和對劉邦負責任的一種措施。

但是這種措施,在劉邦看來,如果蕭何的野心擴大,把關中之地自成一個局面,那豈不是危險之至。劉邦一股勁向這個方向去想,所以他有「數使使勞苦丞相」的措施。可是,蕭何對此,一點警覺心都沒有,還以為劉邦忙裡偷閒的慰勞他,是一種好意呢!要不是他的部屬鮑生提醒他,可能他和劉邦的關係就在那個時候鬧成僵局,鮑生的話是這樣的:「王暴衣露蓋,數使使勞苦君者,有疑君心也。為君計,莫若遣君子孫昆弟能勝兵者悉詣軍所,上必益信君。」蕭何從其議,以其子孫昆弟為人質,得到漢王大悅的結果,漢王這才把對蕭何的疑心去了。在這些地方來比較蕭何與張良的才知,也就是張良對漢高祖的性格之認識,遠比微時即相友善的蕭何來得深刻。此可從漢高祖對張良從未發生過猜嫌一點,足以證明之。

蕭何還有一點不如張良之處:張良當漢高祖認為他功居第一,而以三萬戶封為侯,令他自己選一區齊地的時候,張良謙遜不遑,不願受三萬戶之封,只選一個初遇高祖時的地方叫做「留」的,而且處處表示他健康不佳,要學導引辟穀之術;蕭何則不然,當漢高祖封他為酇侯、食邑八千戶的時候,他毫不客氣的接受了。當漢高祖與群臣議論的時候,高祖以蕭何為功人而諸將決勝負於疆場者為功狗,也沒有聽說蕭何有什麼謙遜避讓之辭。及定御前席位,高祖勉強以曹參居首位,但是關內侯鄂千秋認為不合適。他的理由是:「夫曹參雖有野戰略地之功,此特一時之事。夫上與楚相距五歲,常失軍亡眾,逃身遁者數矣。然蕭何常從關中遣軍

補其處，非上所詔令召，而數萬眾會上之乏絕者數矣。夫漢與楚相守滎陽數年，軍無見糧，蕭何轉漕關中，給食不乏。陛下雖數亡山東，蕭何常全關中以待陛下，此萬世之功也。今雖亡曹參等百數，何缺於漢？漢得之不必待以全。奈何欲以一旦之功，而加萬世之功哉！蕭何第一。」高祖善其議，乃以蕭何第一，並賜「帶劍履上殿，入朝不趨」，同時加封二千戶，並悉封其父母兄弟等十餘人。漢高祖還解釋他厚待蕭何的理由，是為了繇役咸陽時「何送我獨贏錢二」之故。其實這是漢高祖對蕭何的試探，看他是不是居功自大？蕭何對漢高祖給他這樣的榮寵，也並沒有作絲毫的推讓，這是他以後被高祖猜疑的主要因素。

　　韓信之被虜而受誅，也是蕭何的獻計。時漢高祖已親征陳豨，韓信實與共謀反漢，被人告發。蕭何設計，偽由高祖處派人到京，傳達陳豨已死的消息，群臣向呂后進賀，何因強韓信亦入賀，因而被斬。高祖乃益封蕭何五千戶，得養衛士五百人，由都尉統之，並進位為相國。

　　蕭何還是木頭木腦的以為自己勞苦功高，足以當此，也並不辭謝。可是蕭何的熟人中，究竟也有識見過人的高人，這個高人便是召平。當蕭何益封時，賀客盈門，而召平獨往致弔。這位召平，原來是秦政府時代的東陵侯，秦亡為布衣，家貧，以種瓜為生，其瓜味美，當時稱為東陵瓜。召平致弔的理由，是這樣的：

> 禍自此始矣，上暴露於外，而君守於內，非被矢石之難，而益君封置衛者，以今者淮陰新反於中，有疑君心。夫置衛衛君，非以寵君也。願君讓封勿受，悉以家私財佐軍。

　　蕭何採取召平的建議，總算又彌縫了一次裂痕。無何，黥布又反，漢高祖受呂后的泣訴，強自扶病東征，但還時時派人「問

相國何為」？蕭何的答覆是「為上在軍，拊循勉百姓」，照舊把所有財物佐軍。蕭何的門客於是向蕭何再提警告：「君滅族不久矣！夫君位為相國，功第一，不可復加；然君初入關，本得百姓心，十餘年矣，皆附君，尚復孳孳得民和。上所謂數問君，畏君傾動關中。今君胡不多買田地，賤貰貸以自污，上心必安。」蕭何從其計，高祖果大悅，總算又一次的解救了蕭何的災難，但是蕭何以賤價購入民間的田宅，民間當然不肯服氣，因而他們上書高祖聲言蕭何的罪狀者達數千人之多。一日，漢高祖親自責問蕭何與民爭利的不是，要他自己向民間謝罪；蕭何因謂「長安地陿，上林中多空地棄，願令民得入田，毋收槁為獸食」。高祖大怒，以「相國多受賈人財物，為請吾苑」為理由，下廷尉械繫之。高祖的意思，是在責蕭何自己賤購民家田宅與民爭利，而反請高祖開放苑囿，以見好於民，高祖如不開放苑囿，則民間必怨高祖，蕭何此舉，還是具有爭取民心的作用，這是他囚繫蕭何的原意。此在高祖回答王衛尉（掌管天子衛隊的軍官）的問題時，可以具體地看到。原來，高祖囚繫蕭何數日後，王衛尉侍於其側，因問：相國犯了什麼大罪而被囚禁？高祖回答說：「吾聞李斯相秦皇帝，有善歸主，有惡則自予；今相國多受賈豎金，為請吾苑，以自媚於民，故繫治之。」好在這個王衛尉是一位識得大體而並非乘機詭譎弄權的人，所以蕭何還有命活，否則他的性命真是不堪設想了。

王衛尉乃向高祖解釋：「夫職事苟有便於民而請之，真宰相事也。陛下奈何乃疑及相國受賈人錢乎？且陛下距楚數歲，陳豨、黥布反時，陛下自將往，當是時，相國守關中，關中搖足，則關西非陛下有也。相國不以此時為利，乃利賈人之金乎？且秦以不聞其過亡天下，夫李斯之分過，又何足法哉，陛下何疑宰相之淺也！」漢高祖對於王衛尉的一番諫詞，雖然心裡不高興，但也不能認為他說得沒有道理，自己的疑心是多餘的。因而就在那一天赦

免蕭何。蕭何對高祖素來恭敬，及赦出，徒跣入謝，高祖還酸溜溜的說：「相國為民請吾苑不許，我不過為桀紂主，而相國為賢相，吾故繫相國，欲令百姓聞吾過。」由此，可知假使不是鮑生、召平和蕭何的門客一再警告蕭何，蕭何真的有生命危險；假使王衛尉在高祖面前略說幾句逢迎的話，蕭何這條老命也要就此完結。所以所謂興漢三傑，張良實在是最高明的人物，蕭何未握兵權，而且是豐沛舉兵時的老幹部，平時又很謹慎小心，所以僅僅有幾天的牢獄之災，較諸韓信之身首異處，三族被殺，畢竟還是高明多了。

六、身後哀榮

蕭何是孝惠帝二年謝世的。病危時，惠帝親往探視，因問他：「君即百歲後，誰可代君?」蕭何不肯明言，但說：「知臣莫若主。」惠帝因問：「曹參何如?」蕭何頓首答道：「帝得之矣，臣死不恨矣!」這曹參，雖與蕭何同為高祖的舊友，也是豐沛舉兵時的老幹部，而且曹參曾經做過蕭何的助手，照例兩人的交誼非比尋常；可是曹參與蕭何有積不相能之勢。當定御前座位時，諸將皆推曹參，認為他不但有攻城略地之功，而且作戰勇敢非常，致受傷達七十餘次之多。但高祖既先封蕭何，而又以鄂千秋之言，把蕭何的位置排在曹參的上面，局量較小的曹參，自然有受不了之感。可是蕭何為了漢政權的安定，雖未明薦曹參，但是內心實在已存非曹參不可之意；所以當惠帝問及曹參何如時，他既頓首稱賀，又言「死不恨矣」，他誠有外舉不避仇的雅量。曹參這個人雖然氣量較小，但對政治也頗知大體；他很了解大局粗安，政體與法制不宜有何更易，所以他接位之後，所有賓客凡欲言政治問題者，他一概謝絕，一切政令，都照蕭何舊時的辦法辦理。所以他

也獲得「蕭規曹隨」的美名，流傳於千載。政治局面，創立易，守成難，秦之不能守成，以大權落於奸人趙高之手，一意胡作非為，而漢的政府大權，由蕭何而曹參，先後相承，在人心望治的趨向中，予以休養生息的機會，這便是漢祚之所以能綿延的原因了。從這個角度來看蕭何，他對漢家的貢獻之大，真是無可比擬了。

　　蕭何以賤價購買民間田宅，這完全是「自污」以取悅高祖的辦法，其實他根本不是殘民以肥己的自私自利之徒。他生活非常節儉，也買田宅，不過總是選在窮巷僻處的地區，也不修築牆垣，以壯觀瞻。他說：「令後世賢，師吾儉；不賢，毋為勢家所奪。」他雖貴為相國，但無樓閣連雲和錦衣繡服的生活享受，作為一個相國來看蕭何，他的節儉是足為後世取法的。高祖不知道蕭何之得民心，是為高祖而得民心，而他得民心完全是由於他生活的自我約束和政令之切合民間需要。而且，這也是蕭何能夠動員關中人力物力以支持高祖的基礎。高祖不對他有維護支持的大貢獻作感激的表示，反而以韓信、英布、陳豨之流的野心來懷疑蕭何，雖然在飽經憂患和屢遇功臣叛亂之後，對蕭何不免有杯弓蛇影的感覺，其情不無可原，但是王衛尉說得好，蕭何不在漢王與項羽相距的艱難時期和北征陳豨東征黥布時動搖關中，而在漢王把大局已定後反有異心，誠為情理之所不通。無怪高祖也認為王衛尉的話不錯了。

　　蕭何既死，惠帝還特別褒揚他，給他「文終侯」的諡號，他的鄷侯的封號，由他的兒子祿嗣位。祿死無子，那已是呂太后執政的時代了，呂太后還特別封蕭何的太太為同鄷侯，小兒子蕭延為筑陽侯。到了漢文帝的時候，取消同鄷侯而逕封延為鄷侯。延死，子遺繼，遺又無子，文帝又以遺的兄弟叫做則的繼位。則以罪免，文帝還特別下了一道詔書，對鄷侯的絕祀，表示悼惜。詔書說：「故相國蕭何，高皇帝大功臣，所與為天下也。今其祀絕，

朕甚憐之。其以武陽縣戶二千封何孫嘉，為列侯。」蕭嘉是蕭則之弟。嘉死子勝嗣，復以罪免，到了漢武帝元狩中，下詔御史，以鄼戶二千四百封蕭何曾孫慶為鄼侯，慶是蕭則的兒子，並且還布告天下，使大家知道武帝對蕭何的德報。蕭慶死，子壽成繼，又以故免。宣帝繼位後，還要御史求蕭相國之後，得蕭何玄孫建世等十二人，乃封建世為鄼侯，戶二千。一直到王莽篡位時，鄼侯之祀始絕。蕭何自沛主吏翼護劉邦，佐劉邦平項羽，定天下，而反遭高祖之疑，受到牢獄之災，幾乎命都不保，但漢家子孫對蕭何的佐命元勳，世代懸念，致絕而復續者多次，其祀與西漢國祚相終始，身後哀榮，可謂備至，這是張子房所不如的。

參　出奇制勝淮陰侯

一、韓信的身世

　　所謂興漢三傑，其直接帶兵決勝負於疆場的是淮陰侯韓信。漢高祖自己說：「連百萬之軍，戰必勝，攻必取，吾不如韓信」；蕭何也曾說過：「諸將易得，至如信，國士無雙」；張良更說：「漢王之將，獨韓信可屬大事，當一面。」由此，可知韓信的才能，是漢高祖麾下的第一位大將，其被漢王重用，以大將軍即最高統帥的職位相授，並不是偶然的事。所以韓信的故事，值得我們特別介紹。我們的注意點，不是他的晚節，而是他貧苦時的志氣，用兵時的神機妙算，足為我時代青年為前程而奮鬥的模範之處甚多；但其晚節有虧臣子之禮，以致身首異處，三族被夷，也足為失德敗行之戒。孔子說：「三人行，必有我師焉，擇其善者而從之，其不善者而改之。」作者介紹淮陰侯的故事，其主要的用意，也就在此了。

　　淮陰侯韓信，顯然的淮陰侯是韓信最後的封爵，淮陰是他的原籍，今為江蘇運河與淮水相交處的縣名，亦稱清江浦，在津浦鐵路未建築前是水陸交通的內河著名碼頭之一，其繁榮的歷史甚為悠久。但漢時的淮陰與現時的淮陰有別，漢時尚未有運河，故繁榮還談不到。那末漢時的淮陰究竟是現在的什麼地方呢？王先謙《漢書補注》說：「淮陰，臨淮縣，今淮安府清河縣東五里」，

按清河縣為宋代所置，其地在今淮陰縣
東十里。這個地區，接近彭城，彭城接
近中原的文物之區，故開化較早。秦末
天下大亂，群雄並起，主要的兩股力量，
一為劉邦，為沛人，一為項羽，為下相
人，下相今屬宿遷，在淮陰的北方不遠。
秦漢之際，這是一個人才薈萃的地方，
而韓信則為這一人才薈萃地區最南的貧
苦平民。

韓　信

　　韓信是出身於貧苦的家庭，但頗為
好學，對兵書很有心得。他如何得到兵學的知識，史書不載其事
實；但是我們如以圯上老人之親訪張良的故事為例，可知楚亡以
後，徐淮一帶寓居著不少的知識分子，在那裡找可傳之人，一以
傳其學問，一以散布反秦的種子。所以我們有理由相信韓信幼年
一定有著像張良那樣的奇遇，得到兵學隱士的傳授，成就他在兵
學方面的造詣。韓信對兵法有研究，而且善能運用兵法所舉的原
理原則，以後我們可以有很多的機會談到。這裡，約略把他的兵
學來源，作一點揣測性的研究罷了。

　　這樣一個對兵學有很深造詣的貧苦青年，由於他埋首學習，
所以沒有什麼善行，可作鄉里長老或地方行政人員向政府保薦，
來獲得適當的工作機會，以致噉飯棲身之所，都成了問題。他又
不會治生產，作商賈，只好「從人寄食」；以致母親死後，也無以
為葬，惟一辦法，是選擇一塊高燥的空地，權宜地把他母親葬了。
徐淮一帶，那時候的高燥曠地，還沒有人去從事墾植，乃屬無主
土地，故韓信得據以葬母。由於空曠之故，正好成韓信發跡後重
行葬母的墓地。此項選擇，也許是韓信胸懷大志的一種象徵，因
為他雖然貧窮至此，但他常有一個美麗的遠景，自認為必有飛黃

騰達的一天。此可於韓信對漂母的感激之詞得到證明。原來韓信
在葬母之後，依舊寄食於他人，當時他在淮陰下鄉南亭亭長家裡
寄食，亭長之妻很討厭韓信，所以早上吃飯時間特別提早，晚上
吃飯時間特別延遲，所謂「晨炊蓐食」便是；她所以如此做，是
故意懲韓信，讓他趕不上或等不及，韓信正在吃飯的時候去，則
不為具食，韓信知道她的意思，只得自絕而去。可是，他沒有謀
生的技能，想想只有釣魚，是不需什麼技術，而且也輕而易舉；
所以他就到城下的淮河中去釣魚，釣魚的收穫並沒有一定，所以
韓信過著有一頓沒一頓的苦日子，時常飢腸轆轆，面有菜色。河
畔有許多洗衣服的漂母，其中一個洗衣服的老婆婆，看到韓信一
付可憐的樣子，所以常常拿飯給韓信吃，前後達數十日之久，韓
信對她非常感激，很鄭重地對漂母說：「吾必重報母！」這一句簡
單的話，可以知道韓信胸懷大志，而且很有把握將來必有出人頭地
的一天。可是漂母的看法，並不如此，她只是同情韓信，並不是拿一
些飯示恩圖報，而且她對韓信的胸藏甲兵的學問和志在建功立業的
大抱負，更是毫無認識，所以她對韓信誠懇的表示，報之以怒色，而
且含著譏刺的口吻說：「大丈夫不能自食，吾哀王孫而進食，豈望報
乎！」這幾句坦率的話，活生生的描寫了這位仁慈為懷的漂母之居
心。不過韓信後來衣錦還鄉，真的去找漂母，重重的謝她，後人還建
有漂母祠。這個祠，不知道是韓信

漂母飯信

創建而傳於後世的，還是地方人士鑑於漂母飯信的義氣和慈愛而建的？不過像漂母這樣富於同情心的人，的確值得我們欽敬的。

韓信學的是兵學，所以他長大成人以後歡喜佩帶刀劍，這本是軍人的本色，無足為奇。可是，有些年輕子弟，看到這個窮小子的那種英雄氣概，實在心中起了酸素作用。有一天，有一個屠戶出身的青年人，當著眾人的面侮辱韓信，他說：「你雖然長得又長又大，而且佩著刀劍，氣勢好像很雄壯，其實你是一個怯懦的人；今天我要對你作個測驗，你現在只有兩條路，一條路是你把我殺死，一條路是你從我胯下爬過去。」

韓信對此侮辱，沉思有頃，忍著一肚子的氣，真的從那個無理可喻的青年的胯下爬過去，於是逗得大眾對韓信恥笑。這便是受辱胯下的故事了。其實，韓信的處理是對的，如果他忍不住這個侮辱，真的把這個「屠中少年」殺了，那他豈不是犯了殺人的重罪，殺人償命，當著這麼多的人，他逃又逃不了，他的性命極可能就此完結，他那腹笥裡的兵學，便無應用和發揮作用的機會了。孟子說：「夫撫劍疾視曰：『彼惡敢當我哉！』此匹夫之勇。」諺云：「千金之子，不死於盜賊」，都足以說明有大勇的人，不輕易露其鋒鋩，所謂「大勇若怯，大智若愚」便是。大家都得注意：「血氣之勇」就是衝動，如果忍耐不住，常常要出亂子；韓信如果受不了這種侮辱，憑一時的衝動，殺了那個「屠中少年」，那極可能他的性命便被刑法處罰而完結，歷史上便不會有韓信這號人物了。從這一點看，他和張良之受辱於圯上老人，有著同樣的忍耐美。

秦末大亂的平民政治運動中，徐淮之人，風起雲湧，韓信因為是徐淮間人的關係，很容易捲入這個風暴中。他是在項梁北上的時候投入項梁軍中的。項梁這個人，雖然是楚將項燕之子，可稱為將門之後，但其行動似乎脫不了公子哥兒的生活習慣；他接

受了陳嬰的二萬眾，又打敗了秦嘉，併了景駒軍，又迎立楚懷王孫心，自號為武信君，而項羽等又攻殺秦相李斯之子李由，不免自以為了不起而驕矜起來。他那裡知道秦的正規軍，遠非秦嘉軍可比，所以當秦將章邯率兵來攻時，大破項梁軍於定陶，項梁竟死於此役之中。項梁既死，其軍受其姪項羽指揮，韓信因而轉入項羽的麾下。韓信在項梁帳下，碌碌無所知名；項羽則畀以郎中的職務，信乃屢次以軍事計畫向項羽建議，項羽皆不能用，所以韓信在項羽麾下，並不得志。所以在漢王南至漢中就職後，韓信從項王那裡逃出來，投到漢王帳下。韓信投奔漢王，是在什麼時候？這是一個值得研究的問題。按劉邦南遷就漢王之位於漢中時，諸侯慕義而從者數萬人，韓信極可能在這個慕義而從的人潮中隨至漢中；但是演義小說與戲劇竭力推崇張良的知人之明，謂良送漢王至漢中時，奉命回侍韓王，實際上為漢尋找興漢滅楚大元帥，臨行，彼此約定以「角書」為憑，由張良覓得此項人才後，向漢王推薦。角書之說，於史無據，但是項羽自關中東歸彭城，並攜韓王俱東，張良隨之而往，在彭城住了一年多，韓信也可能跟項羽同歸，在彭城與張良相值，經由張良的遊說而歸漢。

二、歸漢以後的韓信

韓信歸漢以後，初被任為連敖官，不知道犯了什麼罪，與十三個人同時被處死刑。在他前面的十二個人都已經被殺，就要輪到他殺頭了，他抬頭一看，正好漢王的同鄉滕公夏侯嬰在他的前面，他不覺長嘆一聲，說：「上不欲就天下乎？何為斬壯士！」夏侯嬰奇其言，看看他面貌，倒也雄偉可人，因而釋之，同他談談，對他的才能頗為悅服，於是向漢王推薦，漢王任命為治粟都尉。由此，可知韓信在漢王那裡，開始也不得意，他的犯罪幾死，倒

是他一生命運的大轉機,「十三」在韓信來說並不是一個不祥的數字。韓信在治粟都尉任內,最大的幸運,是認識了蕭何,而且得到多次長談的機會,使蕭何對他的才能,也是十分的賞識。韓信認為蕭何既賞識了他的才能,必然會向漢王保薦;他等候了若干時間,沒有什麼動靜,他知道漢王還不會重用他,所以使出一個兵家權變的手段,他不聲不響的逃走了。他的逃走,我們為什麼要說是他欲擒故縱,以退為進的手法呢?因為那個時候業已成功而為霸王局面的是項羽,韓信是從那裡逃出來的;其餘諸侯,雖紛然而起,然有爭天下之志者只有劉邦一人,韓信如果捨劉邦而他去,試問他還有誰可以託足而建立功業呢?所以我們相信以韓信的才智,他已經很有把握知道蕭何對他是十分的看重,蕭何必然堅決主張重用韓信,他知道韓信走了,必然會來追趕,他回去以後必然更努力的促成漢王對韓信的重用。如果韓信沒有這樣的把握,他怎樣會逃走呢?從這個角度來看韓信,他真不是一個簡單的軍人啊!一切均如韓信的預料,蕭何追來了,把韓信拉回去了,向漢王保薦為大將了,而且還竭力抬高韓信的身價,堅持要漢王以隆重的典禮拜韓信為大將,否則這位國士無雙的韓信必然不會肯在不關重要的職位上長留漢中。一心要東歸與項羽一較短長的漢王,果然築壇拜韓信為大將。這裡,有一個小插曲,就是當漢王築壇以後,漢王舊時屢次建功的武將,都以為拜將有望;及漢王登壇,所拜者為韓信,眾皆大失所望。這裡,我們看到一點消息,就是漢王豐沛舉兵時的老幹部,除了蕭何與夏侯嬰對韓信的才能有所認識外,其餘的人,對韓信之被拜為大將,都是不服氣的,這是韓信在漢王那裡處於孤立地位的主要因素了。小說家在韓信被追回去後,才把張良給他的角書拿出來,一以表示張良的知人之明在蕭何之上,一以表示韓信是一個有骨氣的人,他要以自己的才學來取得名位,不要靠人事關係。其實韓信的身分

之被提高，蕭何已經盡了他最大的努力；而韓信之得以被漢王所重用，畢竟是靠著蕭何對劉邦的人事關係。小說家與戲劇家之說，畢竟是只知其一，不知其二，不免蹈於庸俗之途了。

韓信被拜為大將以後，向漢王分析天下的形勢，那才是他真正的才能表現，為了便於了解韓信向漢王分析的形勢，我們先對項羽分封諸侯的情形，作一了解。原來，項羽在鴻門之會以後，諸侯中最強大的劉邦都自願屈居於項羽之下，所以他得意忘形的西入咸陽，殺秦降王子嬰，火焚咸陽，火三月不息，詐坑秦卒二十餘萬，並大封諸侯，無非是立六國之後與有功諸將及秦降將，並對他叔父項梁所立的楚懷王雖尊為義帝，但認為滅秦之役，義帝並無汗馬功勞，予以放逐至郴縣而於中途遣人殺之。他所封的諸侯，略如下述：㈠自立為西楚霸王，王九郡，都彭城，即今之徐州市。㈡劉邦為漢王，王巴、蜀、漢中，都南鄭。㈢章邯（秦降將）為雍王，王咸陽以西，都廢丘，在今陝西省興平縣東十里。㈣司馬欣為塞王，王咸陽以東至黃河的地區，都櫟陽。㈤董翳為翟王，王上郡，都高奴，在今陝西省膚施縣東。㈥魏豹為西魏王，王河東，都平陽。㈦申陽為河南王，都雒陽。㈧司馬卬為殷王，王河內，都朝歌，在今河南省淇縣東。㈨趙王歇徙代王。㈩張耳為常山王，王趙地，都襄國，在今河北省邢臺縣西北。㈠韓王成，仍舊，都陽翟。但不遣至封地，而攜之東歸。㈡黥布即英布為九江王，都六，在今安徽省舒城縣北，或云即六安。㈢吳芮為衡山王，都邾。㈣共敖為臨江王，都江陵。㈤徙燕王韓廣為遼東王。㈥臧荼為燕王，都薊。㈦徙齊王田市為膠東王。㈧田都為齊王，都臨淄。㈨田安（故齊王建之孫）為濟北王，都博陽。㈩陳餘封以南皮三縣。㈡梅鋗封十萬戶侯。㈢徙義帝於長沙郴縣。由此，可知項羽不明戰國以來的政治趨勢，是由小諸侯變為大諸侯，由大諸侯而國家統一的趨勢，至項羽而又全國瓜分為二十二個政治

單位，重行恢復春秋戰國間的割據分裂的局面。而且又把有天下
共主之名的義帝截殺於赴郴的途中，項羽自以為是天下的共主，
但實際上並無名位，反而落得一個違背約定和以下犯上的惡名。
按義帝之立，是出於范增向項梁的建議，由此乃知范增雖好奇計，
但是他的計也並不怎樣高明。

在這樣豆剖瓜分的局面中，正好給漢王以各個擊破和為義帝
發喪以聲討項羽的大帽子來對付項羽。劉邦既拜韓信為大將，韓
信乃為劉邦分析楚漢相處的形勢，請看下面這一段對話：

> 王（漢王）曰：「丞相數言將軍，將軍何以教寡人計策？」
> 信謝，因問王曰：「今東鄉爭權天下，豈非項王耶？」漢王
> 曰：「然！」曰：「大王自料勇悍仁彊孰與項王？」漢王默然
> 良久，曰：「不如也！」信再拜賀曰：「惟信亦為大王不如
> 也！然臣嘗事之，請言項王之為人也。項王喑噁叱咤，千
> 人皆廢，然不能任賢屬將，此特匹夫之勇耳。項王見人恭
> 敬慈愛，言語嘔嘔，人有疾病，涕泣分食飲，至使人有功
> 當封爵者，印刓敝，忍不能予，此所謂婦人之仁也。項王
> 雖霸天下而臣諸侯，不居關中而都彭城。有背義帝之約，
> 而以親愛王，諸侯不平。諸侯之見項王遷逐義帝置江南，
> 亦皆歸逐其主而自王善地。項王所過無不殘滅者，天下多
> 怨，百姓不親附，特劫於威彊耳。名雖為霸，實失天下心。
> 故曰其彊易弱。今大王誠能反其道，任天下武勇，何所不
> 誅！以天下城邑封功臣，何所不服！以義兵從思東歸之士，
> 何所不散！且三秦王（按即章邯、司馬欣、董翳）為秦將，
> 將秦子弟數歲矣，所殺亡不可勝計，又欺其眾降諸侯，至
> 新安，項王詐坑秦降卒二十餘萬，唯獨邯、欣、翳得脫，
> 秦父兄怨此三人，痛入骨髓。今楚彊以威王此三人，秦民

莫愛也。大王之入武關，秋毫無所害，除秦苛法，與秦民
約，法三章耳，秦民無不欲得大王王秦者。於諸侯之約，
大王當王關中，關中民咸知之。大王失職入漢中，秦民無
不恨者。今大王舉而東，三秦可傳檄而定也。」（《史記》
〈淮陰侯列傳〉）

　　韓信這一段楚漢形勢的分析，無不採對比的方式，從項王為
人說起，希望漢王反其道而行之；然後舉出項王許多不仁不義失
約失信等種種事實與漢王的仁愛親民作對比；他的結論是：「其強
（彊）易弱」，而漢王的「軍吏士卒皆山東之人也，日夜跂而望
歸，及其鋒而用之，可以有大功」；而且時間上也不能久等，因為
這樣的局勢，如果安定下來，那就「人皆自寧，不可復用」了。
韓信分析項羽許多短處，諸如有功不肯賞的婦人之仁，劉邦也知
道的；項羽以私人恩怨來封賞和黜陟諸侯，那也是事實，如他對
秦降將司馬欣之封為塞王，便是因為司馬欣為櫟陽獄掾時曾有德
於項梁之故；董翳被封為翟王，僅僅是勸降章邯之功；他把魏豹
遷封，是為了安插申陽，申陽是張耳的嬖臣，僅以先下河南郡、
迎項羽於河上之故，得不次的封為河南王，並不惜得罪魏王與韓
王；張耳本是趙相，以其有賢聲，並從羽入關，實際上並無戰功，
他卻不惜貶趙王為代王而以原來的趙地王張耳；諸如此類的倒行
逆施，在天下大亂的時候，尤其足以引起紛爭而製造不安。我們
對於韓信所作三秦王的分析，尤足證明他對事理與情勢的觀察之
正確而深刻。秦人之恨三秦王與對漢王之嚮往，所以漢王還定三
秦，真是輕而易舉，唾手而得，這些後來的事實，證明韓信的觀
察和推論，完全沒有錯誤。

三、征楚的時機

　　劉邦對韓信的一席談，真是恍然大悟，茅塞頓開，因而有相見恨晚之感。而項羽那邊，頻頻發生變亂，也正如韓信的推論。第一，臧荼至燕就燕王職，原來的燕王韓廣，不從項羽命，臧荼擊殺之，並王遼東，這算是一個小風波。而齊的風波卻鬧大了。原來齊王裔孫勢力最大的是田榮，田榮與項梁間關係很壞，也不肯發兵從項羽救趙，故田都、田安均有封地而稱王，獨田榮不封；田安之封為濟北王，是項羽把田市改為膠東王所空出來的地區加封的；田市不得已只好遷封，田榮聞之大怒，拒遷，反擊田都，田都走楚；齊王市畏項羽，遁至膠東就封，田榮追殺之於即墨，並西向進兵，擊殺田安，並王三齊；他還把將軍印給彭越，要他在梁地反楚。這些事實的發展，恐和張良有關係；其時張良跟韓王在彭城，田榮和彭越聯兵反楚，張良先知道，並且把消息傳給項羽；而張良本人即在此項消息傳給項羽後，亡走歸漢，所以我們有理由相信這個亂子的造成，極可能是張良促成的，其目的在轉移項羽的注意力，以便漢王的還定三秦。田榮的拒絕項羽之命，很快的傳到陳餘那裡。其實項羽待陳餘不薄，陳餘原有成安君的封號，棄印而去，也不從項羽入關，項羽還封以南皮三縣，可以說是例外的優容；但是陳餘對項羽遷趙王於代而改封張耳於趙，頗為不平，聞田榮抗楚，乃使張同、夏說向田榮遊說，他們的理由是：「項羽為天下宰，不平。今盡王故王於醜地，而王其群臣諸將善地，逐其故主趙王，乃北居代，餘以為不可。聞大王起兵，且不聽不義，願大王資餘兵，請以擊常山，以復趙王，請以國為扞蔽。」田榮許之，於是以田榮為中心，造成田榮、陳餘、彭越的三角關係，以抗楚。田榮和陳餘的聯軍大破張耳，趙王得返趙地，

而以陳餘為代王。張耳這個人，也是很奇怪的人，他是受項羽所封，但他兵敗以後，不歸楚而歸漢，這中間的原因可能有二：㈠由於南走之道被田榮、陳餘、彭越等所阻。㈡其時漢王已偕韓信還定三秦，其勢正盛，不若項羽勢力圈內的分崩離亂，而西走漢王較南奔項羽為近便，中間的阻礙也少。由此，可知韓信對項羽之「其強易弱」的結論，也是完全正確的。以上的叛亂，都是漢王元年的事，而漢王元年，正是漢王與韓信還定三秦的工作開始之時。

漢王元年八月，漢王採用韓信的建議，從故道北伐，故道是什麼地方呢？裴駰的《史記集解》引〈地理志〉的話，謂武都有故道縣，那就是避免秦蜀之間的棧道與谷道，而另外經由一條大家不大注意的路線。當時秦蜀往來的通路是棧道，已被張良燒毀，小說家謂韓信在北伐時修築棧道，表示漢兵之出，必在棧道修復之後，使首當其衝的章邯不為之備；而實際上韓信之兵卻自故道直趨陳倉要塞，章邯遂有措手不及，驚惶不知何為之苦，這便是所謂「明修棧道，暗度陳倉」的故事了，這一說法，雖然是想當如此，但亦頗有可能性。章邯與漢兵戰於陳倉不利，敗退至好時，再戰仍不利，又退至廢丘，漢王與韓信之兵遂定雍地，並復咸陽，圍章邯於廢丘，分遣諸將略定隴西、北地、上郡，並令將軍薛歐、王吸經武關而至南陽，形成扇形陣地。漢王二年，漢兵又向東進展，塞王司馬欣、翟王董翳、河南王申陽皆降漢，惟韓王昌不受命，韓信擊破之，更立韓太尉信為韓王，魏王豹也來投漢，漢王懸賞諸將，若以一郡降者封萬戶，繕治河上塞以禦胡，凡秦苑囿園池，人民皆得墾植，並大赦罪人，這便是韓信所謂反其道而行之了。張耳便是在這個時候歸漢王，甚得漢王的優待。漢王還定三秦，收降晉西南與豫西的項羽所封諸侯，兵行所至，甚得父老歡心，其勢有如破竹。這些發展，本是韓信事先的推論。

　　漢王還定三秦的時候，張良亦已歸漢，特函項羽，謂漢王以收復關中的原封地已足，不敢向東，表示對項羽仍然是忠誠的擁護。所以項羽得專心的攻齊，企圖解決這一方面反楚的中心勢力。

　　項羽得到田榮聯彭越資陳餘以反楚的消息後，非常震怒，親自率兵擊齊，仍以故吳令鄭昌協助韓王距漢，令蕭公角等擊彭越。項羽之擊齊，徵兵於九江王英布，布稱病不赴，僅遣將率數千兵會項羽，這是項羽與英布的間隙之始，為項羽又一敗因。漢王二年冬，項兵北至城陽，田榮距之，會戰結果，田榮敗走平原，為平原的老百姓所殺。如果項羽稍知收拾人心的重要，那齊的問題，本已開啟了解決的端倪，無奈項羽一味恃強好殺，反而向北進兵，燒平齊的城郭屋舍，田榮的降卒，都被坑殺，老弱婦孺都被當做俘虜，一路循至北海，殘殺慘狀，不忍卒聞。於是田榮弟田橫收拾亡卒，仍得數萬，據城陽抗楚，項羽連戰，未能攻下，而漢王之兵，已長驅入彭城了。

　　漢王自臨晉渡河，經平陰津而至雒陽新城。時項羽已令長沙王與衡山王殺義帝，父老以噩耗告漢王，漢王袒而大哭，為義帝發喪，向諸侯徵兵，共伐弒義帝的主謀之賊。漢兵遂東襲彭城，所率兵數，〈高祖本紀〉不載而載於〈項羽本紀〉，當是項羽方面之估計，其數五十六萬，當失之過多。那時的漢王，已有志得意滿之感，兵入彭城以後，不復作項羽回師的準備，因而大敗，兩次會戰，被殺者三十萬上下，漢王幸得大風沙來襲的掩蔽，率十餘騎狼狽而遁。於是漢王還定三秦以後的優勢完全失去，諸侯紛紛叛漢歸楚：如魏王豹，於漢王三年假稱歸視親疾，渡河後即封鎖渡口，不與漢往來而歸向項羽；如塞王司馬欣、翟王董翳等也都叛漢歸楚，這是漢王又一次的大困厄。漢王在困厄時，最能接受建議，任賢使能的，於是張良的意見復被重視，韓信的將才復受重用了。漢王給韓信的任務是收復魏地、趙地與齊地，韓信至

此又得發揮他大軍略家的天才了。

四、收復魏趙與燕代

漢王三年六月，魏王豹反漢，與楚約和。漢王派酈食其說魏王來歸，魏王不從。八月，漢王任命韓信為左丞相，將軍擊魏。魏王豹阻斷臨晉的通路，陳兵於蒲坂（今山西省濱黃河的永濟縣），以防漢軍的渡河。韓信對此部署，第一件事情，張疑兵以壯聲勢，同時恫嚇敵人，使他備多力分，曝露弱點，以便奇襲。第二件事情是選定渡河的有利地點，使敵人出於意外，張皇失措。他陳兵臨晉，作由此渡河狀，魏豹因益嚴臨晉之防；而韓信真正的渡河地卻在夏陽；而且他不以渡船運兵，而以木罌為渡河工具，看起來一點不像部隊的渡河，因此，得到順利渡河的結果，逕向安邑進兵，魏豹方在臨晉正面，正以敵人難於飛渡為得意，初不料韓信之軍已完成了渡河工作，因此，匆匆忙忙的迎擊韓信軍，並且做了韓信的俘虜。韓信一戰而定河東，正是所謂旗開得勝，馬到成功了。

河東既定，漢王命韓信偕同張耳攻取趙代，但漢軍與楚軍相抗，勢力懸殊，故韓信精兵均被漢王調去，以支援滎陽、成皋間的危急軍情。故韓信的東征軍，先攻易得的代；但代被攻下後，其精兵仍被漢王調走，韓信攻趙之兵僅數萬軍。韓信攻趙之軍，是從山西高原，出固關以下井陘。趙王歇與成安君陳餘，聚強兵，號稱二十萬，陣於井陘口，以禦韓信、張耳之軍。

這裡，韓信碰到了一位足以使其致敗的軍略家，他便是「霸王別姬」平劇中偽降項羽的廣武君李左車。李左車時在趙王帳下，他向趙王獻堅守疲敵之計。他說：「聞漢將韓信涉西河，虜魏王，禽夏說，新喋血閼與，今乃輔以張耳，議欲下趙，此乘勝而去國

遠鬥，其鋒不可當。臣聞千里饋糧，士有飢色，樵蘇後爨，師不宿飽。今井陘之道，車不得方軌，騎不得成列，行數百里，其勢糧食必在其後。願足下假臣奇兵三萬人，從間道絕其輜重；足下深溝高壘，堅營勿與戰。彼前不得鬥，退不得還，吾奇兵絕其後，使野無所掠，不至十日，而兩將之頭可致於戲下。願君留意臣之計，否，必為二子所禽矣。」李左車是通兵法的知識分子，而成安君陳餘是一個儒者，他主張用義兵而不尚詐謀，可以說是不懂軍事的書呆子。但他也有一套似是而非的道理，他說：「吾聞兵法十則圍之，倍則戰。今韓信兵號數萬，其實不過數千，能千里而襲我，亦已罷極。今如此避而不擊，後有大者，何以加之！則諸侯謂吾怯，而輕來伐我。」陳餘是趙王部下負責決策的人，他的意見，當被採用，決定迎擊韓信軍。韓信初聞李左車的作戰計畫，大驚失色；繼聞其計不用，乃大喜，引兵東下，在到達井陘口以前，先行安營扎寨，夜半發令，命二千人，各持赤幟，從間道蔭身而進，窺探趙軍，並且告訴他們說：「趙見我走，必空壁逐我，若疾入，拔趙幟，立漢幟。」韓信在傳下這個命令後，很得意的說：「今日破趙會食！」諸將對韓信的大言，都是口諾而心疑之，強諾而已。韓信又告訴他的部屬說：「趙已先據便地為壁，且彼未見吾大將旗鼓，未肯擊前行，恐吾至阻險而還」，乃命萬人先行，背水為陳，趙軍見者，皆笑韓信失策。到了天明，韓信建大將旗鼓，向井陘口進發，趙兵見韓信軍至，開壁擊之，良久，韓信、張耳佯敗，走入背水軍，趙軍果空壁追擊韓信、張耳，但水上軍以後退無路，無不拚死作戰；正在相持間，韓信預先派遣的持赤幟漢軍，遂得機會入趙軍大營，拔趙幟以插漢幟。與韓信軍會戰的趙軍以不能得勝，欲暫歸趙壁，驟見趙幟已改漢幟，趙兵以為漢軍已俘趙王，人心大亂，不復成軍，且紛紛遁去。趙將自後揮殺以阻之，適成與韓信夾攻的形勢，於是趙軍大敗，斬成安君於

泜水，俘趙王歇。戰爭結束，真正還趕得上早餐。諸將對韓信背水為陣的部署，本甚懷疑，而反得大勝，因問其故。韓信對他們說：「此在兵法，顧諸軍不察耳。兵法不曰『陷之死地而後生，置之亡地而後存』？且信非得素拊循士大夫也，此所謂『趨市人而戰之』，其勢非置之死地，使人人自為戰；今予之生地，皆走，寧尚可得而用之乎！」由此可知韓信平魏下代的精兵，已被徵調，他所使的是未經訓練的雜色隊伍，但他能活用兵法，卒能以少勝眾。

我們相信假使李左車之計得售，韓信也必有計較以取勝。然李左車在軍事方面的知識與見解，畢竟要高出於宋襄公式的陳餘多多；所以韓信勝趙以後，以千金重賞尋覓李左車。及部屬綑李左車見韓信，韓信親釋其服，以師禮待李左車。李左車當時頗有自卑感，對韓信請教他伐燕伐齊的意見，還客氣一番，終於說出大道理來。他說：

夫成安君有百戰百勝之計，一旦而失之，軍敗鄗下，身死泜上。今將軍涉西河，虜魏王，禽夏說閼與，一舉而下井陘，不終朝破趙二十萬眾，誅成安君，名聞海內，威震天下，農夫無不輟耕釋耒，褕衣甘食，傾耳以待命者。若此，將軍之所長也。然而眾勞卒罷，其實難用。今將軍欲舉倦罷之兵，頓之燕堅城之下，欲戰恐久力不能拔，情見勢屈，曠日糧竭，而弱燕不服，齊必距境以自彊也。燕、齊相持而不下，則劉、項之權未有所分也。若此者，將軍所短也。……故善用兵者不以短擊長，而以長擊短。……為將軍計，莫如案甲休兵，鎮趙撫其孤，百里之內，牛酒日至，以饗士大夫醳（同釋）兵，北首燕路，而後遣辯士奉咫尺之書，暴其所長於燕，燕必不敢不聽從。燕已從，使諠言者東告齊，齊必從風而服，雖有智者，亦不知為齊計矣。如是，

則天下事皆可圖也。兵固有先聲而後實者，此之謂也。

　　從這一段看來，李左車不但懂得軍事戰，而且懂得政治戰，後者可補韓信之不足。韓信從其計，發使至燕，燕即臣服。乃向漢王報告，請立張耳為趙王。北方的戰事，告一段落。這是韓信用兵最得意的階段。韓信之得李左車，是韓信的得意傑作之一。但李左車的一席談，其中「天下事皆可圖也」的一句，實在大有問題。韓信在此以前，未有對漢不忠的企圖，而此後的行動，則頗有使漢王啟疑之處，有人說「廣武君生而韓信死」，雖然不免於武斷，但是也有其道理的，韓信在政治和修養方面，不免仍有其大缺點，其所以不得如張良一樣的能夠善終，絕不是偶然的。

　　韓信破趙軍二十餘萬的消息，報告到漢王那裡，正值漢王被項羽打得走投無路的時候，滎陽、成皋的兩大據點，難於據守，只好南避於宛葉之間。及韓信、張耳既獲大勝，一面從韓信的建議，立張耳為趙王，另一面，卻悄悄的輕車簡從，獨帶滕公夏侯嬰，於六月的某日清晨，突入韓信帳中，時楚軍常遣別動部隊，渡河擊趙，所以韓信、張耳往來救應，也是不曾閒著。漢王突入時，韓信、張耳正止軍修武，尚未起床，漢王詭稱漢使者，就在韓信的寢處，奪其印符，麾召諸將，奪其兩軍。及韓信、張耳起，知漢王親來，皆大驚。漢王乃令張耳守趙，升韓信為相國（韓信征魏時官拜左丞相），以未被徵調的趙兵，向三齊進兵。那就說，韓信和張耳的精兵，又被漢王調去，韓信只統著殘餘趙軍擊齊，至此，張耳守趙，實已無兵可調，非另組新軍不可；所以他的韓信後方防禦和補給的責任，仍是相當沉重。

五、關鍵性的齊境一戰

漢王在派遣韓信攻齊以前，已派辯士酈食其向齊王說降，齊王已表示降服，不過漢王不知道罷了。韓信兵至平原，得此消息，企圖止兵於范陽，按范陽即後日的涿州，是燕地，乃在趙境之北。韓信此次企圖，是遠離漢王而另立局面的意思，這當然受李左車他們的影響。韓信此時對漢王已有異心，是逐漸顯露出來了；不過還是偏安的小局面，未必就有參加楚漢的角逐和統一宇內的雄心。但是他的帳下另一辯士蒯通，是另一個李左車式的謀士，希望韓信創立大局面的；所以他問：你停止攻齊，並沒有接到漢王的命令，為什麼止而不行？蒯通又進一步的激動韓信，謂酈生不過靠三寸不爛之舌，一朝而下七十餘城；而將軍率數萬之眾，歲餘僅下趙五十餘城，反而不如一個豎儒！蒯通的意思，是要韓信繼續前進，達成攻取齊國的使命，掌握這個七十多城兵廣餉足的地區，以便如李左車之言幹那「天下事無不可為」的勾當；不過後半段話，他是含蓄著沒有講出來罷了。韓信採取蒯通的意見，南渡黃河，直撲齊境。而齊王則以已受酈生的約言，投向漢王，所以對韓信之來，毫無戒備，日惟縱酒取樂。韓信因得乘機取齊歷下軍，並東循至臨淄，齊王田廣至此，始知韓信之來，非協力攻楚，而是志在圖齊；於是責酈生無信而烹之，並東走高密，以避韓信，韓信跟蹤追擊之。西楚霸王對齊之不從，本極懷恨，及韓信入齊，更覺事態嚴重，乃令龍且率大軍救齊，兵數號二十萬，其力量當然在韓信的部隊之上。齊王至此，與龍且軍相合，以攻韓信。

兩軍正欲對壘交戰，有人向龍且建議，不與漢兵交戰，以堅壁自守，使漢軍糧盡而疲，因而擊之，可獲大勝。所謂：「漢兵遠

鬭窮戰，其鋒不可當；齊、楚自居其地戰，兵易敗散。不如深壁，令齊王使其信臣招所亡城，亡城聞其王在，楚來救，必反漢。漢兵二千里客居，齊城皆反之，其勢無所得食，可無戰而降也。」這個建議，的確是具有遠見的軍略。可是龍且則是比陳餘更不如的貪功好利之鄙夫。他反對這個建議，他的理由是：「吾平生知韓信為人，易與耳。且夫救齊不戰而降之，吾何功？今戰而勝之，齊之半可得，何為止！」以這樣的鄙夫來救齊，與韓信對陣，項羽無知人之明，由此可知了。於是楚漢兩軍，夾濰水而陣。韓信為了誘使龍且軍渡河作戰，乃在夜中，令人以袋儲沙，堆積於濰河上游，使水道阻塞不通，濰河乾涸。大草包龍且見狀，即揮軍渡濰，韓信軍當龍且軍半渡拒之，佯為不勝而走，而龍且卻真的以為韓信易與，大隊渡河追擊韓信軍。韓信乃將沙袋移開，濰水陡漲，龍且餘軍不得渡，已渡者聞變心慌，韓信乘機一個總攻擊，龍且被斬，楚軍盡散，齊王廣東遁，韓信軍追至城陽。至漢王四年初，齊地悉定。這一戰，歷史稱為濰水之戰，《西漢演義》「韓信囊沙斬龍且」，那倒是事實。我們平心而論，韓信的井陘和濰水二戰，勝得很險，而陳餘與龍且則敗得很冤。然信長於率老弱疲乏之師，克服強敵，善能以少勝多，智計百出，非一般軍事指揮官所能逆料，那也是事實。

　　齊境戰爭的大勝利，對韓信的功勳來說，那是對漢王的一個大貢獻；但是對韓信的未來幸福言，卻是一個大的危機。此在韓信，自得李左車、蒯通之後，又下趙破齊，野心漸大；而他的驕矜之心，在請求封為「假齊王」一事中完全暴露出來，這便使漢王對他的猜忌心加深。原來韓信在攻齊勝利之後，請漢王封他為假齊王，以便鎮攝，這一請求，引起了漢王的大反感。幸有張良和陳平的諫勸，遂封韓信為齊王，助成他更高的驕心。其中還有一插曲，使韓信更自以為了不起。原來，龍且在齊境之大敗虧輸，

挫盡楚軍的威風，使從來不服輸的項羽，內心也恐怖起來；因使
盱眙人武涉為說客，企圖與韓信連和。武涉對韓信的說詞，倒也
值得我們注意，茲錄其原文如下：

> 天下共苦秦久矣，相與戮力擊秦，秦已破，計功割地，分
> 土而王之，以休士卒。今漢王復興兵而東，侵人之分，奪
> 人之地，已破三秦，引兵出關，收諸侯之兵以東擊楚，其
> 意非盡吞天下者不休，其不知厭足，如是甚也。且漢王不
> 可必，身居項王掌握中數矣，項王憐而活之，然得脫，輒
> 倍約，復擊項王，其不可親信如此。今足下雖自以與漢王
> 為厚交，為之盡力用兵，終為之所禽矣。足下所以得須臾
> 至今者，以項王尚存也。當今二王之事，權在足下。足下
> 右投則漢王勝，左投則項王勝。項王今日亡，則次取足下。
> 足下與項王有故，何不反漢與楚連和，三分天下王之？今
> 釋此時，而自必於漢以擊楚，且為智者固若此乎！

　　武涉的話，為項羽和韓信著想，是有他的理由的。但是我們
從政治的發展來看，我國至此，已非統一不可，所以當時韓信如
果採取武涉的建議，與楚連和，三分天下而王之，這種割據局面
也不會維持多久，不過其間的演變，我們無法知道罷了。韓信在
這樣的局勢中，已成舉足輕重之勢，這便是在齊一戰勝利的結果。
但是韓信對於武涉的一番話，並不以為是；所以他以對漢王的道
義為理由，拒絕此項建議，這是他自己的主張，並未與李左車、
蒯通等商議。如果一經商議，那變化正多，這一段歷史便要重寫
了。由此，可知韓信的目的，只是憑他的軍事知識，建大功，立
大業而已；原是沒有政治野心的。
　　武涉已去，事為蒯通所知，他衡量天下大勢，其權的確操在

韓信手中，他很想慫恿韓信從武涉之言，背漢而與楚連和，使韓信自成一個局面，但又無法明言，所以他假託為韓信看相，希望打動他，自言「貴賤在於骨法，憂喜在於容色，成敗在於決斷，以此參之，萬不失一」。於是韓信就請他看相，他看了韓信的相，請屏退左右而作密言，所謂：「相君之面，不過封侯，又危不安。相君之背，貴乃不可言」便是。於是蒯通進一步的解釋：

> 天下初發難也，俊雄豪傑建號一呼，天下之士雲合霧集，魚鱗襍遝，熛至風起，當此之時，憂在亡秦而已。今楚漢分爭，使天下無罪之人肝膽塗地，父子暴骸骨於中野，不可勝數。楚人起彭城，轉鬥逐北，至於滎陽，乘利席捲，威震天下。然兵困於京、索之間，迫西山而不能進者，三年於此矣。漢王將數十萬之眾，距鞏、雒，阻山河之險，一日數戰，無尺寸之功，折北不救，敗滎陽，傷成皋，遂走宛、葉之間，此所謂智勇俱困者也。夫銳氣挫於險塞，而糧食竭於內府，百姓罷極怨望，容容無所倚。以臣料之，其勢非天下之賢聖固不能息天下之禍。當今兩主之命懸於足下，足下為漢則漢勝，與楚則楚勝。……誠能聽臣之計，莫若兩利而俱存之，三分天下，鼎足而居，其勢莫敢先動。夫以足下之賢聖，有甲兵之眾，擁彊齊，從燕、趙，出空虛之地而制其後，因民之欲，西鄉（同向）為百姓請命，則天下風走而響應矣，孰敢不聽！割大弱彊，以立諸侯。諸侯已立，天下服聽而歸德於齊。……則天下之君王相率而朝於齊矣。蓋聞「天與弗取，反受其咎；時至不行，反受其殃」，願足下孰慮之。

韓信對蒯通的勸說，依舊以道義為理由，不接受他的意見，

他說:「漢王遇我甚厚,載我以其車,衣我以其衣,食我以其食。吾聞之,乘人之車者載人之患,衣人之衣者懷人之憂,食人之食者死人之事,吾豈可以鄉利倍義乎!」他還是堅持著對武涉遊說時的同樣意見。於是蒯通更曉以利害,勸韓信叛漢的意見,更為露骨。他認為漢王的信任並不可靠,漢王成功以後,韓信不步文種後塵而死,必步范蠡後塵而亡,他尤其深刻而動人的理由,是韓信的處境,是「功無二於天下,而略不世出者也,戴震主之威,挾不賞之功,歸楚,楚人不信;歸漢,漢人震恐」,他將歸於何所呢?韓信依然不表贊同,他意思似已稍為活動,答允考慮考慮,這本是對蒯通的敷衍之詞,而蒯通卻信以為真,過幾天,又以決心和實行的道理,遊說韓信,他在最後甚至說:「夫功者難成而易敗,時者難得而易失也,時乎時,不再來,願足下詳察之。」可是韓信始終不採他的意見,不忍心背叛漢王,自以為功多,齊的地盤當可保留,蒯通乃裝瘋而去。

六、垓下之戰與韓信之死

鴻溝之和,劉邦用張良、陳平之計,躡項羽之後,戰端重開,漢王自以為韓信、彭越等都可以協攻項羽。但是他們都不能如約而至,因此甚為苦悶,問計於張良。張良建議允許給韓信等分王楚地,於是韓信領兵南下,與各路諸侯兵會攻項羽於垓下,時韓信之軍達三十萬,自當一面,仍然是劉邦軍的主力,這已是漢王五年的事了。時項羽軍尚有十萬,韓信軍的左邊是孔將軍(名熙),右邊是費將軍(姓陳名賀,費是封地)。韓信軍先擊,不利而卻,項羽不知是誘敵之計,縱兵前進,韓信軍的左右翼發兵縱擊之,楚兵不利,韓信回軍乘之,楚軍大敗,斬首八萬,項羽就在這一役中喪生。所以此役建功最大者又是韓信。

　　但是漢王還至定陶，馳入韓信幕，奪其軍，漢王對韓信的不信任，至此曝露無餘了。狡兔死，走狗烹的跡象已見，即使韓信能夠韜光養晦、行藏深斂，是否能保其首級？還是問題，所以蒯通勸韓信叛漢自立，誠屬狂妄，但是他對韓信處境的危險，觀察是相當深刻的。

　　韓信與漢王之間的關係，畢竟是破裂了。其爆發點起於鍾離眛事件，其時韓信已從齊王徙為楚王，都於下邳，那是漢王五年。韓信在這個時候，封地已近故鄉，乃召漂母，賞賜千金，以報其贈飯之德；並召下鄉南亭的亭長，賜以百錢，並且侮辱他說：「公，小人也，為德不卒。」至屠中令出其胯下的少年，給他中尉的官職，親自向諸將介紹，稱之為壯士，他說：「方辱我時，我寧不能殺之耶？殺之無名，故忍而就於此。」他對漂母的報以千金，對屠中少年的賞以官職，都還是大丈夫的行徑，至對南亭亭長，未免過於小氣，大有睚眥必報之意，未免示人以局量太狹。以這樣的局量，處志得意滿而多疑善嫉的境地，其結果之可悲，我們可以想像得到的。所謂鍾離眛事件，鍾離複姓名眛，原是項羽的部將，項羽已死，鍾離眛過著逃亡的生活。韓信在項王那裡工作的時候，與鍾離眛相熟，至此，逃至韓信那裡，韓信收留之，漢王常受困於鍾離眛，故深怨之，聞其在韓信那裡，命令韓信予以逮捕，韓信攔著沒有即辦，因此更啟漢王的猜疑。韓信初移楚地，出入常帶兵自衛，這可能是項羽初亡，地方秩序初復，不免有散兵遊勇的騷擾，攜兵而行，為保衛安全所必須，未必是韓信叛亂的行為；可是韓信卻因此而被告謀叛，漢王即據此以除韓信。

　　漢王之擒韓信，不是名正言順的對韓信用兵，而是出於鬼謀。其計出自陰謀家陳平，他要漢王以巡狩為名，至雲夢，發使約會諸侯。韓信至此，警覺到事態嚴重，真的有了謀反之意，欲發兵相拒；但還相信自己沒有罪，見了漢王，可以辯得明白。而他的

部下，有勸韓信殺鍾離眛以謁漢王者。韓信乃召鍾離眛，鍾離眛知韓信不懷好意，憤然說：「公非長者」，自刎而死，韓信持鍾離眛首級謁漢王於陳，遂被漢王所縛，攜返雒陽，赦其罪，貶為淮陰侯。

韓信自被貶為淮陰侯以後，深知漢王妒忌他的才能，常常稱病不朝；而又怏怏不樂，羞與周勃、灌嬰、樊噲等為伍，牢騷滿腹，終於做出犯上作亂的逆謀來，最後不免遭受顯戮。那時候，漢王派一個武將陳豨為鉅鹿守，陳豨向韓信辭行，韓信攜著陳豨的手，散步於庭中，屏退左右從人，對陳豨說：「公之所居，天下精兵處也，而公，陛下之信幸臣也。人言公之畔（同叛），陛下必不信；再至，陛下乃疑矣，三至，必怒而自將。吾為公從中起，天下可圖也！」

陳豨答曰：「謹奉教。」一年後，陳豨反，漢王果自將擊豨。韓信稱病不從，暗中卻派人通知陳豨，打算會同家臣，夜間詐詔赦囚寄之官奴，發之以襲呂后與太子。計畫已定，靜候陳豨那裡的消息。韓信的舍人中，有得罪於韓信而曾受拘捕，將受斬刑。舍人之弟，以韓信欲叛的消息，向呂后告發，呂后也不敢大意，密召蕭何計議。蕭何獻計，偽稱漢王派人到京，送達陳豨已死的消息，那是一個重大的喜訊，蕭何乃發起，約在京群臣向呂后朝賀，並親約韓信同往，韓信稱病，蕭何強之，韓信既入，即被呂后之人所縛，斬之於長樂鍾室，三族被夷。漢劇與平劇，都有「未央宮斬韓信」一齣，都強調蕭何伴韓信入宮時的傲慢神色，韓信不服，爭先入宮，於是被縛。韓信雖血氣方剛，未必若是的粗魯，這誠是小說家與戲劇家之言了。

韓信被斬時，卻憤然地說，「吾悔不用蒯通之計，乃為兒女子所詐，豈非天哉！」只因這一句憤激之詞，又把當時為韓信計謀的蒯通牽連出來，幾乎喪失了生命。原來，高祖擊滅陳豨而歸，知

韓信死時說出蒯通教之以叛的事來，乃令齊捕蒯通。蒯通是從齊捕來的，不是如小說家言自動出來收韓信之屍而被捕的。高祖欲烹蒯通，蒯通以跖犬吠堯的故事為解釋，意思是說堯之被吠並不是堯不如盜跖，而是犬為其主而已。高祖因而釋之。戲劇家所編「十老安劉」的劇本中，李左車與蒯通，都是高祖託孤之臣，都出死力以安劉氏之天下，那就不知所據了。

　　總上所述，可知韓信的軍事才能，確是非常的高明；但是他對政治的發展，對漢高祖的性格，都沒有什麼認識；所以在這些方面，他和張良比較起來，那差得太多。漢高祖最高級幹部中，只有張良能夠保持良好關係於始終，若蕭何，雖是豐沛舉兵的老幹部，同時是高祖微時的老朋友，而且是文官，也曾坐過牢。韓信既不是老幹部，其用兵才能又在高祖之上，所以高祖借重他，但是對他非常的不放心，他奪其軍於虜魏豹時、滅代時和滅陳餘時，那還可以說是被困於項羽之故；至奪其軍於項羽已亡之後，那分明是對韓信不放心；韓信如果那時候起效張良之所為，也許還能夠保其首領。他重道義而不背漢是對的，他不自斂，還要發牢騷，最後還要謀叛，那他就大錯特錯了。因此，我們對於功高震主而能自完其節，特別佩服郭汾陽，其故便在此了。

肆　出生入死平陽侯

一、曹參與蕭何和劉邦的關係

　　漢高祖既平項羽，初封功臣，為數不多，諸將有竊竊私議者，高祖以問張良，張良斷定他們是在謀反，他的理由是：「陛下起布衣，以此屬取天下；今陛下為天子，而所封皆蕭、曹故人所親愛，而所誅者皆生平所仇怨。……此屬畏陛下不能盡封，恐又見疑平生過失及誅，故即相聚謀反耳。」張良這段話裡面，蕭、曹同舉，蕭就是蕭何，曹就是曹參。足證蕭、曹二人的名字，早已相連，初不因為曹參繼蕭何為相，有蕭規曹隨之稱而並稱重要。由此，可知曹參是漢高祖麾下的重要人物之一，也是漢高祖建立政權與安定政權的重要人物之一，我們不能不予以特別介紹。

　　曹參也是沛人，是高祖的小同鄉，高祖是豐人而起事於沛，故曹參與高祖實為同鄉。曹參與蕭何不但是同鄉，而且是同事。蕭何任職沛縣為主吏時，曹參為獄掾，是蕭何的助手。蕭何對秦的法律非常熟悉，能夠運用自如，曹參能做他的助手，當然也是一位熟悉法律的人。因此，他們兩人都是縣中的「豪長」，用現在的話來說，由於他們是縣政府中執掌刑案的官，因而在地方上成為有勢力的豪家。蕭何和劉邦熟識甚早，而且常常庇護他；以蕭、曹如此密切的關係來看，曹參之早已和劉邦訂交，是很自然的事。我們從戰國晚期有才能的平民知識分子往往在微賤的職業中求生

的一點來看，蕭、曹當是以律家而為縣
政府的小吏，與高祖出身於泗上亭長的
身分，雖然同屬平民階層，但在知識水
準方面，顯然有其距離。

　　曹參早已和高祖訂交，雖然史無明
文，但是從一件事實上，我們可以深信
無疑，那便是在陳勝、吳廣起兵反秦以
後，許多郡縣發生殺其長吏以響應陳勝
的事件；沛令因而惶恐，企圖先發制人，
以沛子弟響應陳勝，以保其目前的安全。
蕭何與曹參都不表贊同，認為應該由亡
命在外的沛子弟來主持其事，才可以得

曹　參

到沛人的信任。他們心目中的沛子弟的領袖人物，便是亡命於芒
碭山澤中的劉邦。縣令贊成了蕭、曹二人的建議後，他們就令樊
噲去通知劉邦。所以蕭、曹和樊噲是劉邦豐沛舉兵時的基本幹部。
夏侯嬰大概也是那個時候的幹部。蕭何主文事，而曹參與樊噲則
都能夠帶兵作戰。所以他們對漢高祖的貢獻，各有其特點，而曹
參主要貢獻則在軍功方面。

　　劉邦在沛舉兵以後，其部隊尚不過百人左右。蕭、曹與樊噲
各為募集沛子弟，於是成立了一支二千至三千人的隊伍，第一次
作戰目標是胡陵與方與，胡陵本是宋邑，秦時稱為湖陵縣，其城
在今山東省魚臺縣東南，方與也是宋邑，秦稱方與縣，在今魚臺
縣北。由此，可知劉邦在沛舉兵以後，其行軍是指向北方。

二、十大軍功

　　秦時的制度，每一郡設置主要官吏共三個人，即守、尉、監

各一人。胡陵與方與之戰，這支新起的部隊，打了一次漂亮的勝仗，秦派在那裡的監軍所率領的守軍，被攻得大敗虧輸。他們在勝利後的行軍路線是繼攻薛和泗水，泗水御史名字叫做「平」的，曾經提拔過蕭何，至此以兵敗而降。那時候胡陵與方與發生了問題。因為陳勝已派周市立魏咎為魏王，這一帶是戰國時鄰近魏的地區。魏咎既為魏王，也有不少的人懷念故魏國的，胡陵與方與便是被這些懷念魏國的人所據，以反劉邦，就是豐也有這種現象，曹參等還攻胡陵，徙守於方與，並定豐。在這些戰役中，曹參的功最多，故賜爵為七大夫。我們從上面的戰事蔓延的情形來看，可知當時反秦運動已經成熟，各地紛紛舉兵，彼此混戰，既沒可靠的根據地，也沒有顯著的勝負，不過秦在現今河南、山東、江蘇交錯地帶的統治，業已崩潰，乃是顯著的事實，其總崩潰更是無可懷疑的趨勢了。

不過，秦政府對此趨勢，還想予以挽回，所以陸續派兵東來，希望回復其秩序與統治。第一個派去的軍事指揮官是司馬的職位，名字叫做尼（音夷），軍於碭東，曹參率部攻之，破其軍，占領碭邑，並占狐父與祁善置，祁善置就是叫做祁善的驛站，又攻下邑與虞，下邑本是楚邑，在今碭山縣北，虞即虞城，在今河南省虞城縣西，他的軍鋒是指向豫東了；這是因為那時由章邯率領的秦的主力部隊已經達到這一地區，所以曹參的部隊西去迎擊。他是先攻章邯的車騎，然後再攻爰戚與亢父。爰戚故城在今山東省的嘉祥縣西南，而亢父故城在今山東省濟南市西南，由此可知曹參的部隊，向西進攻不順利，因此轉向魯西南。其時，秦軍源源而來，反秦諸軍中力量最大的項梁已被章邯所破，齊王田榮又被圍於東阿，反秦軍形勢陷於不利。獨劉邦所屬的曹參這一支部隊，在秦軍夾縫中打來打去，所至有功。如攻亢父之役，曹參非常勇敢地身先士卒而登城，因而高升二級，遷為五大夫。又命他救東

阿，擊章邯軍，攻占陳，進至濮陽；還攻定陶，取臨濟，南救雍丘，與秦丞相李斯之子李由戰，敗李由軍，並斬李由，俘虜軍候一名。這是曹參領軍作戰以來的最大勝利。雍丘即今河南省的杞縣。由此，可知曹參的行軍地區，仍然是三省交錯地帶，不過已有逐漸向北與向西進展的趨勢。

項梁之被擊，項羽、劉邦都引兵向東以救之，但是時間上已經來不及，楚懷王對劉邦則授以碭郡長的官位。按劉邦在沛舉兵時，沛父老擁戴為沛公，實際上這是一種自己封自己的行動；至此，義帝正式授以官職，和被推為沛公或自稱為沛公是兩樣的。他做泗上亭長，是做秦政府的地方小吏，做沛公是自創局面，做碭郡長則是屬於楚懷王政權下的地方官了。當時勢力最大的反秦軍是項羽，楚懷王是項氏所立，連項羽也是楚懷王的屬官。自劉邦為碭郡長，進爵為武安侯，而曹參則被封為執帛，號曰建成君，尋遷戚公，即戚的縣令。在那個時候，曹參實為劉邦部下的第一要人，連蕭何都沒有正式被封為官，而曹參則不僅被封為建成君，而且還做了戚令，曹參地位之重要，由此可見了。

以上都是秦二世元、二年的事。其時，曹參雖為戚令，實際上他的主要任務，還是和各地的秦兵作戰，而且都得到勝利，其主要戰役，略如下述：

㈠從攻東郡的秦政府所派的郡尉之軍，破之。東郡在今山東省的聊城和河北大名一帶，所謂從攻，即從劉邦攻秦軍。

㈡進擊秦政府相當有名的指揮官王離的部隊於成陽的南方，又破之。成陽在今山東省濮縣東南。

㈢王離軍敗，退至杠里，曹參追擊，又大破之，並跟蹤追至開封，杠里也是縣名。

㈣開封的原來守將，是秦政府的趙賁，趙賁援王離，又被曹參攻破，曹參亦將趙賁圍於開封城中。

㈤曹參圍開封的時候，其西方的曲遇，有秦將楊熊鎮守，曹參擊之，又破其軍於白馬。曲遇，秦縣名，在今河南省中牟縣境有曲遇聚者，便是秦的曲遇。在這一役中，還俘虜了秦的司馬和御史各一名。曹參也因為這一次的軍功而被升為執珪。楊熊自曲遇之敗，引軍至滎陽，被秦二世所殺。

㈥從攻陽武，陽武即陳平的故鄉，張良和大鐵錐力士擊秦始皇於博浪沙中，博浪沙即在陽武縣境，即今河南省原陽縣。

㈦轘轅與緱氏，這兩個地方都是戰國以來的要塞，轘轅故關，舊有十二曲道，為中原戰爭中的必爭之地，其地在今河南省偃師縣東南，接鞏縣、登封二縣界，緱氏在今河南省偃師縣南，通登封大道，亦由此而阻扼了平陰的黃河渡口。曹參攻下陽武以後即攻占轘轅。

㈧當劉邦率領曹參等所屬部隊進擊轘轅、緱氏的時候，趙賁的秦軍，躡於其後，曹參還軍擊之，又破其軍於尸北，意即尸氏之北，尸氏即今河南省偃師縣西南的新蔡鎮。

㈨從攻南陽，與秦南陽守戰於陽城縣的附郭之東，曹參親自攻入敵人的陣地，因而大勝，占領宛城，虜秦南陽守齮，盡降南陽的郡縣。

㈩從西攻武關與嶢關，亦占領之。武關與嶢關都是秦嶺中的要塞，由南方攻入秦嶺，則武關為第一要塞；由北方攻入秦嶺，則嶢關為第一要塞，嶢關即藍田關，出藍田則咸陽在望了。曹參先攻其南方，而於夜間以輕兵襲擊其北方，此舉實出秦軍的意外，故秦軍大敗，劉邦部隊遂入咸陽。

以上是曹參的十大軍功。從他的戰事發生的程序來看，劉邦率領曹參等所部，原是北救被王離所圍的趙國的鉅鹿，所以他們曾至東郡，他們的行軍方向是指向北方。這本是楚懷王兩路援趙的作戰計畫。

　　秦軍圍鉅鹿甚急，趙屢向楚懷王求救，懷王乃以宋義為上將軍，項羽為次將，范增為末將以救趙。劉邦在這一計畫中，雖亦出兵進擊，但似乎是協助性質；而楚懷王對劉邦實際上是另有依畀。當時懷王與諸將相約，「先入關（潼）者王之」，項羽與劉邦響應此項號召；但項羽卻有一種待報的私仇，那就是他的叔叔項梁之被殺，是由秦將章邯；時王離在鉅鹿，而往來指揮秦軍作戰的卻是章邯；項羽不曾把劉邦放在心上，以為破了秦軍，打敗了章邯，然後進關，尚未為晚。他萬萬想不到劉邦軍事攻勢與政治攻勢兼施，先他而入關。此在楚懷王和他的宿將看來，卻不奇怪，因為他們都不歡喜項羽先入關為王，他們認為項羽為人強悍無理，嗜殺成性，他曾攻破襄城，襄城的軍民都被坑殺無遺，其他經過的地方，無不殘破，甚至全被毀滅；所以入關之役，應該另外派遣一個忠厚長者，以扶持正義除秦苛法為號召，庶幾可以事半功倍。他們心目中的長者，便是劉邦。當時兩路援趙的計畫，後來由宋義、項羽當此重任，而令劉邦向西略地，其用意就是希望劉邦先項羽而入關。

三、北伐與東征

　　我們從曹參初期的十大軍功中，於東郡之戰以後，即改向西趨，由成陽，而開封，而杠里，而曲遇，而陽武，而轘轅、緱氏，著著西進，似乎是趨向鞏雒，由函谷關和崤山的正面以擊潼關。如果是這樣的行軍，則秦軍尚強，且有地形的險阻以為之助。攻堅折銳，勝負正難逆料。劉邦之攻轘轅、緱氏，是由於張良的建議。緱氏南通登封大道，緱氏一得，也就打開了進攻葉宛的大門。所以劉邦的進攻葉宛，繞道武關、嶢關，以入咸陽，極可能是出於張良的計畫。其間許多軍略的戰、守、圍、賄，張疑兵，行奇

襲等技術的運用，張良是竭盡了他的心思才力，而在戰陣方面能夠照著軍略的部署，著著實現的，曹參實在居首功的地位。

劉邦既入咸陽，不久之後，項羽也到了。項羽不遵守楚懷王的約言，以劉邦為漢王，都於漢中，曹參等相從而南，漢王乃封曹參為建成侯，遷將軍。漢王元年八月，漢王拜韓信為大將軍，採用韓信的建議，從下辯、故道北伐三秦。下辯即下辨，漢縣，故城在今甘肅省東南部的成縣西，故道亦漢縣，在今陝西省鳳縣之西，那是先迂迴到渭河上游，然後順勢而下，以攻秦嶺北麓，使雍王章邯等只知道守禦陳倉等秦嶺要塞的部隊，驟遇強敵，驚惶不知所措而大敗虧輸了。三國時，蜀漢諸葛丞相的數出祁山，其行軍方略，就是韓信的舊計畫，所以避免仰攻要塞而出敵人之不意也。在攻擊下辨、故道等地的戰役中，不用說，曹參又出了最大的力量，建立了莫大的功勳。

北伐之道打通後，接下來，便是與項羽所封的三秦王作戰，三秦王就是雍王章邯、塞王司馬欣及翟王董翳。在這樣一連串的戰爭中，曹參又建了許多大功，其略如下：

㈠對章平與章邯的戰鬥：漢軍既出下辨、故道，據渭水上游，直衝雍王章邯的封地，首當其衝是章平，這章平是章邯兄弟，所以作戰甚為賣力。漢軍和章平軍第一次的接戰是在好時之南。漢軍的主將是曹參，章平敗北，曹參軍占領了壤鄉。復擊三秦軍於壤東及高櫟，曹參軍都得到勝利。章平則被圍於好時。章平逃出好時以後，曹參的部隊便與趙賁和內史（官名）保（人名）的部隊作戰，這些部隊復被曹參所破，因得長驅而東，逕取咸陽，占景陵而守之。章平復引兵與曹參作戰，大敗而逃，劉邦因以寧秦的食邑封賞曹參，曹參也因為這次的勝利，章邯的精銳消滅殆盡，遂得進圍章邯的首都廢丘，三秦不久底定，論行軍作戰之功，曹參實居首位。

㈡東征之役中的曹參：三秦既定，劉邦以破竹之勢，渡臨晉而東，一方面為義帝（即楚懷王）發喪，一方面乘項羽北征田榮、彭城空虛的機會，直衝彭城。他是由臨晉關渡黃河，下河內，克修武，南渡平陰津入雒陽新城，縞素而東，聲項羽弒義帝之罪而討之。時項羽正追田榮至平原，殺傷甚多，齊人立田榮之子田廣為王，繼續抗楚。項羽意欲解決了田廣問題後，再與漢兵交戰。初不料漢王率五諸侯之兵，逕下彭城，入據項王宮闕，驕矜之色，充滿在他的行動之中，不復以楚之反擊為慮矣。在漢王渡臨晉以後的軍事行動中，因為一路受降，如入無人之境，並沒有發生什麼大戰爭，所以曹參也只是跟著行軍罷了。中間有過幾次戰鬥，如與龍且、項他戰於定陶之東等，規模似都不大。及項羽還軍，與漢軍大戰，漢軍大敗。曹參時任漢軍的中尉，首先圍取雍丘。對於叛漢的諸侯，如王武之反於黃，程處之反於燕，柱天侯之反於衍氏等，曹參都一一削平之，並進攻項嬰於昆陽，追至葉，還攻武強，處處勝利，使漢軍聲威稍震，這些都是曹參對劉邦的大貢獻。漢王三年，劉邦拜曹參為假左丞相，便是報他的軍功和忠心。

漢王之被困於滎陽、成皋之間，曹參並沒有跟著漢王作戰，而是被派駐在關中和韓信軍中。原來，漢王拜曹參為假左丞相之後，即令曹參移所部駐於關中的根本之地。此一意，明裡是保護關中根本之地，但實際上顯然是在牽制或監視蕭何。及魏王豹反漢，河東軍事又告吃緊，漢王對這一方面更不放心，所以又令曹參加入韓信軍中作戰。韓信之虜魏王豹，竣功之速，出於意外，雖然由於韓信出奇制勝的軍略，但是曹參的力戰，也是大有關係的。據《史記》〈淮陰侯列傳〉，魏王豹集中兵力於臨晉的防守，而韓信卻在夏陽以木罌渡河，魏豹於匆忙中逆韓信軍，似乎沒有什麼戰事便被俘了；但據〈曹相國世家〉，則仍有不少的戰事。

　　據說，曹參在屯兵關中的月餘之後，魏王豹即反，曹參以假左丞相與韓信東攻魏軍，破魏將孫遫於東張；復攻安邑，俘魏王襄；擊魏豹於曲陽，追至武垣，虜魏豹，下午陽，並得魏豹的家屬，包括母親、妻子等。於是魏地悉定，所得魏城凡五十有二。這是一件大功績，所以漢王特以平陽為曹參的食邑，為後來曹參被封為平陽侯的張本。這些戰績不記在淮陰侯的傳內，而特別記在曹參的傳內，足證這完全是曹參的作戰成績。

　　韓信定代破趙，其中都有曹參的戰功。如韓信擊趙相國夏說，曹參是從征的重要將領之一，斬夏說於鄔東，便是曹參的戰功。井陘之戰，韓信攻成安君陳餘於正面，而令曹參分兵圍趙別將戚將軍於鄔城，戚將軍乘間遁走，但被曹參所截殺。曹參在追殺戚將軍後，即引兵至敖倉，以就漢王，此當以所部精兵交漢王指揮，以濟其困，而曹參本人則仍隨韓信作戰。韓信在出征魏豹的時候是左丞相的官職，而曹參則為假左丞相；及平趙，韓信升為相國，而曹參則升為右丞相。

　　韓信在定趙燕以後，即奉命征齊，曹參仍然是韓信的部屬。攻歷下軍，取臨淄，定濟北，克濼陰、平原、鬲盧，都是曹參的戰功。龍且的覆沒與龍且的被殺，是楚漢相爭中的第一等大事。因為龍且率領了二十多萬人援膠東王而與漢軍作戰，志在必勝，以穩定後方。但是，這一戰的結果，全軍潰滅，使項羽從優勢轉變為劣勢，不能不向韓信低頭求和；不得要領，而又與劉邦以鴻溝為界而言和。這些都是在龍且潰敗以後的事，足證其影響之大。龍且之敗，我們已經介紹過濰水之戰。曹參在濰水之戰中，亦復建立了很大的軍功，他是大破其軍於上假密，虜其亞將周蘭，而手刃龍且的大概也就是曹參。由此，可知韓信從破魏起，至定齊止，所有的作戰，曹參是無役不從的。我們可以說，韓信是主持最高的戰略部署，而在戰場實現戰略的理想的，曹參至少是極重

要的一分子。這裡，我們更得注意一件事，那就是像曹參那樣擅於行軍作戰的漢王舊友，在楚漢相持，漢王的局勢十分險惡中，漢王始終沒有把這位戰無不勝的老朋友帶在身邊，共同作戰，而聽他在韓信軍中。此從好的方面看，是助韓信的成功，而在另外一方面看，也就等於以曹參監視韓信了。攻齊之役而且加派了灌嬰，更足以說明漢王對韓信的猜疑，其時已很深了。只會設計謀、定策略的韓信，對於此種人事的部署是不注意，而且可能也是不了解的。

四、受到徹底信任的因素

垓下之戰，韓信引齊軍三十萬南下會戰，而曹參未從，其任務是在收復其他未服的齊城，因為曹參在破龍且之後，又俘虜了不少田氏的宗族與重臣，如故齊王田廣之相田光，守相許章，故膠東王的將軍田既等。有這些人做曹參的耳目和輔助，佐以曹參之能，安定齊地，當然不成問題。由此，可知漢王在那個時候認為削平項羽已不成問題，而未來的問題，即韓信的處置與齊的安定，已較清除項羽為重要。韓信率大兵離開齊境，韓信的問題已經解決了一半；而另一半則為齊境的安定，使不復為韓信所利用。此項重要任務，漢王命由曹參來擔任。乃知曹參的地位，無異漢王的化身。而齊境的完全安定，曹參也竟能不負漢王之所託，所以曹參畢竟是一個軍事之外兼通政治的漢王幕中有數的人才！

這裡，我們應當特別注意一點，那就是漢王劉邦是一個多疑善猜的人，當他需要你的時候，他裝作非常信任的樣子，使你感激涕零的為他效命，甚至為他出死力也在所不惜；但他內心是不是真正信任你？那是大有問題的。劉邦幕中許多重要人物，最能了解劉邦性格的是張良，所以他和劉邦的關係保持得最好；其次

是陳平，雖然在任事不久後發生過誤會，後來一直信任他，且能繼承張良的衣缽，為高祖最重要的高等顧問。最糟的是韓信，奪爵之外，還要殺頭，夷三族。其他如英布、彭越、盧綰、陳豨等，或以反被誅，或未反而亦被誅。蕭何總算是他最親信的最高級的幹部，而且他並不帶兵，他只是政治措施得宜，備受百姓的愛戴，高祖對此，也不放心，因而也受到過囚禁的處分。連至親樊噲也不例外，曹參，在對高祖的關係來說，其親信也不過與蕭何相同；但曹參是帶兵作戰而且勇敢過人、功勳彪炳的，照上述的例子來說，曹參應該是被猜疑的一個；但高祖對曹參是自始至終的信任，好像從來沒有起過疑心似的。這中間的道理，很值得我們研究。恐怕謹慎二字，最關重要，不矜不伐的忠事高祖，大概是他受信任的主要因素了。例如，漢王北至修武，適當曹參斬趙相夏說的時候，曹參自動地會見高祖於敖倉，交出他的精銳部隊；而韓信和張耳則不然，必待漢王親至軍中，以迅雷不及掩耳的手法奪其軍，始交出其部隊。相形之下，曹參之始終被信任是有因素的。這也就是說他深深地懂得漢王的性格，他只知拼命打仗，打勝仗，殺敵人，如何計功，如何受賞，他是在所不計的，曹參這種作風，換得的報酬，是漢王的徹底信任。

　　曹參這種不矜不伐，謹慎小心的作風，還有一個具體的事實可作說明，那就是曹參的戰功。《史記》曾經給他做過統計：他所攻克的地方，計共二國，一百二十二個縣；所俘虜的敵方高級人員，計王二人，相三人，將軍六人，大莫敖、郡守、司馬、御史各一人，由於他身先士卒的勇敢作戰，身受創傷達七十處之多。但是受封的平陽侯，食邑僅六百三十戶，但他怡然自得，並無不愉快，但在定御前位時，漢王勉強以曹參坐首位，後因鄂千秋的反映，終於置蕭何於第一位，曹參對此，也毫無所謂。此種惟漢帝之命是聽的態度，是曹參的優點，堪為群臣表率，也正是漢帝

所需要的。不過曹參與蕭何之間的感情破裂，恐與此等事有關，也許曹參認為漢帝不為曹參計，蕭何應當替曹參講幾句話，使曹參的食邑多一些，地位高一些；而蕭何似乎都沒有這樣做，曹參心中因而不無耿耿，這也是人情之常吧！

五、由齊相而相國

漢帝既定天下，以蕭何為相國，那末所謂「蕭、曹故人」的曹參，在政府中究竟畀以何職呢？漢王六年既擒韓信，接受田肯的建議，大封子弟。田肯非常重視齊地，認為「東有琅邪、即墨之饒，南有泰山之固，西有濁河之限，北有勃海之利。地方二千里，持戟百萬，縣（同懸）隔千里之外」，這是東方的秦地，應該封親子弟為齊王。高祖的經驗，項羽的失敗，就是由於齊的反楚，齊境盡入韓信之手，而項羽破滅之期不遠了。所以他也非常重視齊地，終於封他的兒子「肥」為齊王，即悼惠王便是，悼惠王王七十餘城，凡是百姓能說齊語的，都屬齊王。他又恐怕齊王沒有能力統治這麼大而且重要的齊境，所以他特別派他幕中第二號重要人物曹參去輔助他，封參為齊的相國。

曹參在齊相國任內，在軍事方面，仍然時時刻刻的在幫助高祖。如高祖親攻陳豨之後，曹參便曾率兵攻豨將張春而破之；黥布反漢時，曹參從齊悼惠王將兵而南，擊黥布軍而大破之，追至蘄地，悉定竹邑、蕭、相、留等地。其對高祖之忠，由此可見一斑。

曹參雖通秦律，但自高祖舉兵時，就帶兵作戰，和政治接觸甚少，及為齊相國，那他的責任，治民重於治軍，曹參將怎樣辦呢？這裡，我們可以看到曹參的虛心之處。原來，悼惠王那時年齡很輕，治理百姓之事，他毫無所知，責任都落在曹參身上，而

曹參在這一方面，知識和經驗都相當缺乏。如果他冒充內行，以高祖佐命元勳和信任甚專的姿態去治理齊民，那就非糟不可了。

好在曹參有自知之明，他覺得要把齊境治好，非請教於懂得政治的高人不可。他首先邀集齊的長老和知識分子，以如何安定百姓的問題，請教他們。與會的人以儒生居多，一百多個人，各陳所見，他們都是本位主義，所以所言人人皆異，曹參知道這些書生的意見，反使他不知所從，對他沒有好處。他訪知膠西有一個叫做蓋公的名士，對黃帝、老子的學說，頗有研究，因而派人以重金禮聘，求他指示治齊的原則。蓋公的主張，政治措施，應以清靜無為作基本，不要以苛細的法令來騷擾百姓，百姓自然就安定下來，既能安居，便可樂業，秩序自然大定了。曹參聽到了蓋公這一番意見，茅塞頓開，於是把所居的正堂，讓給蓋公居住，以上賓之禮相待。曹參此後，便以蓋公的指示，做他的施政方針。任齊相國九年，而齊境安定，居民富庶，曹參當時已經是一個名相了。曹參將去齊，會見他的繼任人，他堅決地指示他的後任，要好好的注意監獄中的囚徒。他的繼任人問他：這是最重要的政治措施嗎？曹參回答他說：不是的，但是他認為監獄是姦人的聚居之所，如果你常常擾亂他們，使他們不能安居，那他們何所容身呢？姦人無容身之地，問題自然再發生了，所以曹參特別注意此事。這個理論，就今日進步的政治觀點來看，仍然有它的道理，曹參的求治之切與政治心得之深，由此可見了。

曹參以齊的名相身分，繼前相國蕭何而為漢中央政府的相國，而他的勳業，也並不在蕭何之下。曹參初繼蕭何之任，一切政治措施，都照著蕭何的成規而行，並無更改。對於任用官吏，他的原則是提拔不大會說話、不大會舞文弄墨的忠厚人，而吏之言文深刻、務求聲名的，曹參都斥而不用，他自己只是日夜飲酒取樂，把相國應該做的事，好像置之腦後似的。他依然是蓋公、黃老之

學，以清靜無為為本的那一套。

曹參這種無為而治，飲酒取樂重於入朝理事的作風，自天子以至卿大夫都看不慣，很多士大夫都到曹參的公館去探問，意思是要向曹參進言，規勸他改變作風，但是曹參一看見他們來訪問，便以醇酒款待客人，而且殷勤勸飲，不醉不休；因而這些一心期望曹參改變作風的人，便沒有進言的機會。最妙的，是曹參的相府後園與吏舍相近；那飲酒作樂的風氣，很快的傳到他們那裡，他們也如法泡製，日飲之外，再加上夜飲，使附近的同僚與百姓，生活的寧靜都受到影響，深以為苦。於是同僚們想出一個辦法，要曹參到後園去遊散，讓他聽到這種情形，自動加以阻止。

不料曹參一見此種情形，反而鋪設座位，取酒過來，招呼他們同飲同歌。惠帝知道了曹參這種行動，也深不以為然，但又不好意思對這位望重名高的老臣加以責備，所以他要曹參的兒子曹窋，在家中對曹參提出如下的問題：「高帝新棄群臣，帝（指惠帝）富於春秋，君為相，日飲，無所請事，何以憂天下乎？」惠帝雖然是一個青年皇帝，但對曹參非常的禮貌，設想得非常周到，深恐曹窋說出這些話，是皇帝要他說的，使曹參感到難堪，所以還特別囑咐曹窋，千萬不可說出這是皇帝的意思。曹窋對此，也是非常謹慎，特別選擇了一個洗澡以後清閒地侍奉曹參的機會，委婉地說出了惠帝教他說的那一番話。詎料曹參一聽之下，悖然大怒，把曹窋打了兩百板子，並且憤憤地警告他說：「天下事非若所當言也！」惠帝知道了曹窋因他而被責，一方面覺得對曹窋太過意不去，另方面也覺得曹參太過分的不把這位年輕皇帝擺在心目中了，所以責備曹參說：「你為什麼要懲罰你的兒子呢？這些話是我教他說的。」曹參至此，免冠謝過，但他卻反問惠帝：「皇上覺得聖武之能，比起高皇帝來怎麼樣？」惠帝說：「我怎能與高皇帝相比呢！」曹參又問：「皇上覺得我的能力比起故相國蕭何來怎麼

樣?」惠帝很不客氣的答稱:「你的才能似乎不如蕭何!」曹參因說:「皇上的意見都對!高皇帝與蕭何定天下,法令都已有明白的規定,皇上現現成成的遵守勿失,天下便可以大治了。」惠帝至此,才了解曹參的作法,只是把漢高祖和蕭何所定的法令規章延續下去,以求天下的安定,目標是正確的,所以也就不再責備他了。由此,可知曹參深知政治的延續特性,而能力予維持的。所謂政治的延續特性,並不是說既訂的法令,可以永遠延續下去;而是說天下初定,已頒的法令,還沒有因環境的改變而失去其作用,甚或發生反作用而阻礙了進步,在這樣情形之下,法令是不宜輕易改變的。所以「朝令夕改」,是政治上的大犯忌,便是這個道理了。他的原則,特別是天下粗定、律令新頒的時候,最為適宜。

曹參在政治上的措施,另外一點值得我們特別一提的,便是以德服人的作風。上面我們已經說過他的任人標準是以謹厚長者為原則,而不信任口才便黠和舞文弄墨之輩,這本是他清靜無為的黃老治術的一面。他對於他的僚屬,也是以寬厚相待,人有細過,無不為之掩匿覆沒,希望他能改過自新。當然,犯著大錯誤的人,他是不會放過的。但是在他這樣的任人原則下,犯有大錯誤的人是不會太多的。這是曹參清靜無為的政治風氣之特點的一部分。

曹參為相國,僅僅只有三年而去世,自此,丞相之職,即分為左丞相與右丞相,這是漢高祖對付呂后的政治運用。繼曹參為相的,右丞相是王陵,左丞相便是陳平。曹參死後,諡為懿侯,其平陽侯的爵位,世世相承,繼位的便是曹窋,凡六傳而國除,可以說是漢代簪纓鼎盛的望族了。

伍 陰謀家陳平

一、貧困好學的青年人

漢王四年，韓信既破項羽部將龍且，悉定齊地，向漢王請封為「假齊王」，以便鎮攝。漢王大怒，欲攻韓信，時張良、陳平在側，都勸漢王不如因而立之，使自為戰守，以威脅項羽的後路。漢王聽從他們的建議，遂封韓信為齊王。終得運用韓信軍為主力，以敗項羽，這是一次具有關鍵性的建議，張良、陳平所見略同。張良的智計絕倫，我們已作介紹，陳平是怎樣一個人？我們也應該對他作一番認識。在這裡，我們稱之為陰謀家，這不是我們對這位先賢的誣蔑，而是他晚年自己下的結論，所以這不過一種存其本來面目的意思罷了。

陳平在戰國時期至漢初的平民政治運動中，是一個傑出的人才。他和張良一樣，在漢高祖幕中，屢出奇計，建立了不少功勳。可是他和張良畢竟有其不同的地方，張良是貴族出身而具有平民政治思想的偉人，所以在他的畢生政治行動中，沒有半點貴族政治的思想，惟一的貴族意味是為韓國的王家報仇，所以在二十歲的時候，便堅決地進行反秦運動，以後雖與項羽往還，雖為韓王之臣，但始終是參與劉邦最高決策的高級參謀，萬變不離其本。而陳平則不然，他是富於戰國晚期平民知識分子以遊士獵取名位的風氣，所以只要有名利可圖的機會，他是不肯放棄的，所以他

遊幕於魏咎那裡，又遊幕於項羽那裡，假使不是項羽迫究定殷的責任欲殺陳平，陳平是不是有歸事漢王的可能？還是大成問題的事。我們從知人之明和出處進退的一點來比較張良和陳平，陳平畢竟遜於張良甚多。王莽之亂，光武帝、隗囂、公孫述鼎足而三，分據全國。馬援奉隗囂之命，既遊成都，訪問公孫述；又遊雒陽，訪問光武帝，然後決定事光武帝，竭力撮合光武帝與隗囂的關係，他慨然的說：「當今之世，非獨君擇臣也，臣亦擇君矣。」張良與馬援之能擇君，與陳平之不放棄貢獻其智能的機會，是分別他們賢能水準的關鍵了。作者對陳平歷史地位的估價，低於張良而且也低於馬援，其故便在於此了。

可是，陳平畢竟是一個傑出的知識分子，他雖然出身於並非富有的農家，但是從小好讀書，而且懷有大志。陳平的原籍是陽武人，戶牖是他的家鄉所在。陽武在當時是一個有名的地方。因為秦始皇巡行天下，至陽武的博浪沙，被張良及其客以大鐵錐所擊，至此，陽武之名，震於天下。這是個秦時所設的縣，故城在今河南省原陽縣東南二十八里，是在黃河北岸的縣。他家僅有的田地是三十畝，只能得到溫飽，較諸韓信的際遇自然要好得多，可是他的家是一個平民的家是毫無疑問的。

陳平雖然出生在貧苦的農家，兄弟二人只有三十畝地的家產，可是他從小喜歡讀書，有大志，他的哥哥對於這位身材高大、面目美好的兄弟也異常的愛護，耕種的勞苦之事，由他獨自一人擔任，任由他弟弟讀書遊學。陳平所喜愛的學問，是黃帝、老子之術，這是當時知識分子相當普遍地追求著的一種治國平天下的學問，與張良基礎「太公兵法」是不同的。陳平的家居讀書，雖然並沒有養尊處優，但是他卻是一位長身玉立而風姿秀逸的美男子；於是鄉中人發生了疑問，以為必然是陳平的嫂嫂暗中把營養豐富的飲食，瞞著他的哥哥，給陳平吃了，陳平才會長得這樣好。好

事之徒，並據此而編造謠言，認為陳平必與嫂相通，這便是所謂「陳平盜嫂」的由來了。我們從後來陳平的作風來看，他是一個好色好貨之徒，是事實，但並不是無情無義之人；所以盜嫂之說，不過是鄉里的謠言而已，可是他的兄長卻信以為真，他把妻子趕了出去，仍然憑自己的勞力來養活他這位只愛讀書、不事生產的兄弟。兄弟間的友愛之情，是值得我們歆羨的。但是，陳平雖貧，卻有治國平天下的大志，他曾經在他所居庫上里的社祭以後，分餘肉給里中人，他的刀法異常正確，一刀下去，應分多少，輒與理想相去不遠。里中父老，對陳平分肉的刀法與公平的分法，都是備加稱許；但是陳平卻說，如果我能「為天下宰」，也要像現在的分肉一樣。由此，可知他雖然在貧賤時，不忘其治國平天下的志願。

　　陳平長大以後，婚姻上的波折甚大。他雖然風姿甚美，但家道甚貧，且不事生產，所以鄉里中人，富家不肯以女嫁平，貧家女陳平也不願意相訂終身，在「高不湊、低不就」的情形下，蹉跎了很久的時間。戶牖鄉中有一個叫做張負的富人，他有一個女兒名字叫做「孫」，嫁了五個丈夫，都死了，大約是當時有名的剋夫之婦，沒有人再敢娶她。陳平那個時候，已經學會了幫人家料理喪事的小技，由於他做事認真負責，常常早到晚退，所以他很受人歡迎。有一次，他幫助人家料理喪事，遇見那位富人張負。張負聽人說過陳平做事的負責盡職，先已有了好的印象。及見陳平，果然是一個偉丈夫的模樣，更以為奇。陳平依然等事情辦得告一段落以後才走，張負暗中跟隨著他。及至其家，是在一個陋巷之中，房屋矮小破舊，還不去說它，竟連門也裝不起，用破爛的席子當做門，來聊避風雨。從這樣窮苦的情形中，我們可以了解這位滿腹經綸的知識分子為什麼肯耗費寶貴的光陰，去做助理喪事的瑣屑之事了。可是，他的家儘管如此的窮苦，他的門外，

卻有不少安車或載運客人的車軌之跡，表示了他家常有貴客或有
身分的人來訪他。張負見狀大喜，立刻回家，告訴他的兒子張仲
說，他已為他的女兒找到了對象，預備把「孫」嫁給陳平。張仲
力持反對意見，他的理由是：陳平是不事生產的書生，他的所作
所為，里中人都訕笑他，怎樣可以選他為東床快婿呢？張負不從，
決定把無人問津的女兒嫁給陳平，他說陳平決不會永遠貧困的。
他知道陳平甚窮，所以妝奩特別豐富，又怕陳平備不起聘金，假
作貸款，以便陳平行聘，而且還給了許多酒肉和錢，使陳平得以
迎娶。他的女兒臨出閣的時候，還特別囑咐她：切不可以因陳平
家貧而事他不謹，要事其兄如父，事其嫂如母。他的女兒嫁過去
以後，他還時時以資金接濟陳平。因此，陳平資用日益富饒，交
遊日益廣闊，這對陳平學問的進步和做事的機會都有關係。

二、出仕的波折

秦二世元年（西元前 209 年）陳勝、吳廣舉兵反秦，項梁、
劉邦並起，天下大亂，已起其端。陳平的家鄉距離劉邦與項梁的
根據地並不很遠，但是陳平並沒有投劉邦或項梁，他是等陳勝派
周市略定魏地，立魏咎為魏王時，才同他的幾個朋友到魏咎那裡
去找事情做。他同魏咎相見於臨濟，在今河南省陳留縣的西北，
是魏咎的首都。魏咎以陳平為太僕，這是陳平初入仕途，職位似
乎並不重要；可是陳平對此，卻很有興趣，常對魏王提供他的意
見，他對魏咎是怎樣一塊材料，並無多大認識，犯著「不可與言
而言」的大忌；魏咎不但不接受他的建議，而且聽信讒言，有加害
陳平之意。幸而陳平見機，事先逃走，否則，他就有不測之禍了。
陳平從魏咎那裡逃出不久，魏咎也就被秦將章邯所滅，連陳
勝也在不久以後敗亡；而項家這一股力量，那時候卻有發展，項

羽北上略地，他的勢力達到了黃河。陳平看到另一個出路的機會
又來了，他抓住了這個機會，投到項羽的帳下，隨著項羽，攻破
了秦軍，賜爵為卿。卿是一種有名無實的空職銜，陳平那時候，
依然並不得意。項羽西入咸陽，火焚秦宮，坑秦降卒二十餘萬，
分王諸侯，自王九郡，都於彭城。陳平也跟著他到彭城。當時，
項羽所信任的智囊人物是范增，像陳平那樣不過是徒有其名的
「卿」，自然輪不到他獻言定計。不過，這期間卻有一個給陳平立
功的機會。其時，漢王已北出故道，還定三秦，項羽所封的殷王
反楚投漢，項羽乃以陳平為信武君，要他招魏王在楚的舊部，由
陳平率領，往攻殷王。這個殷王也真是窩囊廢，又給陳平打敗，
背漢降楚，陳平總算建立了一次軍功。這次建功，我們弄不清楚
是殷王的過於無用，還是陳平確是有將兵攻取的天才？我們從戰
國晚期至楚漢相爭期間的知識分子差不多都能行軍作戰的一點來
看，陳平之會帶兵打勝仗，是不足為奇的；但是，從陳平以後很
少帶兵作戰的一點來看，他不是一個指揮官，而只是一個參謀人
才。那末這一次的勝利因素，由於殷王的無用居多了。陳平這一
次的建功，項羽把他升為都尉，賜金二十鎰以賞之，陳平總算稍
得揚揚眉，吐吐氣了。不過，這次的立功，對陳平來說，其重要
性不是眼前的富貴，而是未來的機運。原來，這位殷王真是看風
使舵的投機分子；當漢王攻他的時候，他又背楚投漢了；項羽聞
知殷又叛楚，於是追究原來定殷的責任，將加以誅戮；項羽以喜
怒的衝動而亂來，這裡又是一個例子。原來的定殷之人是陳平，
故陳平得悉項羽的意旨後，便逃離楚軍，歸於漢王，這才得到了
他發展才能的好去處，所以我們認為定殷是陳平建立功勳的轉機，
是指將來，而不是指當時。

　　陳平，本質上是一個非常機智的人，不過在以往並未遇到可
以表現的機會；直要等到他在逃出楚營歸向漢王的途中，才得表

現其機智。陳平之逃出楚營,把項羽賞給他的黃金和印都封存著,派人交還項羽,表示他雖貧不貪,雖熱衷於名位而並不痴戀;於是帶著寶劍,從小路逃出,到達黃河渡口求渡。船家見到了這樣一位具有公子哥兒氣質的美少年,身上還掛著寶劍,是具備著「亡將」的條件,以為一定帶著不少的寶器金玉,屢次用目注視,似在打陳平的主意,意欲害其性命而奪其寶物。陳平是何等聰明伶俐的人,一望之下,便知其肺肝;但是陳平的心胸,頗為坦蕩,因為他身無長物,船夫是完全誤會了,所以陳平只是脫下了衣服,裸臥於船板之上,便足以解船夫之疑,把一場危險,消除於無形了。這是他小試其機智的首次。

陳平之見漢王,是漢王在修武的時候,按漢王三年,韓信、張耳已破趙軍,楚軍屢侵張耳所轄的趙境,韓信、張耳往來救應,甚為忙碌。一日,駐軍於修武,晨光初見,忽有一人,馳入韓信、張耳軍營,時韓信、張耳尚未起床,此人自稱漢使,即就韓信、張耳的寢舍,奪其軍,韓信、張耳視之,此人乃漢王也。陳平見漢王於修武,當是漢王奪韓信、張耳軍的時候。修武在黃河之北,故自彭城而去,須渡黃河。然則,陳平之歸漢,已是漢王三年的事了。這裡,又足說陳平對於擇主而事這一點,並沒有了不起的見解。假使沒有殷王那樣的反覆無常,項羽不追查定殷的責任,陳平未必棄楚歸漢。

陳平之得見漢王,是由魏無知的保薦。可能是魏無知介紹陳平給漢王的中涓萬石君石奮,中涓是一種內侍的官名,有類於交際的主管官員。石奮把陳平的名字列在十個客人(一說七人)的名單中,請漢王召見。漢王令十人同進,用飲食招待他們,食罷,令各歸館舍休息,以待後命。陳平看到這是難得的機會,於是單獨要求與漢王長談,他說他有要事,必須在今日會談,不可以過今日。漢王只好與他會談,談話的結果,漢王非常愉快,決定即

用陳平，以陳平已得的官位官之，於是在一席談話之後，陳平便做了漢王的都尉，並且使他參乘，即漢王出入時，常令陳平坐在他車子上或跟著同走，榮寵冠於他人，而且還要他典護軍，那就是軍中人事任命的銓敘任務了。前面兩事，還不致引起漢王的許多老幹部的猜忌，後面一項職務，使漢王的老幹部群起反對，他們的理由是漢王得到這樣一位背叛項羽的逃亡之人，也不知道他究竟有什麼能耐，即與同車出入，並使他監護比他資格老得多的漢將，是不應當的。但是，漢王這個人是非常有個性的，而且他更相信陳平是一個人才，所以他不理他們的反對，反而更加信任陳平。在東征彭城的戰役中，還帶著陳平同行。不幸，這次戰爭漢王失敗，西遁滎陽，收集逃散軍將，乃以陳平為亞將，使以其所部屬韓王信，暫時駐防於廣武，這是陳平第二次帶兵，似乎不過是一個小部隊。

　　漢王的老幹部，對漢王之重用陳平，總是不服氣，於是大家收集陳平汙德敗行的種種證據，又向漢王告發。出面告發的，有灌嬰等幾位能征慣戰的宿將，他們羅列的陳平罪狀，有下列數條：㈠居家時，盜其嫂；㈡事魏王咎，不能見容而逃歸楚；㈢任護軍，收受賄賂，諸將給陳平的金，多者得善處，少者則得惡處。他們的結論是：㈠陳平不過像帽子上的玉，雖美而其中實空無所有；㈡反覆無常的亂臣。他們這樣言之有物的攻訐陳平，漢王不由怦然心動，他首先責備介紹陳平的魏無知，其次召陳平而責其無行。魏無知的說法很妙，他向漢王解釋他推薦陳平的理由，是由於他的能，並沒有稱許他的德；他反問漢王：「今有尾生、孝己之行，而無益處於勝負之數，陛下何暇用之乎？」因而他理直氣壯的說：楚漢為了天下的統治而戰爭，他介紹奇才異能之士給漢王是應該的；漢王該做的事情是考察陳平到底有沒有才能？有，就用他；沒有，就罷他！至於盜嫂受金，那是小事情，不必加以考慮。魏

無知認為軍中的貪污是小事情，那自然是強詞奪理，毫無足取；不過在戰亂之際，用人惟才，倒是不失為一重要原則，所以漢王對於魏無知的責任，不予追究；但對陳平還是不肯放鬆，他很著重陳平反覆無常的罪行，所以他很不客氣的責備陳平：「吾聞先生事魏不遂，事楚而去，今又從吾游，信者固多心乎？」漢王所顧慮的是陳平對他的忠心靠不住，陳平從容地解釋道：「臣事魏王，魏王不能用臣說，故去事項王。項王不信人，其所任愛，非諸項即妻之昆弟，雖有奇士不能用。臣居楚，聞漢王之能用人，故歸大王。贏身來，不受金無以為資。誠臣計畫有可采者，願大王用之；使無可用者，大王所賜金具在，請封輸官，得請骸骨。」陳平說到後來，不免有點激動，以致把受金繳還，請求免除職務的話都說了出來。從陳平的話來看，陳平所受之金，乃漢王所賜，不是諸將的賄賂，所謂「金多善處，金少惡處」之說，不免傳聞失實，所以陳平在漢王面前挺得起來。我們試一回憶陳平為社中宰肉時所說為天下宰當亦如宰肉的話，可知陳平處事的公平原則，因此，陳平受賄之說，出於無稽。漢王對於陳平的辯解，表示滿意，不僅不加處分，反而加重他的責任，要他盡護諸將。諸將至此，不敢復有攻訐，一場風波，始告平息，連以後也都相處無爭。這裡，我們應該再行強調一句，陳平並未貪汙，陳平所受之金，來自漢王的賞賜，所以他能作清楚的交待，能作贏身而來，全骸骨而歸的表示，得以洗刷其清白；反之，如果陳平所有金物，來路不明，那是陳平藉漢王的榮寵以斂財，可以使漢軍解體，他的腦袋照樣要搬家，漢王帳下，豈能容得貪汙之臣存在哉！所以陳平之好貨，是以合理合法的來源為限，決不是貪汙。

三、漢王必勝的認識和反間的建議

陳平的長處，還不僅在處事的公平而已，他對楚漢相爭優勝劣敗的局勢，觀察得很清楚。當漢王與項羽相抗於滎陽、成皋之間，漢王藉以運輸糧食等補給品的甬道，都遭受到項羽的攻擊，漢王深為軍事前途憂慮。漢王與項羽議和，以滎陽以西地歸項羽，項羽不聽，漢王更懼。一日，漢王與陳平閒聊，問他天下如何可以安定？揆漢王之意，也不過是聊以解憂，不料陳平卻因此一問而講出一篇項羽必敗、漢王必勝的道理來。他首先比較項羽和劉邦所具的優點與劣點，很客觀地列舉出來，他認為項羽的優點是為人恭謹，因而士之廉潔好禮者都歸之，但他有一個大缺點，立功的人應有爵邑之賞，那他就捨不得了，所以歸附他的人，不能以全部心力貢獻出來；而漢王也有弱點，那就是慢而少禮，故廉潔之士不來，但漢王卻有一個長處，對立功之人，能夠以爵邑寬賞他們，所以頑頓嗜利之人都來歸。所以他向漢王的第一點建議，是「去兩短，集兩長」，勝利必歸漢王。其實漢王之以爵邑寬賞立功之人，還是張良教的，漢王的長處是在能夠接受有利的建議罷了，讀者必須注意在許多建議中能夠接受最有利的建議，那也是一種天賦！陳平的第二點建議，是用反間計去了項王那邊的忠直有識之人，他的目標是范增等幾個人，范增便是鴻門宴會中要殺劉邦未遂，而又主張封劉邦於惡地的項羽方面的主謀人物。他說：項王骨鯁之臣，只有幾個，像亞父、鍾離眜、龍且、周殷等，不過費去數萬金，行反間計，他們君臣之間，便起猜疑，便要內部起摩擦，因而攻之，楚的破滅，便可不成問題了。亞父就是范增。

用金錢收買敵人那裡的有關重要人物，散布謠言，嫉害敵方有功、有聲望、有才能的要人，這本是范蠡和秦始皇未統一前尉

繚子和李斯所使用的方法，如吳國伍子胥的被害，是被收買的太宰伯嚭的傑作，而趙國的廉頗與李牧的被害，便是趙的讒臣被秦收買的郭開的傑作。其所以能夠發生作用，便是起於小人的嗜利和國君的昏庸。當時的項羽，可以說是精明過度的糊塗人，陳平對他施用范蠡、尉繚子的舊計，可以說找對了對象。漢王對陳平這條妙計，自然贊成之不暇，因而拿出四萬斤的黃金，讓陳平自由使用，而不加稽查。這裡，又可證明陳平做護軍時的受賄之說是謠言，不然，漢王那裡肯這樣信任他，以四萬斤黃金的鉅款交給他而不聞不問呢！這便是所謂「真金不怕火燒」，陳平雖窮，但其志其節，其廉其潔，是經得起考驗的。

陳平之離間項羽與范增的關係，那真是極妙的手法，令人拍案叫絕。原來，漢王滎陽受困，成皋受傷，困窘不可言狀，要與項羽議和，以滎陽迤西之地盤讓給項羽，雙方不免有信使往還。項羽派代表至漢王那裡，漢王以太牢之具來招待他；及雙方代表會談，漢王代表忽然提出問題，問對方是亞父的代表嗎？對方當然以「不是」為答。漢方代表異常驚訝，自言自語地說：以為是亞父的代表，不期為項王的使者，因而撤去太牢之具，易以粗惡之具，招待項羽使者。就是這樣輕描淡寫的一筆，這位草包使者做了陳平反間計的傳聲筒，把經過情形，和盤托出地向項羽報告。本是多疑的項羽，因而以為范增與漢有私，對他不忠實，不很信任他了。其時，范增主張加緊進攻滎陽，予以占領，然後再向西攻，項羽不信范增的建議是一個絕對有利的策略，因而不肯聽從。范增對此，自己也覺沒趣，既而知道項羽對他已大起疑心，這些消息的傳遞，無疑的都是經過了間諜有計畫的安排。於是范增自覺不能安於其位，乃向項羽請辭，要求告老還鄉，這位年已七十而好奇計的忠誠事項羽的長者，便自此離開項羽。他經此大刺激，背上生了一顆惡瘡，沒有到彭城便死了。宋代名文章家蘇東坡，

曾著〈范增論〉一文，認為「增之去，善矣，不去，羽必殺增，獨恨其不早爾」。我們同意東坡先生的見解，范增應該早就離開項羽了，范增之戀戀於項羽而不去，是他無知人之明；而項羽對這位熟知項羽一切機密而又大起疑心的中心智囊人物，還放他回去，不疑他逕投漢王而以項羽的最高機密為進見之禮，足證項羽畢竟是一個草包，而范增之得善終，未遭身首異處的痛苦，實在是件幸事，也可以說陳平所使的間諜之忠厚處。

　　陳平離間鍾離眛等與項羽的關係，也是一件輕而易舉的事。陳平所派的間諜，只是散布了一些謠言，謂諸將鍾離眛等，為項王建立功勳最多，而未得尺寸的封地，所以都對項王抱怨，都希望與漢王合力擊滅項王，分王其地。這些謠言，很快的進入項羽的耳中，項羽對他們的信心因而動搖。於是，項羽漸漸變成沒有可信幹部的獨夫，距滅亡之期不遠了。所以離間楚君臣，使項羽的軍政高級幹部都離心離德，是項羽失敗的主要因素之一，而促成之者，則為陳平的反間計，是陳平對漢王的最大貢獻之一。

　　陳平對漢王的另一貢獻，是不費一兵一卒而輕解韓信的楚王爵位，消弭了一場勝負不可知之數的大戰爭。韓信在滅楚之後，改封楚王，其兵權即為漢王所奪，小說與戲劇在未央宮被斬時都稱為三齊王，無歷史根據。當時所謂三齊，係指齊王、膠東王與濟北王，從無天齊地齊人齊的三齊王之稱。

四、偽遊雲夢擒韓信的妙計

　　三齊為韓信所定，韓信即請封為假齊王，漢王從張良、陳平計，逕封為齊王，及垓下一戰，滅卻項羽，乃徙封楚王，已無兵權。在未央宮被斬時的爵位是淮陰侯，平劇仍稱為三齊王，並且假韓信之口說明三齊王的意義是天齊、地齊、人齊，更是滑稽欠

通的俗說了。已經沒有兵權的楚王韓信，漢王及其豐沛舉兵時的老幹部還不放過他，紛紛向漢王告發韓信謀反，這是漢王六年的事。韓信在楚王任內，無論〈高祖本紀〉、〈蕭何傳〉、〈陳平傳〉、〈韓信傳〉或有關的記載中，都沒有舉兵謀反的事實，可見他是很安穩地做他的楚王的，也可見謀反的告發，是迎合高祖對韓信的猜疑而虛構的。假使韓信能夠把空空洞洞的楚王王位保持下去，他何至於偏激憤懣而真正謀反，高祖也不致在千載而下被人批評為殺戮功臣的殘酷天子了。這種政治鬥爭的風波，我們且置而不談，單談漢王接到韓信謀叛的報告後，他怎麼辦？他先問諸將，諸將都說：「亟發兵坑豎子耳。」可是對韓信用兵，漢王是膽怯的，他曾經說過：「連百萬之軍，戰必勝，攻必取，吾不如韓信。」他曾和韓信論兵，問韓信：他能將多少兵？韓信說：不過十萬；又問韓信能將多少兵？韓信回答說：多多益善。事實上也的確如此，韓信率少數雜色部隊，與敵人作戰，從來沒有敗過；而漢王除了武關之役用張良計而得勝外，都是吃敗仗。所以諸將對韓信主戰，漢王默然不答，良久，問計於陳平。陳平問他：消息有沒有洩漏？韓信知道了沒有？漢王答稱：都還沒有。於是陳平又獻了一條「偽遊雲夢」的妙計，只需幾個武士，便把韓信擒住了。

漢高祖在消滅項羽以後的態度，顯然不同，他的自尊心是強烈地增加了，而且諸將當然是指豐沛舉兵時的老幹部，他們的意見又是主戰，所以陳平的建議很小心謹慎的，陳平先問高祖：您的部隊的精銳程度，比韓信所部怎樣？高祖回答說：不能夠超過他。陳平又問：您的部將的指揮能力，比諸韓信，能勝得過嗎？高祖回答說：不及韓信。於是為下結論：「今兵不如楚精，而將不能及，而舉兵擊之，是趣（同促）之戰也，竊為陛下危之。」從漢高祖和陳平的答話中，我們可以斷然的說，韓信在那個時候，並沒有造反的意思，不過他在消滅項羽之後，高祖即剝奪他的兵權，

心中不無怏怏，在所難免罷了。陳平至此，乃作偽遊雲夢的建議。所謂雲夢，乃是在今湖北境內的一個大湖，自春秋時代至此，都稱為雲夢澤，今長江、漢水之間已成一片陸海，但是地面還留有許多小湖，就是雲夢澤殘餘的痕跡。當時的雲夢，還是一個名勝，陳平是採用古代天子有巡狩四方的古禮，故作雲夢之遊的建議，同時約會諸侯相見於陳，那就是和韓信的封地相近了；在這種名義之下，韓信如有反心，則必不來迎，如來迎，則擒之極易了。

韓信對高祖的巡狩，心裡所不能釋然的是他窩藏了鍾離眜一事，他因為沒有反心，所以並未提防高祖會拿他問罪；所以他斬了鍾離眜的頭，在漢王還沒有到陳的途中，老遠去迎接漢王，初不料漢王已經預伏武士，韓信一到便被抓起來了。陳平這一計，可謂除了漢王的心腹之患，但對韓信來說，不免是冤枉之至。陳平至此，始得被封為戶牖侯，世世不絕。

陳平對於他的被封，認為他並無功績，不敢接受。漢高祖大為驚詫，因對陳平說：「吾用先生謀計，戰勝克敵，非功而何?」陳平回答說：「非魏無知，臣安得進?」高祖非常賞識他的不忘其本的態度，因而並賞魏無知保薦陳平之功。

五、漢王北征與妙計解白登之圍

漢王七年，匈奴攻韓王信於馬邑（今山西省朔縣，已在雁門關外），韓王信不能敵，因與同謀，在白土地方反漢；同時，曼丘臣、王黃立故趙將趙利為王，亦反漢。北方的邊疆，形勢大惡，高祖因自將北征。匈奴，這個夏后氏之後的北方遊牧宗族，經李牧守代之戰與蒙恬北征之役，兩次都遭受重大的損失，不敢南下。及秦末大亂，繼之以楚漢相爭，中原大亂，先後十餘年，而匈奴在那個時期間正逐漸強大，舊時本不統一的各部落在經頭曼單于

而至冒頓單于的努力之下，統一起來了。冒頓單于是一位桀黠多智，而且非常勇敢的人。他是頭曼單于的太子，由於頭曼單于另有新歡，也生下了一個小兒子，很想把冒頓太子廢了，來立這個小兒子為太子。但是得不到藉口；所以派他到祁連山區的大月氏為代表，實際上就是所謂人質。這是頭曼單于的借刀殺人之計，因為不久之後頭曼單于即派兵攻大月氏，滿以為大月氏必將冒頓殺死，這樣，他便可以遂他廢嫡立庶的心願了。那裡知道冒頓太子非常機警，他知道大月氏王必將殺己，他就盜取了大月氏的一匹好馬，不分晝夜的馳返匈奴，頭曼單于見此情形，只好稱許他兒子的壯舉，仍然以他為太子，派他擔任一萬騎兵的指揮官。不過冒頓心裡卻很明白他父親的企圖，時時刻刻想辦法預防，並準備對頭曼單于幹大逆不道的勾當。冒頓的辦法是畜養唯他之命是聽的死黨，他的訓練方法，頗有中原趙高指鹿為馬的意味，值得我們作一簡略的介紹。冒頓先置備了一種射出去有響聲的箭叫做鳴鏑，他下命令給他的部下說，行圍打獵時，鳴鏑所射的方向，大家都照著射，不射的立刻斬首，有不射的，果然立時立刻梟首示眾。這樣完成了第一步訓練工作。他有一匹好馬，一天，他的鳴鏑指向這匹好馬，有的人懷疑冒頓弄錯了，不敢射，冒頓又把不射的人都殺了，第二步訓練工作又完成了。於是，只要他的鳴鏑所示，其部屬無不敢射者。冒頓知道他的訓練已經成功，於是在一個機會中，冒頓的鳴鏑指向他的父親頭曼單于，他的部屬群向頭曼單于射去，頭曼單于便一命嗚呼，而冒頓便得繼承了單于之位。漢高祖時南侵代、趙的，就是這位殺父自立的桀黠怪人。頭曼單于時，匈奴的控弦之士，即騎馬射箭的壯丁，已經有三十多萬，至冒頓而達四十萬人。而漢高祖北征的部隊也有三十多萬，高祖似乎已經知匈奴的厲害，所以出動傾國之師，相與周旋，不料仍然吃了大敗仗，被圍於白登。

　　原來，冒頓得韓王信等的幫助，很順利的進入雁門關，南下威脅太原。其時天氣嚴寒，南方黃河流域和徐淮間的部隊，不能耐此嚴寒，所以行動和操作都不便利，這是漢軍最吃虧的地方。其次，漢軍以步兵為主，匈奴以騎兵為主，在機動方面與衝擊方面，漢兵都不如匈奴兵。再次，漢兵人數只有三十多萬，而匈奴兵則有四十多萬，漢兵也不如匈奴兵多。漢兵的指揮方面，還有一項大缺點，那就是漢王在消滅項羽以後，一舉而解除韓信的兵權與職位，漢王至此，不免有些驕矜；而對方的冒頓單于又是一個用兵的能手，他把精壯之兵藏匿起來，而以老弱當先，與漢兵接戰，佯敗而北，漢王見其易與，遂悉起步兵三十二萬迫之，至平城。漢兵尚未全至，而冒頓揮四十萬精兵圍漢王於白登。高祖被圍七日，漢兵內外不得相通，亦不能得食，形勢十分危殆。至此，漢王又用得到智謀之士了。

　　原來，漢王出征時，陳平同去，在此朝不保夕的情形下，漢王問計於陳平，於是陳平又獻上一條救命的奇計。陳平搜集了危城中所有的珍奇之物，向單于的王后匈奴稱為閼氏者贈送，乘機說了一些話，打動了閼氏，閼氏為漢王解圍，漢王因得脫險。陳平到底向單于皇后說了什麼話？史所不載，但裴駰的《史記集解》引桓譚《新論》，有這樣一段話：「或云：『陳平為高帝解平城之圍，則言其事祕，世莫得而聞也。……』吾應之曰：『此策乃反薄陋拙惡，故隱而不洩。高帝見圍七日，而陳平往說閼氏，閼氏言於單于而出之，以是知其所用說之事矣。彼陳平必言：漢有好麗美女，為道其容貌天下無有，今困急，已馳使歸迎取，欲進與單于，單于見此人，必大好愛之，愛之，則閼氏日以遠疏，不如及其未到，令漢得脫去，去，亦不持女來矣。閼氏婦女，有妒媢之性，必憎惡而事去之。此說簡而要，及得其用，則欲使神怪，故隱匿不洩也。』」桓譚此說，似乎是出於想像，但《漢書音義》引

應劭所說，大致相同，則此說當是社會流傳甚廣的傳說。由此說，則知漢王所派見閼氏的使者就是陳平，陳平不去見單于指陳形勢利害而卻匈奴之兵，只是以重賂去見閼氏，足證所言必與女子事有關，則桓譚與應劭所說，當為與事實不遠的個中之祕，此事究與國家和王朝的體面有損，故太史公與蘭臺令史皆略而不及耳。閼氏對單于的說詞是這樣的：「兩主不相困，今得漢地，而單于終非能居之也；且漢王亦有神！」單于被閼氏之說所動，而韓王信與王黃、趙利等相約會師，至期不至，冒頓懷疑他們與漢相通，乃解圍一角，以釋漢王。漢兵列左右兩行，形似甬道，都持弓搭箭，扣弦滿引，以向匈奴而護高祖，其狼狽的形相，我們可以想像得之。高祖由是感激陳平，改封陳平為曲逆侯，食戶五千。自此，高祖益重陳平，常以護軍中尉，從征陳豨、黥布，凡六出奇計，六次增封，其計為何？傳說也看不到了。顯然的，當時張良稱病，陳平繼之而為高祖的高級隨從參謀，陳平那時的地位便是張良第二了。

呂太后因恨王陵之不相從，乃遷王陵為太傅，實即奪其權力，王陵亦怒而不朝；陳平因得遷右丞相，而左丞相之職由呂太后任命審食其充任。審食其就是漢王東征彭城而大敗時，家屬被俘，即由審食其朝夕相侍者。故呂后德之，視同死黨，而審食其也因這種關係而不治左丞相事，常給事於宮中，故丞相府中諸事，審食其得一手料理之。不僅如此，而且陳平還有一個有心的敵人，日夜找尋機會，以害陳平。這位陳平的有心敵人非他，即呂太后之妹、樊噲之妻呂嬃。陳平處此惡劣環境，何以自全？誠是一件煞費周章的難事。他所採取的，是不大顧問政治上的事務，而日惟沉溺於醇酒婦人之間。呂嬃以此攻訐陳平，認為不可以為相；而呂太后的觀感，恰巧相反，她認為審食其資望不夠，不能不利用陳平來作號召，但陳平如果真的負起實際的責任，那倒也是一

件麻煩的事，難得陳平知趣，在其位而不行其權，使審食其得秉呂太后之意而暢所欲為，正是各得其所。所以呂太后對陳平的作風，卻是十分道好，當著呂嬃的面，斥之為「鄙語」，為「兒婦人口」，並且面慰陳平不必顧慮，不要怕呂嬃的讒言，她對陳平是信任有加的。她卻完全不知道陳平這樣做，完全是等機會利用他丞相的地位和權力，以安定劉氏的政權。及呂太后去世，陳平與太尉周勃合謀，卒誅諸呂，迎立孝文帝，這是陳平的主謀，陳平對漢室的忠，至此才得大白於天下。

　　孝文帝既立，太尉周勃以兵誅諸呂，功最多；陳平在那時本為右丞相，亦有主謀之功，究竟以何人任右丞相為宜？一時不能決定，因而就商於陳平。陳平很坦白的說，高祖時周勃之功不如陳平，誅諸呂之功，周勃在陳平之上，所以陳平願以右丞相之職讓給周勃。文帝接受他的建議，賜金千斤，益封三千戶。

　　周勃既任右丞相，一日，孝文帝早朝，問他一歲判決刑獄案有多少？錢穀出入有多少？周勃都不能具答，委稱不知，並不勝其慚汗。孝文帝乃以問左丞相陳平，陳平答稱「自有主者」。文帝又問：那末主者是什麼人呢？陳平答稱：要知道刑事案件每年判決有多少？該問廷尉；要知道錢穀每年出入有多少？則問治粟內史。文帝接著又問：那末你管的是什麼事呢？陳平答道：陛下不以我為下等之才，使我任宰相之職，宰相所管的事是上佐天子，理陰陽，順四時，下育萬物之宜，外鎮撫四夷諸侯，內親附百姓，使卿大夫各得任其職守，才是宰相的責任。文帝稱善，而周勃自知其才能不如陳平甚遠，不久便因病請求免職，於是陳平復為丞相，且不復有左右之分。至文帝二年卒，謚為獻侯。凡傳三世以坐罪而國除，時文帝三十三年。其後武帝時有陳掌者，為陳平之曾孫，以其為衛青之婿而顯赫，但亦不及其身而止。陳平自謂其一生多陰謀，為道家之所禁，故斷言其子孫的祿位不會很久，後

竟如其言，較諸蕭何子孫之與西漢相終始者，不可同日而語了。

六、周全樊噲與安定炎漢的難題

　　高祖晚年，大概由於飽經憂患而又躊躇滿志之故，易聽讒言，又易於激怒，凡稍有對他拂逆之意，即使是謠言，他也在盛怒之下，不辨真偽，遽下極端的命令，可以說是異常的任性。例如，樊噲對他的私交來說，既是小同鄉，又是豐沛舉兵時的老幹部，而且還有很深的親戚關係，他們的太座是親姊妹，拿公的關係來說，別的不要去說他，就是鴻門之宴的闖帳相救一事，真有救命之恩，足使劉邦感激一輩子。可是當高祖扶病征黥布得勝而還，又接聽到燕王盧綰造反的報告，他就派樊噲以相國的資格去征伐盧綰。不知道誰造作謠言，謂樊噲日日望高祖早死，因而大怒，於是陳平又為高祖出主意，要周勃代樊噲為將，但是高祖在病榻上所下的命令，是這樣的：「陳平亟馳傳載勃代噲將，平至軍中，即斬噲頭。」陳平、周勃接到這個命令後，一面疾馳而去，執行任務；一面卻又感到十分為難。他們認為樊噲是漢帝的故人，功勳多而且高，況且又是呂后女弟呂嬃之夫，既親且貴，但漢帝之斬噲，是決定在盛怒之下，將來可能要後悔的，所以他們決定寧可把樊噲囚禁起來，送交高帝，由他親自處理。從這一措施，我們可以知道陳平處事的情理兼顧，周密異常，而且還有相當的擔待。他這樣做，是三方面都顧到，也可能是兩方面都不討好而自己也還要受委屈，可是捨此而外，別無周全之法了。所謂兩方都不討好，一方面是指高祖，如果高祖仍然固執著大怒的衝動之下所作的決定，那陳平連同周勃，都將有抗命之咎；另一方面則指呂后及其女弟呂嬃，認為陳平、周勃秉高祖的亂命，仍將樊噲囚禁待戮，幫忙不徹底，未免不夠同僚和朋友的義氣。可是陳平這樣做，

畢竟是對了，因為當周勃平定盧綰與陳平南返的途中，高祖已經死了。陳平深恐呂氏姊妹怨怒，乃馳入長安，奉命與灌嬰屯於滎陽，陳平仍在部署停當後，馳至宮闕，在喪前哭泣甚哀，呂太后頗表同情之，囑令出外休息。陳平恐呂后聽讒，固請宿衛，呂太后乃任命他為郎中令，要他傅孝惠帝。是以呂嬃雖屢欲進讒，以害陳平，竟得不到適當的機會，而樊噲至京，立即被赦，恢復爵邑。一場風波，才算了結，陳平之能見機於事先，這裡又是一個事實。孝惠帝六年，相國曹參卒，以王陵為右丞相，陳平為左丞相，陳平又遇到重大事件了。

　　王陵和陳平為左右丞相，孝惠帝卒，呂后之意，欲立諸呂為王，以問王陵，王陵是武將出身，性情爽朗，乾脆地回答說不行；以問陳平，陳平是精通以柔克剛的黃老之術，所以他的答覆是可以的。這裡，為陳平對漢室之忠的人格上，塗上一個大汙點；實則陳平正是為了忠於炎漢而委屈他自己。

七、盜宗卷的故事

　　關於陳平的故事之小說化與戲劇化，不算很多，就作者所知，《西漢演義》敘述陳平的部分，並無太多的鋪張與穿插：戲劇、平劇中有「十老安劉」接演「盜宗卷」，則有陳平這一位角色，雖非主角，卻也十分重要。大致是說呂后一定要分封諸呂，除諸劉，以篡奪漢室的江山。她害死了趙妃，將其所生之子劉長收養在自己身邊，作為她的兒子，封為淮王，領兵鎮守淮河（此說有歷史事實根據）。帝王臨幸妃嬪及其所生之子，照例都有專門的卷宗記載其事。呂太后恐怕劉長發現此項卷宗，為其死去的母親報仇，所以勒令主管卷宗的御史張蒼把卷宗交出，當庭焚燬。忠於漢室的李左車、欒布、蒯通三位老臣，知道劉長的身世，特別到淮河

營去看劉長，說明此事。劉長初不信其事，經不起三個老臣言之
鑿鑿，於是派田子春到長安去查看卷宗。田了春扮作遊方道士模
樣，混進陳平的相府，其時呂后已大權在握，群臣多有相附者，
忠奸莫辨，故陳平飭令張蒼過府相敘，先作試探。原來，張蒼是
一個好酒之人，陳平在張蒼進府之後，裝作不知道，一個人自斟
自飲，喃喃自語：「我這個酒是炎漢忠良喝的。」張蒼果然饞涎欲
滴，跪地指天自誓為炎漢忠良。因共同飲酒，陳平限他三日之內
交出卷宗。張蒼回去以後，痛苦萬狀，因為卷宗明明由他呈與太
后，當場焚燬，那個差使怎樣可以交得了？又怎樣可以證明自己
是炎漢忠良？正在張蒼無法自全，意圖一死了之的時候，他的十
幾歲兒子張菁玉認為這是小事，何必如此煩惱。原來，在張蒼生
病的時候，張菁玉代他父親看守卷宗，他閒來無事，翻開來看看，
看到第七部第七冊，發現香國趙娘娘（即劉長生母）死得可憐，
就抄了一部，用黃蠟劃成御璽模樣，加蓋上去，把真的換了出來，
所以燒去的是假的，真的還存在著，這樣便解決了張蒼的困難，
這齣平劇是老生重頭戲，先前一段，蒯通是主角，後來一段張蒼
是主角，而陳平與張蒼互角機智，十分引人驚奇，這齣戲有何歷
史事實根據？我們無從考證；但是陳平是炎漢的忠良，那確是事
實，初不因他同意呂后之封呂氏為王而有所影響的。陳平自以為
多陰謀與損德之事，後必不昌；但其爵傳三世，其曾孫又煊赫起
來，未始不是「炎漢忠良」的德報吧！

陸 王陵與周勃

一、漢王舊友，遲遲來歸

漢高祖劉邦既平項羽，設酒宴，會文武諸臣於雒陽南宮，高祖問他們：項羽為什麼失天下？他為什麼能得天下？信平侯王陵、都武侯高起都回答道：陛下的個性，常常慢而侮人，但是陛下使人攻城略地，只要攻得下來，就作為他們的封地，這是「與人同利」的精神，可以鼓勵人去立功。而項羽的個性是妬賢嫉能，他常加害於有功的人，常常懷疑有賢能的人，打了勝仗不予鼓勵，攻占了城池不予封賞。得天下與失天下的分別，便是在此了。這一段對話可知王陵之識見與敢言。孝惠帝時，相國曹參去世，以王陵為右丞相，陳平為左丞相，這是高帝的遺意。高帝病危時，呂后問他蕭何以後誰可為丞相？高帝的指示是曹參可以繼任，曹參以後，王陵可以；但王陵少戇，宜以陳平為佐。故曹參去世後，丞相分左右，而由王陵、陳平分任。呂太后欲立諸呂為王，徵詢王陵、陳平和周勃的意見，王陵力言不可，謂高祖時曾經宰了一匹白馬，瀝血為誓：「非劉氏而王者，天下共擊之」，封呂氏為王，則與高祖的誓言相背；可是陳平和周勃卻以為要立就立，那是無所謂的事。朝會既罷，王陵以高祖的誓言，責陳平、周勃：「高祖立誓的時候，你們都在場，現在你們違背了誓言，你們有什麼面目見高祖於地下？」陳平和周勃都回答道：「於今面折廷爭，臣不

如君；夫全社稷，定劉氏之後，君亦不如臣。」後來，王陵固然遭到呂太后的不滿意而移職奪權，鬱鬱以終；而劉氏政權的危而後安，全賴陳平、周勃的策劃和行動。由此，可知王陵、陳平、周勃在高祖幕中，地位都很重要，王陵在廷議中的大義凜然，令人肅然起敬；而陳平與周勃，更懂得政治手腕，知道面折力爭所不能達成的任務，不妨暫時委屈一下，只要大權在握，不怕達不到目的。所以王陵雖然不能成功，但卻表示了正氣；陳平、周勃雖然委屈了一些時候，但終能恢復炎漢的政權。他們對歷史的影響雖然不同，但對社會的影響，那是殊途同歸的。陳平的史實，我們已經介紹過了，對王陵和周勃，我們不能不也作介紹。

王陵和周勃，雖然都是出身於平民，但是社會地位，卻不相同，王陵的家有「豪家」之稱，是當時在社會上有相當地位的紳士，財富當亦不弱；而周勃的家大概只堪溫飽，主要的收益是織些薄曲，在鄉間的人家有喪事時吹吹簫、幫幫忙，他的職業內容，比陳平稍為豐富些。薄曲是一種以葦草為材料所織成的裝東西的器具，所以是一種收益不大的小的手工業，由是可知吹簫治喪事是他的副業了。這兩位後來成為漢室的重要軍事指揮官和重臣的平民，他們都是沛人，是漢高祖的小同鄉，在高祖微賤時就相識的。就原始的關係說，劉邦與王陵更厚，因為高祖微時，常兄事王陵，但是就豐沛起兵時關係說，則周勃從劉邦為早，周勃是劉邦舉兵時的重要幹部之一。

王陵為什麼不在劉邦豐沛舉兵時就響應劉邦呢？這可能是因為他是地方豪家的關係，有自保身家的觀念，不肯與亡命之徒同走險路；王陵心目中，可能有些看不起劉邦的觀念，這個歡喜口出大言的吹牛客，居然做起沛公來了，而他原來是兄事王陵的，所以王陵不甘心做他的部屬，也是可能的。但看王陵之舉兵反秦，大約是在高祖西征咸陽的時候，而且聚得數千人後，居南陽而不

從沛公，似乎有另成局面的意思。王陵之歸屬劉邦，是在劉邦受封為漢王，又北征而還定三秦、東擊項羽的時候。可知王陵對當時的沛公、後來的漢王之不服氣的一斑。

二、個性強而忠的王陵

王陵既投漢王，又有一度，幾乎轉投項羽。原來，漢王東征彭城的時候，王陵以軍相從，似未參加作戰；及漢軍大敗於彭城，王陵之軍似仍完整。項羽擄王陵之母，企圖藉以脅降王陵，足證其時項羽相當重視王陵這股力量。王陵知道了母親被俘，就派代表與項羽接洽。由此，可知王陵是一個孝子。王陵的代表到達項羽那裡的時候，項羽使王陵的母親東向坐，以見王陵的代表。王陵的母親，在這樣一個場面中，默不作聲，等王陵的代表退出，她送他出去；項羽是要陵母招降王陵的，所以對陵母之送客，並不攔阻。陵母乃得機會向王陵的代表說出她心裡要說的話，她流著眼淚說：「願為老妾語陵，善事漢王。漢王長者，毋以老妾故持二心，妾以死送使者！」這位老太太在說了這幾句話之後，便以劍自殺。由是，王陵就忠於高祖到底，所以王陵之功成名就，是他的母親成全他的。所以我們介紹王陵的故事，對於這位有知人之明和教子以義的王老太太，不惜犧牲生命來成全她的兒子，特別表示敬意。但項羽對於王老太太，卻在她死後，還加以分屍的刑戮，項羽之殘忍而不知道利用方法，由此可知。

王陵是一位很有個性的人，我們從上面他有自成局面的企圖而不肯臣屬沛公的一事中，可以看得出來。其後，對高后欲封諸呂為王時的答詞中，尤其可以看到他的個性，而他對漢王之忠，是十足的，毫無保留的。漢王對於此點，似乎也很欣賞，所以他對王陵沒有起過疑心，不過在高祖生前，對王陵似乎也並不重視。

這當然也和他的歸屬來遲和個性強有關。原來，他有一個好友，名叫雍齒，雍齒是高祖最討厭的人。他們兩人之間的結怨，可能發生在沛公初起兵時攻胡陵、方與的那個時候。胡陵、方與既下，沛公轉兵而東，而魏王咎派雍齒略地，攻取胡陵，雍齒與沛公為敵了。這樣，造成了沛公對雍齒的壞印象。漢王曾經說過，雍齒窘辱過他不止一次，他也屢次要把雍齒殺了，只因為他立功甚多，也找不到藉口，王陵卻始終與雍齒保守著良好的友誼。這些王陵的個性，就使他在仕途得不到好的發展。天下既定，漢帝論功行賞，他也只是得到安國侯的封位而已。《漢書》〈王陵傳〉說：「陵為人，少文任氣，好直言。」這是王陵在高祖生前仕途不得志的因素，但也何嘗不是他做人的長處呢！孝惠帝時之得任右丞相，當然是這位忠於漢室風骨嶙峋的老臣之意外榮寵了，但是這個榮寵，實際也是得自高祖的，其事詳見於後。

孝惠帝時之任用王陵為右丞相，當然是得到呂太后的同意。呂太后為什麼要任用這位「任氣好直言」的老臣呢？可能就是因為漢高祖平常不重視他，而臨死時才重視他的關係，希望他在這樣的榮寵之下，阿同呂太后的主張，達到封諸呂為王的目的。可是，呂太后卻錯了，他是高祖微時的老朋友，是忠於漢室的，他更是富於正義感的。所以她原想加以利用的對象，卻成為明目張膽的反對派領袖，使呂太后不能不明升他為太輔，而暗中卻把右丞相的權位移轉給陳平。其實，陳平豈是一個易與的老實人？如果呂太后聽從王陵之言，不封諸呂為王，不發動轉移炎漢政權為呂氏政權的陰謀，那末諸呂的結果何致弄得如此的悲慘！所以王陵雖然明白的反對呂太后，但實際則為呂氏，當時的呂太后是毫不明白的。

三、關鍵人物張辟彊

　　使呂太后對政治興趣加深而又在行動上進展不止的人是張良的兒子張辟彊。辟彊在孝惠帝臨終時任侍中之職，那是天子的近臣，當然對宮中的事情是十分了解的。孝惠帝既卒，發喪之日，呂太后「哭泣不下」，意謂乾哭不流淚。呂太后只生一子一女，今子死而又無嫡子，這該是多麼悲痛的事情，但是她只是乾號，沒有眼淚，意別有在，明眼人一見便知。辟彊時年只有十五歲，生得聰明伶俐，饒有留侯的餘風。他看到了這種情形，便對丞相們（當時的右丞相是王陵，左丞相是陳平）說：你們懂不懂她的意思？張辟彊這個大孩子所提的問題，連王陵和陳平都答覆不出來，其實陳平也許懂得，不肯說。辟彊告訴他們：太后只生孝惠帝一個兒子，孝惠帝又沒有嫡子，太后是怕你們不尊重她的地位和意旨，如果封呂台、呂產、呂祿為將，將兵居南北軍，及諸呂皆入宮，居中用事；那樣，太后之心始安，你們也得脫離災禍了。張辟彊這個建議，把這場宮禁中的災難移後了八年，造成呂后稱制的局面，予劉氏的政權以莫大的威脅。這也是天不亡漢，呂后稱制只有八年，丞相陳平太尉（相當現在的國防部長）、周勃等忠於炎漢的舊臣，都還健在；如果反過來，呂太后壽命很長，部署益成氣候，而陳平、周勃等都早於呂太后逝世，那這一頁歷史又不知道將怎樣寫了。所以張辟彊雖然聰明而有見識，但是他的建議，為劉氏政權著想，卻是一著險棋。可是，從這裡，我們也可以知道王陵、周勃連同陳平在內，對以後的發展也都料想不及，否則像王陵那樣火爆性脾氣，決不會接受這個建議的。張辟彊年紀輕輕的，有此等細心的觀察和能夠解決問題的辦法，真不愧為留侯之後。

　　我們推測張辟彊的原意，以為這種君臣之間的猜疑，是有時間性的，只要呂太后不在世了，問題也就過去了；所以他的建議是以去了呂太后對群臣猜疑之心為中心；但是南北兩軍都歸呂氏子弟指揮，這點關係太重要了。因為當時的南軍和北軍是相當於現在的首都衛戍部隊，連王家的警衛（當時稱為衛尉）都包括在內的；所以南北兩軍都入呂氏之手，呂氏子弟又入值王家，這樣，太后果然是感到安全了，她的雄心是由此而逐漸增高，終於臨朝稱制，做起女皇帝來還不算，還要把政權轉移給呂氏，造成了劉氏政權的莫大危機，卒以釀成以後的大火拼，毀滅了呂氏。

　　假使孝惠帝初喪，即由王陵、陳平等議立嗣君，那時呂太后的羽翼未豐，縱有衝突，一閃即逝，有如電光石火一般，規模一定不大，時間一定不長。可是，王陵、陳平都沒有這樣做；張辟彊也想不到這一點，及張辟彊的建議見諸實施，呂太后的羽翼逐漸長成，在議封呂氏子弟為王時，像王陵那樣引據事實而力爭，已無濟於事；也只好像陳平、周勃那樣將計就計的等待時機了。所以，我們從這個角度來衡量張辟彊、王陵、陳平、周勃等人的政治才智，辟彊對呂太后的了解不深，他的建議，只能解決問題於一時，而留有養癰以遺大患的危機，總不免有少不更事之議，而王陵則忠勇有餘，陳平、周勃則智計有餘，對大政治家的風度，都還是有重大遺憾的。

　　王陵自從反對諸呂為王以後，呂太后即不予重視，他的政治地位，被陳平所替代，自己也就辭謝朝覲，杜門不出，在家靜養了七年而卒。王陵在家靜養的時間，《史記》和《漢書》所言不符，《史記》作七年，《漢書》則作十年，這裡是採取《史記》的說法，有兩個理由：

　　㈠司馬遷去古未遠，所根據的資料和見聞，當較班固為可恃。
　　㈡呂太后臨朝稱旨的時間是八個年頭，如果王陵升太輔罷相而死

在十年，他是看到了諸呂的陰謀和諸呂與劉氏的大決鬥的，以王陵的資望和性格，他在這場決鬥中，不會閒著的，所以他死在呂太后之前的記載，應該是比較合理的。這是我們認定王陵家居七年的根據。

四、周勃的軍功

諸劉與諸呂權力爭奪的策動的主角是陳平，而領兵作戰的主角是絳侯周勃，朱虛侯劉章，劉章是齊悼惠王的長子，悼惠王是劉邦的庶出長子。朱虛侯的關係，也非常重要，這裡我們暫且以介紹周勃作為中心。

周勃是高祖豐沛舉兵時的老幹部之一，其重要性可與曹參相比擬。不過曹參是通秦律的縣級政府官員，而周勃只是一個手工業者，可是他卻是一個大力士，能拉得開強力的弓。高祖豐沛舉兵時，他和曹參一樣，都是以「中涓」的身分引兵作戰，在初期，曹參作戰的地方，都有周勃，所建立的軍功，也都有周勃的分。

諸如：攻胡陵，下方與，破下邑等等。在攻破下邑之役，周勃勇敢地先登城垣，厥功至偉，所以得到「五大夫」的官階。他如：攻擊秦軍於豐、碭、留、蕭，所至有功，可謂戰無不勝的勇將。他受任為五大夫後，又攻取了蒙與虞，擊敗了章邯車騎的殿後軍，略定了魏咎的地盤，又從攻轅戚、東緡和栗，占領了齧桑，破秦軍於阿下，進襲濮陽、蘄城、都關、定陶、宛駒，俘虜了單父令，夜取臨濟、壽張，破李由於雍丘，並攻開封。這些戰役，都發生在陳勝、吳廣、項梁、劉邦起兵之初，彼此混戰，

周　勃

攢隙而攻，伺機而進，劉邦這支人數並不龐大的平民組成的部隊，是戰無不勝攻無不克的，他的主將就是曹參、周勃、樊噲、夏侯嬰等這一批初生之犢，守城秦軍對他們真是頭痛之至。及章邯引大批秦軍而東，項梁被破，楚懷王稍得行使其權力，劉邦正式被任命為碭郡長、武安侯，周勃則被任命為襄賁令。我們試把這一階段周勃所立的軍功，與曹參相較，則知周勃的重要性較曹參為高，因為他受任為五大夫早於曹參；劉邦為碭郡長時，曹參的任官也是令，與周勃同。此後一段時間，周勃和曹參都是從劉邦作戰，其作戰路線與所建軍功，也是無甚差池，如攻長社，勃先登；攻潁陽、緱氏，絕河津，擊秦將趙賁軍於尸北；轉攻南陽，破其守軍；進擊武關、嶢關，破秦軍於藍田，逕至咸陽而滅秦，周勃和曹參一樣，是無役不從，所至有功。

劉邦接受項羽之封，就漢王，周勃受爵為威武侯，及南至漢中，周勃受命為將軍，仍然是漢軍的中堅分子，其地位並不在曹參之下。

劉邦拜韓信為大將，由故道北伐，沒有好久，就把項羽所封的三秦王都攻破了，這便是我們屢次提到的還定三秦之役。在這一戰役中，周勃的軍功，也是所向克捷的。如攻槐里與好時之役，周勃是立功最多的漢將；北擊趙賁和內史保於咸陽，周勃立功，也是最高；北救漆，擊章邯之弟章平軍及姚卬軍，西定汧，下湄與頻陽，圍章邯於廢丘而破之，並擊敗章邯的援軍，西克上邽。在這些戰役中，周勃都顯出了他的衝鋒陷陣的作戰才能。我們很客觀的說，還定三秦之役，周勃之功，應在曹參之上，所以在那個時候，周勃已經受到食邑懷德的賞賜了。

在還定三秦之後，漢王對周勃的運用，是要他鎮守咸陽南方門戶的嶢關，並沒有要他隨同作戰。因此，在收拾北方的局面中，曹參跟著韓信，到處都有表現；在同項羽相持於滎陽、成皋之間

的苦鬥中，周勃也沒有什麼功勞。周勃是被置在閒散的地位，好像已被高祖遺忘了似的。

　　實際上，這正是漢王對周勃的極端重視之處。因為漢王與項羽作戰的前方是在滎陽、成皋之間，而支持這個戰爭的後方基地，就是關中與漢中，而關中的重要性，尤在漢中之上。關中安定，漢王才能在滎、成苦戰中損耗的人力與物力，有所補給。所以漢王一方面令蕭何擔任關中政治措施的重職，而另一方面卻令忠實異常而又能征慣戰的周勃，負著維持後方安定的職責。只有關中安定，漢王才能在前方苦撐苦鬥，以俟可勝的機會。明乎此，我們才可以了解漢王派周勃鎮守嶢關的意義。此一故事，實可以和第二次世界大戰中美國羅斯福總統派駐英美軍總司令的考慮，具有同樣的意義。當時美國陸軍方面聲望最高的將領，當推麥克阿瑟與馬歇爾，馬歇爾時任陸軍參謀長，麥克阿瑟則任太平洋戰區美軍總司令。羅斯福總統深知駐英美軍總司令即為未來向納粹德國發動反攻時的西歐盟軍總司令，其勳業足以彪炳史冊，照耀千秋，這一機會，應該給馬歇爾；可是馬歇爾是當時羅斯福總統軍事方面的左右手，運籌幃幄，動輒關係全局勝負，羅斯福總統左右，實不可一日無此君；所以在考慮再三之後，令艾森豪為駐英美軍總司令，而仍令馬歇爾為羅氏最重要的軍事幕僚長。劉邦之令周勃為嶢關守將，可與羅氏命馬歇爾留任陸軍參謀長同其用心。所以在還定三秦以後，周勃在軍功方面，沒有什麼表現，便是此故。即在對項羽的垓下大會戰中，對項羽必敗之勢已成，關中守衛的責任已較輕，周勃在軍事行動上，始復有所見，如擊項羽軍於西逆，周勃立最高戰功便是。但當他率軍東追時，項羽已經敗亡，所以在這場大會戰中，周勃還是沒有什麼表現，只是把項羽殘餘勢力的二十三個縣予以收復而已。饒是如此，高祖還封他食邑於鍾離，令他鎮守雒陽與櫟陽，這兩個地區，仍是漢家根本重地。

五、安定國家的軍功

周勃的主要戰功，是建立在項羽已滅之後，項羽是漢高祖的最大敵人，項羽既滅之後，天下大勢，雖然已定，但是還有許多待解決的問題，其中最重要的一個，便是漢高祖認為許多靠不住的功臣，諸如韓信、彭越、英布等，其次一個問題，是與漢高祖同時並起的割地自王或受項羽策封而與高祖聯合對項羽作戰的許多封建諸侯，這些封建諸侯，在高祖看來也是靠不住的。高祖在對項羽作戰時曾受到封建諸侯反覆無常之苦，可以說經驗非常豐富。他認為在他生前，他們也許不會再反覆，但在他死後，這些人便都是有反漢可能；所以他未死之前，決定把他們一一掃除，高祖這種疑心，也許有他的道理，但是有些人本無反意，由於他的疑心太重和誅戮功臣太甚，使他們人人自危，終於走上反漢之路，其可能的成分更高。

所以，項羽既平以後，漢高祖的軍事行動，仍然相繼發生。在這些軍事行動中，周勃幾於無役不從，而且仍是所向有功的。漢高祖征燕王臧荼之役，周勃是以將軍的名義從征的。漢高祖軍破臧荼於易下，易下就是今河北省的易縣，也就是春秋戰國時代燕的首都。在這次的軍事行動中，周勃常常率領了他的部隊在漢高祖乘輿的馳道兩旁巡邏，以保護高祖的安全，所以高祖知道周勃的忠心，封為列侯，世世不絕，食邑八千二百八十戶，幾與蕭何相等，而高於曹參甚多，足證高祖對周勃的看重了。

其次的軍功，是在擊韓王信的戰役中。韓王信原封於代，代即今察哈爾省西南部的蔚縣，已經接近匈奴的地區了。漢高祖對他守在邊疆地區，於心不安，所以在六年分封諸王的時候，把他南遷到太原，給他好的地盤，是優待他，實際上是提防他，要他

在近處，是易於防制的意思。漢高祖七年，匈奴攻韓王信的領地馬邑（即今山西省朔縣），韓王信固然靠不住了，漢高祖因親征匈奴，而有白登被圍之厄。總算韓王信未與匈奴合兵，高祖得以脫險而歸，但是這一役並沒有解決韓王信的問題；而韓王信終於對漢不能自安而實際的反漢了。高祖八年，韓王信南下攻東垣，東垣在今山西省垣曲縣西，已經靠近黃河了。高祖對於這股叛軍，甚為重視，自將擊之。不用說，周勃又是這一戰的主將之一了。周勃在這一戰役中，真可以說大奮神威，把韓王信殺得大敗虧輸，追奔逐北，一直向北，破代，降下霍人，克武泉而破胡騎；又破韓王信的部隊於銅鞮，還降太原六城，破韓王信的主力部隊於晉陽，復北追至硰石，又破之，並且還下了樓煩三城，破胡騎於平城。這些古地名，我們另外把今地名核對一下：㈠霍人，在今山西省繁峙縣南；㈡武泉，在今綏遠省武川縣境；㈢銅鞮，在今山西省沁縣西南；㈣硰石，在今山西省靜樂縣的東北；㈤樓煩，是春秋戰國以來的胡人之國，在今山西省的保德、寧武、岢嵐一帶。上述這些戰役的次序，我們是根據《漢書》的〈周勃傳〉。這裡，我們要研究一下漢高祖的行軍路線，上述的記載，我們相信班固是按照戰事發生的次序來敘述的，那末漢高祖親征韓王信之役，先破南下東垣的當面之敵，然後輕兵襲代，以得勝之師，略取晉北，破若干胡騎，還破韓王信的主力於晉陽、霍人，但在晉陽、霍人之戰以後，漢軍又復北上，略取硰石與樓煩，其前進的最北之地直至武泉。在這次戰爭中，兩破胡騎，人數似都不多。可知漢高祖此次北征不是在冬季或秋季了。周勃在這些戰役中，翼護高祖，依然是他的工作重心之一，他的部隊依然是巡迴於高祖行進的道上做警衛的。由於這一次的軍功，周勃就是漢高祖心中被任為太尉的最合適人選了。所謂太尉，其職務相當於現今國防部長與參謀總長。但是，這一次戰役，並未徹底解決韓王信的問題，

因為韓王信與趙利等，仍竄伏在樓煩一帶，致漢高祖在剿滅陳豨之後，仍與韓王信作戰。

陳豨原是趙的相國，曾為漢王的特使，安撫北方，在北方，尤其是邊區人民的心目中，是很有一些威信的。陳豨之反漢，多少受著韓信的影響，其反漢是在漢高祖十年，漢高祖對於陳豨的才能，似頗賞識，從攻燕王臧荼之役，陳豨是立功之人，所以高祖封他為陽夏侯，以趙相國的資格守代，所以寵信之者甚深；不料陳豨仍然是要反漢，而且與韓信聯謀，準備裡應外合以覆漢。這一計畫，漢高祖初還不知，他之所以又一次的親征，是因為北方民性強悍，且鄰邊地，易與匈奴聯絡，造成難於制服的形勢。我們但看漢高祖征韓王信之役，先趨代與晉北，這是絕其與匈奴聯絡的通路，便可以了解他的深謀遠慮了。高祖親征陳豨之役，周勃自然還是跟著出征的，周勃首擊陳豨軍於馬邑，斬其將軍乘馬（姓）降（名）。乘馬降這個名和姓都非常古怪，就字義來看，這位將軍極可能是匈奴人，乘馬而來降於陳豨者，故以「乘馬」為姓而以「降」為名耳。大體的說，那時候鎮守北邊而有野心的分子，多數以匈奴為後盾，勝則南下，敗則北退入胡，以後亂世的北邊守將，也大抵如此，幾乎成為一種公式。時韓王信與趙利等都匿居於樓煩，與陳豨相聯合，故周勃軍於馬邑勝利後，即揮軍擊破韓王信、陳豨、趙利的聯軍於樓煩，俘虜了陳豨的部將宋最和雁門守圂，雲中守遬，丞相箕肆，將軍博，把雁門郡的十七個縣，雲中郡（郡治即今山西省大同縣）的十二個縣，完全予以克服，周勃在這一戰中，可以說是大獲全勝。但是首惡陳豨依然在逃，他是逃向今察哈爾西南的靈丘，據說這個地方之所以名為靈丘，是因為戰國時趙國的武靈王安葬於此的關係。周勃復引軍追之，復破陳豨於靈丘，斬其丞相程縱，將軍陳武，都尉高肆，克服了代郡的九個縣。在這一戰役中，所有的軍功，幾乎完全是

周勃所建的，陳豨也是在周勃的努力之下被殺死的。

　　北方邊境的亂事，真是一波未平，一波又起。我們已經說過的有燕王臧荼、韓王信和趙相陳豨。陳豨之亂既平，不久又有燕王盧綰的反叛。時高祖的健康，已經大不如前，而且常為病魔所困；他又是一個好勝倔強的人，不肯聽從醫生的話，服藥治療，只是認為自己是天命所歸的國王，提三尺劍以定天下，區區病魔，怎放在他的心裡？實際上，他一生戎馬，艱險備嘗，而且還受重傷多次，身體早已支持不下了；所以盧綰之亂，他無法率師親征，只好委任他關係最深的懿親樊噲代行。樊噲既上征途，高祖忽然聽到讒言，謂樊噲常常希望高祖早日死去，因此大怒，在病榻上下命令，要陳平用特快馬車，載周勃同赴軍中，周勃以相國的名義，即指揮樊噲的部隊，而陳平即在軍前斬下樊噲的首級。陳平如何執行這個命令？我們在陳平的故事中說過了。

　　周勃既接樊噲的指揮任務，即揮軍進擊盧綰，破薊（在今北京附近的大興縣西南），進擊之於渾都，俘虜了盧綰的大將抵（大將之名），丞相偃（丞相之名）守（郡守）陘（郡守之名），太尉弱（太尉之名），御史大夫司屠。周勃部隊的勝利，有如破竹之勢，我們可以從這張俘虜的名單中獲得了證明。周勃所部，由此而長驅前進，復破其敵於上蘭、沮陽，上蘭就是河北省東北部遵化縣的馬蘭谷，沮陽在今河北省懷來縣南，那就是說已經把叛逆迫迫到秦長城之下了。叛徒由是撲滅，所定郡縣，計上谷郡十二縣，右北平郡十六縣，遼東郡二十九縣，漁陽郡二十二縣。盧綰本人則逃入匈奴，東北的疆域，至此而告安定。時已為高祖十一年與十二年間的事，十二年四月，高祖就去世了，周勃回京的時候，未見到高祖，政令已出於呂太后的門下了。

六、出任太尉與呂太后專權

據說當高祖病篤的時候，呂太后曾經詢問過他：「『陛下百歲後，蕭相國即死，令誰代之?』上曰：『曹參可。』問其次? 上曰：『王陵可，然陵少戇，陳平可以助之。陳平智有餘，然難以獨任。周勃重厚少文，然安劉氏者必勃也，可令為太尉。』」由此，可知高祖對王陵、周勃二人的重視；可知曹參死後，為什麼丞相分為左右；而周勃之任太尉，亦出自高祖的遺意。「安劉氏者必勃也」，這句話頗堪玩味，當時高祖可能已經發現呂后的能力之強與孝惠的懦善，逆知劉、呂之間可能要發生衝突，故預令王陵、陳平為丞相，周勃為太尉。這一人事部署，後來真正見到了效果。由此，可知呂后雖智能均高，卻還不及漢高祖了。

高祖對周勃少文的批評，也是非常確當的。周勃本是一個手工業者，即使助人料理喪事，其知識極為有限，自在意料中；他又以軍功起家，因此更加看不起文人，對文人學者的侮慢，頗似高祖。他有時候也讓知識分子為他講解些知識，常常要他們向東而坐，責備他們快些說給他聽，他的慢而無禮，由此可知。但是這個人的性格，是有「木強敦厚」的特質，對高祖的忠心，真可以說得上披肝瀝膽，所以高祖後期，以軍權交付周勃，連他的懿親和小同鄉樊噲都不如周勃的信任之深。太尉一職，是孝惠帝六年設的，其第一任太尉就是周勃，惠帝不久便死去了。

呂太后的親信審食其是一個只知為太后的利益而不重視國家整體利益的壞蛋。呂太后許多不合情理法的事，可能由於審食其的主謀為多，即使不是他的主謀，他定是執行得最出力的人。漢高祖既去世，呂太后便與審食其商議盡除高祖舊部的計畫。理由是：「諸將與帝為編戶民（編戶口而居之人，意即平民）今北面而

臣，此常怏怏，今乃事少主，非盡族是，天下不安！」這分明是審
食其的建議，而為呂太后所贊成的；所以高祖死了四天，還不發
喪，陳平、周勃回軍的時候，要陳平和灌嬰以十萬兵守滎陽，便
是這一計畫的第一步。

　　呂太后欲誅諸勳臣的事，為將軍酈商所聞，認為這樣作法太
危險了，他便設法與審食其相晤，並力陳其不可。他首先說：外
間傳言漢帝已經死了四天，迄今還不發喪，是在密計誅戮諸舊將；
這個消息如果正確的話，那是天下的大危機！他繼續說，「陳平、
灌嬰將十萬守滎陽，樊噲、周勃將二十萬定燕、代，此聞帝崩，
諸將皆誅，必連兵還鄉以攻關中。大臣內叛，諸侯外反，亡可翹
足而待也。」以上酈商的話，是根據《史記》〈高祖本紀〉，實際上
酈商所說，與事實尚多出入，那時定代燕的，只是周勃，周勃、
陳平還師，命與灌嬰鎮守滎陽，而陳平則逕自入都，樊噲則被囚
入京立即獲釋，其時已無兵權，當時足以動搖中央統治權的外力，
只有周勃與灌嬰兩軍，合計的兵力達三十萬之眾，而周勃的部隊
則占三分之二。當時掌朝中行政大權的相國是平陽侯曹參，是忠
於劉氏的大臣，那是毫無疑問的。當時的呂太后，雖在高祖出征
的時候暫攝行政，但是她的心腹似乎只有審食其一人，實不足以
成大事，所以酈商的所謂「亡可翹足而待」，不是危言聳聽，形勢
確實是如此。審食其一聽之下，如雷貫耳，那得不如夢方醒的覺
悟呢！於是審食其入宮奏知呂太后，呂太后也不能不面對這個現
實，而為高祖發喪，立孝惠帝為嗣君，這場風波，總算平息了，
否則早在高祖死時，周勃便得建立安劉氏的大功了。

　　呂太后這個人，我們假使以剛毅毒辣四字予以批評，大體上
與事實相去不遠。高祖誅諸功臣，如彭越、韓信等，都出於呂后
之手。所以高帝駕崩而欲誅舊將，雖然是審食其的建議，卻是非
常迎合呂后的所作所為。審食其是一個善於逢迎的小人，這裡是

事實的一角。呂后只生一個兒子和一個女兒，兒子自然就是孝惠帝，女兒就是魯元公主，後來又有魯元太后之稱。呂后有兩個哥哥：長兄呂澤，是一個帶兵的軍官，被封為周呂侯，高祖八年死於國事；次兄呂釋之為建成侯，高祖死時尚在，惠帝二年始卒。呂澤之子亦有二：長子呂台，襲父勳為留侯；次子呂產，被封為交侯。高祖的兒子，年紀最大的是齊王肥，為惠帝之庶兄，惠帝的其他異母弟有戚姬所生之子如意封為趙王，薄夫人所生之子恆為代王，還有諸姬所生之子如恢為梁王，友為淮陽王，長為淮南王，建為燕王。呂太后最恨戚姬與趙王母子二人，因為高祖生前曾有廢惠帝而立如意的企圖，理由是孝惠帝軟弱，性格不像他，如意的性格反而和他差不了多少。這個廢嫡立庶的問題，由張良設計予以避免，其經過已見於〈智計絕倫張子房〉一文中。漢高祖既卒，呂太后乃囚戚夫人於永巷中，而令趙王如意返京。使者往返三次，趙相國知趙王此去，吉少凶多，所以堅不使返，呂太后大怒，乃先徵趙相周昌入京，周昌去而趙王年幼，無所主張，便也接著入京了。

孝惠帝知呂太后之意，必欲殺趙王母子而甘心，所以在趙王行近長安的時候，親自迎接，而且使趙王的起居飲食都和自己在一起，以便防制呂太后的加害。惠帝之仁慈友愛，由此可知。不過，百密難免一疏，一日，惠帝晨起出獵，趙王年幼貪睡，這位兄長不忍心喚醒他，要他跟著出去。等他回來的時候，趙王已經被呂太后乘這個空隙毒死了。趙王既死，呂太后便對戚夫人下手，把戚夫人的手足斷了，眼睛挖去了，耳朵弄壞了，並且還給她吃了啞藥，口不能言，居於廁中，名為「人彘」，而使惠帝見之。仁心的惠帝，知道她是被其母后所害的庶母戚夫人，乃大哭，隨即害了年餘的病。他派人向太后說：「這樣殘忍的事，人是做不出來的，我雖然是太后之子，終將無法可以治理天下。」由是，日夜縱

酒淫樂，以自促其生命。從這一個故事來看，可知呂太后的怨毒與殘酷，此與惠帝的仁慈，恰巧相反。太后對戚夫人母子的如此加害，促成惠帝的早死。

　　惠帝既死，又無嫡子，太后又想出了一個新花樣。原來，孝惠帝的皇后是宣平侯的女兒，宣平侯姓張名敖，是魯元公主的丈夫，孝惠帝以外甥女為后，不就是亂倫了嗎？這當然是出於呂太后的意思。至此，佯稱孝惠帝后已有孕，另取一美人（宮中人）之子，作為皇后所生之子，而殺其母，這個嬰兒，便是歷史上所稱的少帝。太后知道齊王疆土廣，力量大，齊王也很會迎合太后之意，曾經把他的封疆之內的一個邑作為魯元公主的湯沐邑，所以太后認為此人可與聯絡，因而特別封齊王之子名叫「章」的為朱虛侯，而以呂祿之女為其妻，以固其對呂氏的忠心，不知後來誅諸呂最出力的劉氏宗族，朱虛侯劉章便是其中之一。惠帝死後，張辟彊的建議實現，呂台、呂產、呂祿都拜為將軍，統南北軍，不久立呂台為呂王，立呂釋之第二個兒子（即太后的姪）呂祿為胡陵侯，封呂嬃（太后之妹、樊噲之妻）為臨光侯，呂他為俞侯，呂更始為贅其侯，呂平為扶柳侯，呂種為沛侯，諸呂陸續出籠，太后之野心便顯示出來了。不過，呂太后所立的少帝，長大後，知道了他的身世，這個乳臭未乾的兒皇帝不知輕重，便揚言太后怎麼可以殺他的母親，他壯大後，必報此仇。他不知道此言一傳，他的小命便發生危機了。太后知道了這些話，便把少帝幽禁起來，內外隔絕，並與群臣議廢棄之，這個兒皇帝的性命便自此結束，而以孝惠帝的庶子常山王為帝，這個小孩子是頂替了原來的少帝，故對外仍稱為少帝。太后並強以諸呂女妻趙王友，欲以籠絡趙王。太后之廣樹黨羽，欲以福諸呂，實在把他們都害了。

七、劉、呂奪權鬥爭中的周勃

太后執政七年多，開始生病，而且病得很重，這是太后稱旨第八年七月中的事。太后在重病中，令趙王呂祿（繼趙王友之位，趙王友因不喜其妻，被太后幽禁而死）為上將軍，居北軍，呂王產居南軍，並且警誡他們說：「高帝已定天下，與大臣約曰：『非劉氏王者，天下共擊之』。今呂氏王，大臣弗平，我即崩，帝年少，大臣恐為變，必舉兵衛宮，慎毋送喪，毋為人所制！」呂太后的算計是不差的，由此可知轉移劉氏政權為呂氏政權，呂太后的確是在處心積慮地進行著的；不過，雖經她十幾年的部署，呂氏的勢力，雖然遍布於中央政府及若干重要的地方，但是劉氏子孫的地盤仍廣，劉氏舊將所領的部隊，力量仍大；而且宿將舊臣的確懷著對劉氏忠心的，不在少數，即使如陳平等對太后和順的人，實際上也不可靠。何況還有一個中心的問題，那就是原來的太后稱旨，並不是太后自己做皇帝，而仍有皇帝在位的，太后不過是攝行政事罷了；太后既死，皇帝要恢復其政治上的地位和權力，那還不是事理之常！所以太后死後，呂氏的第一件大事，是控制皇帝，於是呂王產便做了相國，呂祿的女兒做了皇后，左丞相審食其便做了帝的太傅。因此，太后死後，中央大權，仍在諸呂之手。諸呂的野心，自然不會稍戢的。可是，他們仍怕絳侯周勃與潁陰侯灌嬰等大兵在外的幾位劉氏宿將。

劉、呂之爭的表面化，是被呂太后籠絡在京的朱虛侯劉章首先發動的。劉章之妻，是呂祿之女，所以呂氏的陰謀，她知道，劉章也知道。他們怕禍事一起，牽連到他們夫婦，所以劉章向他的兄弟們告急，他的哥哥是襲爵為齊王，弟弟等是齊境的侯，是擁有實力的。齊王得知諸呂的陰謀以後，便發兵西向，以誅諸呂

為王作號召，遍告諸侯，徵兵共向長安。呂產乃遣灌嬰抵禦齊兵，灌嬰到了滎陽，反與齊兵相約連和，以待呂氏之變。呂氏原定俟灌嬰與齊兵相接後在關中作亂，但灌嬰與齊兵並未作戰，而周勃、劉章在京，諸呂也不放心，所以還在猶豫不決之中。其實，當時長安的兵權，都在諸呂手中，周勃雖然名為太尉，但不能行使職權，他的部隊又不在長安附近，這位厚重的太尉，也正在一籌莫展中。

　　這中間的轉危為安，又要靠計謀了。當時陳平為右丞相，太后在日，他是不管事的，一切都由審食其去辦。太后既死，諸呂欲亂未亂，陳平又在施奇計了。奇計的起點，是在曲周侯酈商身上下功夫。酈商時已年老多病，其子酈寄，卻是與諸呂相親的。於是周勃、陳平設計劫持酈商，使其子酈寄給呂祿，歸將印而就封，以保全呂氏。酈寄的說詞，理由也很正大，利害也很分明，他說：「今太后崩，帝少，而足下佩趙王印，不急之（同至）國守藩，乃為上將，將兵留此，為大臣、諸侯所疑。足下何不歸印，以兵屬太尉？請梁王歸相國印，與大臣盟而之國，齊兵必罷，大臣得安，足下高枕而王千里，此萬世之利也。」因為酈寄是諸呂的私人，所持理由也很充足，所以很能打動呂祿，便歸其將印，以兵屬太尉。諸呂對此問題，意見甚為紛歧，而呂祿則頗受酈寄影響，兩人更加親善，常與酈寄出獵。一日，遇其姑呂嬃，呂嬃大怒，責備他說：你是將軍，而棄軍出獵，諸呂將死無葬身之地了。我們不要看呂嬃是一個心胸狹小的女人，她的見解，卻高於呂祿，她甚至憤而出其珠玉寶器，盡散於堂下，謂不必再替別人看守了。時灌嬰與齊楚諸王合兵以誅諸呂之勢已成，但太尉周勃仍不得入主北軍，無法去諸呂兵權。時襄平侯紀通，主管符節，陳平、周勃乃令紀通持節矯納太尉周勃於北軍，周勃仍令酈寄和另外一個親呂的劉揭，再告呂祿速出京就國以免禍，呂祿以為酈寄等是自

己人，決不相欺，遂解印而以北軍的指揮權屬太尉周勃。周勃既入北軍的軍門，令於軍中曰：「為呂氏右袒，為劉氏左袒。」軍中皆左袒，忠於劉氏，這便是後世常用的左右袒的成語之來源了。北軍既受周勃指揮，但尚有南軍與衛尉軍，衛尉即護衛宮禁的部隊，關係都很重大。呂產不知呂祿已解兵而去，欲據未央宮作亂，平陽侯曹窋（曹參之子）以呂產謀變消息告知周勃，周勃乃令平陽侯通知衛尉，不許相國呂產入殿，別令朱虛侯劉章入宮衛帝，予卒千餘人。呂產至宮，不得入，在殿外徘徊，曹窋急向太尉報告，然太尉仍恐戰而不勝，故不敢公然的聲討呂產，曹窋更不敢輕易動手。及朱虛侯至，看到了呂產這種情形，這位氣力很大的王族，決定向呂產突擊。時大風適起，呂氏從屬均無鬥志，呂產兵敗，被殺於廁中。大風之起，適於此時，說奇怪也真奇怪，高祖擊破項羽於彭城，項羽回師大敗高祖於彭城東，若非大風驟起，飛沙拔木，高祖難免要遭到毒手了。這次又是靠了大風之助而敗呂氏之兵，大風好像對漢政權特別關切似的。由此而讀高祖的〈大風歌〉：「大風起兮雲飛揚，威加海內兮歸故鄉，安得壯士兮守四方」，這「大風」真有意思！

產兵既敗，產亦被殺，諸呂之被殺者，計有長樂衛尉呂更始，呂祿亦被捕斬，呂嬃則被笞殺，燕王呂通亦被殺，甚至魯元公主之後魯王偃亦被廢，諸呂不管男女老少，都被斬殺，其禍甚慘。這都是呂太后所作的孽。由此經過，可知張辟彊的暫安之計，實在不是好辦法，幸而當時還有一個酈寄可以運用，紀通的符節可以運用，而呂祿也實在太過庸碌了，呂更始也太沒有用了；否則南北軍與衛尉（禁衛軍司令）都在呂氏手中，長安的爭奪戰，周勃決無勝算，那時候必須仰賴諸侯的外軍，劉氏必勝，當無問題，而這一頁歷史，則不知道又有多少變化了。

諸呂既誅，遺下來的問題，是皇帝是不是依舊擁護那個所謂

少帝呢？大家認為不穩當，於是商量了一個原則，就是要立一個賢能而外家又沒有大力量的漢高祖的兒子，都認為代王恆最適合，周勃、陳平乃遣使迎立這位新皇帝，那便是漢文帝了。漢文帝既立，商討丞相一職應請誰擔任為宜？原來的右丞相是陳平，陳平以讓周勃。有人警告周勃：「君既誅諸呂，立代王，威震天下，而君受厚賞，處尊位」，認為這是「禍及其身」的前奏。原來，文帝以外藩而入皇，來的時候，本來已有很多的顧慮，使者再去，然後入京，他和他的臣屬所顧慮的問題，就是內有功高震主的將相，所以代王入嗣大位，極容易成為一個有名無實甚至被人利用的傀儡，倒不如在代的平安了。如郎中令張武等便是持此見解的，他們都說：「漢大臣皆故高帝時大將，習兵，多謀詐，此其屬意非止此也，特畏高帝、呂太后威耳。今已誅諸呂，新啑血京師，此以迎大王為名，實不可信。願大王稱疾毋往，以觀其變。」代王的群臣中，只有中尉宋昌贊成代王就天子位的，他的最主要的理由，是「以呂太后之嚴，立諸呂為三王，擅權專制，然而太尉（即周勃）以一節入北軍，一呼士皆左袒，為劉氏，叛諸呂，卒以滅之。此乃天授，非人力也。今大臣雖欲為變，百姓弗為使，其黨寧能專一邪（同耶）？方今內有朱虛、東牟之親，外畏吳、楚、淮南、琅邪、齊、代之彊；方今高帝子獨淮南王與大王，大王又長，賢聖仁孝，聞於天下，故大臣因天下之心而欲迎立大王，大王勿疑也。」宋昌這一番論調，還不能使代王無疑，因而回宮與太后商議，問休咎於卜人，總算得到一個折衷的結論，先派他的舅舅薄昭進京，親自向絳侯等探問情況。薄昭見周勃等，具悉所以迎立代王之故，乃還報曰：「信矣，毋可疑者。」代王乃命宋昌參乘，偕張武等六人乘傳至長安，不即入城，止於高陵，仍使宋昌先入長安，以防有變。宋昌至渭橋，丞相以下都在迎接代王。宋昌還報，代王乃馳至，群臣拜謁，周勃請單獨談話，宋昌進曰：「所言

公，公言之；所言私，王者不受私！」其防變的謹嚴如此。

八、絳侯的下場

　　周勃乃跪上天子璽符，並且聲明，大臣與王家的近支親族，都期望速即天子位。代王仍再三謙讓，只留住在代邸，丞相陳平等再三強調代王就天子位最宜，為漢家的宗廟社稷計，代王實不可辭。代王乃就天子位。其實，代王如果不為天子位，那就不會來了，既來之，又辭之，實對將相大臣仍然有些不放心。迨皇帝即位，第一件事，就是派宋昌為衛將軍（即皇帝的衛隊司令，所謂衛尉便是），鎮撫南北軍；次即以張武為郎中令。到了第二年，徙陳平為左丞相，周勃為右丞相，而以灌嬰為太尉。周勃並得黃金五千斤與食邑萬戶的封賞，勃受金，而以所封食邑讓與薄昭。

　　京師的治安，可以切實的掌握，文帝及其從人心始稍安。由此可知文帝對漢高舊將，始終不太放心，周勃之居丞相地位，雖然是為了酬庸所必然，但文帝內心的不安，是可以想見的。所以周勃之客的建議，是有其見地的。周勃至此，始恍然自己的危險；又值文帝問他：歲決獄幾何？錢穀出入幾何？不知所答，益感不安，乃請辭，歸相印，文帝許之。及陳平卒，周勃復受命為丞相，心仍不安。會漢文帝下令列侯歸國，有若干的封建諸侯未予實行，文帝嚴促之，示意周勃率先奉行，以示倡導。周勃只好辭丞相職，歸絳就封。每有河東的守、尉至絳縣，周勃神經非常緊張，好像這些人是要來逮捕他似的，因而自己披甲以衛，令其家人也披甲拿著兵器來保衛他。不知道他這樣做，不但不能自衛，而且反授人以口實。果然，不久之後，便有人以周勃謀反告發他了。廷尉（相當於現今司法行政部與司法院的最高主持人）逮捕周勃。這位素來木訥厚重的周勃，竟不知所答，惟一的辦法，向辦案的法

官送千金的紅包。法官見他這種情形，實在也同情他，要他請他的兒媳出來作證。他的兒子周勝之，娶文帝之女為妻，故法官開示他一條脫罪的路。不過這件案子的了結，還是靠薄昭之力與周勃並無反叛的事實。薄昭是感於周勃益封食邑的轉讓，而且他並無反意，乃言於其姊薄太后。太后乃向文帝說：周勃不在掌北軍、持皇帝璽的時候造反，今居一小縣而反，其事不可思議，會文帝亦見周勃的供辭，乃下令赦勃，並復爵邑。周勃出獄以後，曾經慨嘆地說：「吾嘗將百萬軍，然安知獄吏之貴乎！」我國司法與獄政之弊，可謂由來已久。

　　周勃既復爵邑，於文帝十一年卒，其子勝之嗣位。勝之是駙馬爺，但以犯殺人罪，受判死刑而死。其後，次子亞夫立功甚高而嗣為侯，改稱條侯。亞夫知兵善將，軍於細柳營以防匈奴的時候，天子不得其令，不能入軍營，入營後亦不得馳馬，這是大家知道的故事。其所立之功，則以平吳楚七國之亂為最大，那是景帝時的事了。

柒　叱咤風雲潁陰侯

一、灌嬰與劉邦的關係

　　漢高祖之裔與諸呂爭奪政權的鬥爭中，自呂太后以迄呂台、呂祿等，所懼怕的對象，是絳、灌並稱。絳是絳侯周勃，我們已經介紹過了；灌是姓而不是封地，他的名字叫做嬰，這又是一個在這一平民政治運動的潮流中的要角之一。他是睢陽人，他的職業是「販繒者」，也就是販賣絲織品的小商人。我們中國原來不產棉花，所以主要的衣料是絲麻織品和毛、皮之類的原料。我國以蠶絲織成繒、帛為衣料，相傳始於黃帝的元妃嫘祖，黃帝的首都在「有熊氏」，就是現在河南省新鄭縣，距離以產柞蠶絲著名的南陽盆地已很近，灌嬰的原籍是睢陽，根據王先謙的《漢書補注》，知道漢初的睢陽與唐時的睢陽不同，那是梁國的縣，在今河南省商丘縣南，是位於黃河、淮水間東西交通的要道上，而與豐、沛相接近。所以灌嬰很早就是劉邦的幹部，但可能不是豐沛起兵時的老幹部。此可於《漢書》〈灌嬰傳〉的下面幾句話中看得出來。這幾句話是這樣說的：

> 高祖為沛公，略地至雍丘，章邯殺項梁，而沛公還軍於碭，嬰以中涓從，擊破東郡尉於成武……。

根據上面的話，可知灌嬰之為高祖幹部，是在項梁已被殺和沛公還軍於碭的時候，所以灌嬰雖非劉邦初起時的基本幹部，但是從劉邦甚早，與基本幹部無異。

灌　嬰

這位「販繒者」初從劉邦，便立了「擊破東郡尉於成武」的戰功。其後，又與秦軍戰於杠里，以速戰速決的戰鬥方法，把秦軍打敗，因而得到七大夫的官爵。由此，可知他位為七大夫的時候，與曹參為七大夫、周勃為五大夫的時候差不多，可知那個時候，灌嬰在劉邦軍中的地位，已經可以和曹參相提並論了。以後，灌嬰又建立了下列的軍功：㈠攻秦軍於亳南；㈡攻秦軍於開封；㈢攻秦軍於曲遇。

在這些戰役中，灌嬰都是以「疾力」的戰鬥而獲勝的，所謂「疾力」，就是予敵以快速而有力的攻擊。由此，可知灌嬰在高祖初期的諸將中，是以慓悍勇敢著戰功，其作戰時的勇毅，可能還在曹參、周勃之上。由於這些戰役的功績，賜爵執帛，號宣陵君。

漢高祖的主力，初時與項羽兩路北援被圍的趙城，後來漢高祖先趨關中，改向西攻，於是攻陽武，破雒陽，北絕黃河的渡口，南下葉宛，破南陽守的秦軍，以至西入武關、嶢關，灌嬰是無役不從的，而且每戰都以同一方式即「疾力」而獲勝。灌嬰在這些戰役中的戰功，決不在曹參、周勃之下。所以漢高祖的部隊一到霸上，灌嬰便進爵執珪，進號昌平君，他的名位便在曹參、周勃之上了。高祖受漢王之封，南入漢中，拜為中謁者。中謁者的任務，是漢王的侍從官員，其性質與中涓相似。由此可知劉邦對灌嬰的信任之深。

二、初為騎兵指揮官

灌嬰對劉邦之忠與被信任之專，在下列兩則故事中，我們可以看得更清楚。漢王還定三秦，東出臨晉，征服殷王，敗項羽部下主將之一的龍且等，灌嬰都立很高戰功，他依然是以「疾戰」破敵的，因而進爵為昌文侯，食邑於杜平鄉。這大概是漢王的首次封侯吧。自此，漢王遂率得勝之師，東擊彭城而破之，但不久，項羽自齊還師，敗得很慘，三十多萬部隊，死的死，散的散，漢王只帶了數十騎，乘大風沙遁出，狼狽不堪。當漢王如此慘敗的時候，灌嬰似乎是首先以敗殘之兵向漢王集合的一個，這一事實，足以說明灌嬰對劉邦的忠實。劉邦經此慘敗，原先歸降他的諸侯，幾乎全數叛去；他只好且戰且西，以避項羽的追擊，且以脅服已叛的諸侯。灌嬰在這些戰役中，他始終跟著劉邦，衝鋒陷陣，所向克捷。他們首先集合於雍丘，時王武反於外黃，魏公與申徒也在這一帶叛漢。灌嬰與曹參等合力，擊敗了這一帶的叛徒，攻下了外黃，駐軍於滎陽。項羽在漢王且戰且西時，整頓部隊，西躡漢王，追至滎陽。楚軍中多騎兵，對漢王的步兵，是一種重大的威脅，漢王為了對抗楚軍騎兵的攻擊，打算也組織一支騎兵部隊，要找一個精於騎兵指揮的軍官，軍中都推薦重泉人李必、駱甲，他們是秦時的騎士，當時在漢王軍中任校尉的軍官。漢王要拜他們兩人為騎兵指揮，他們兩人卻不贊成，理由是：他們本是秦民，漢軍對他們沒有認識，很可能不會赤忱的合作；因此，他們建議由漢王任命一位信任很深而善於騎馬的部將為騎兵主將，他們願意輔助他。經漢王考慮之下，認為灌嬰年紀雖然很輕，但是既善騎馬，又能疾戰，任命他做騎兵指揮，而由李必和駱甲為副，是最妥當的事了。於是拜灌嬰為中大夫，而以李必為左校尉，駱甲

為右校尉，以騎兵擊楚。灌嬰自此，便成為漢王的騎兵指揮官了。

灌嬰的騎兵，與項羽的騎兵，首先接戰於滎陽之東，及鋒小試，大奏膚功，項羽的騎兵在此首次戰爭中被殺得大敗。於是，漢王令灌嬰率其所部遊擊楚軍的後方，以便切斷楚軍的糧道。其作戰的地區是在陽武至襄邑之間。原來，楚軍的糧餉，也是由騎兵護送的；所以灌嬰在作戰過程中，和很多的項羽騎兵部隊相接戰，而且都得到了勝利。如與項羽的騎將項冠戰於魯下，破之，斬其右司馬與騎將各一人；又如與柘公及王武戰於燕西，斬其樓煩將五人，連尹一人。所謂樓煩將，是一種擅長騎馬的騎兵軍官，樓煩是胡人之國，我們已經解釋過了，胡人以遊牧為生，故皆長於騎馬，因而成為項羽騎兵部隊中的軍官名稱。他又與王武的別將叫做桓嬰的，戰於白馬，這是在今河南省滑縣東方的黃河邊上的一個渡口，是南北交通的要道，白馬之役，灌嬰又得到了勝利，殺了桓嬰部下的一名都尉。這一戰的勝利，對漢王來說，是非常的重要；因為，自此漢王可以避過項羽的部隊，向西退到雒陽；北可與邯鄲通聲氣，漢王遂得北會曹參，奪韓信、張耳之軍，以充實其正面作戰的實力；更可南下敖倉，取得那裡存量豐富的儲糧。灌嬰也因為這一次的軍功，進官為御史大夫。

三、奉派隸屬韓信

灌嬰在建立這樣的大勳以後，漢王對他的調遣，是撥在韓信的帳下，仍將郎中騎兵，隨韓信作戰，以平定齊境為目標。漢王一方面奪韓信的兵，作為他自己直接指揮的部隊，一方面又把原是自己指揮的精銳部隊撥歸韓信指揮，這些行動，看起來是矛盾的，而實際上是有其特殊作用的。我們知道漢王已經派他最親信的老幹部曹參在韓信帳下，但仍不放心，仍怕曹參一個人的力量，

牽制不了韓信，所以他又派一個對他最忠實而又有豐富的作戰經驗的灌嬰，率其戰無不勝、攻無不克的騎兵，撥歸韓信，其為助韓信迅速完成定齊之功，不過是表面的目標，而實際上的目標則是以監視韓信之職，增加一個更重要的幹部以任之。這種人事上的部署，韓信是不注意也是不了解的。所以當韓信申請任命為「假齊王」時，漢王的大發脾氣，不是全無憑藉的；但是，如果就此破裂，絕不是漢家之福，所以當張良、陳平勸阻時，漢王立即回嗔作喜，以真齊王封韓信，這些都是高級的政治手腕，張良、陳平、漢王搭配得很好，韓信在這一方面，真是一個大草包。在漢王如此的人事部署下，他還要請封為「假齊王」，又不肯從蒯徹之言，為鼎足而三的企圖，其自速其死，固有其必然性了。我們在這裡，決不是可惜韓信不從蒯徹之言，而是可惜韓信知道不背漢王的道義之重要，而又為德不卒，不能善始善終，他的失德敗行更可為後世的殷鑑。

定齊之役，雖然由於韓信的決策高妙，指揮適宜，但是灌嬰等一般戰將之功，實不可沒。灌嬰在這一役中，所建軍功如下：

㈠破齊歷下軍，俘虜了齊的車騎將軍華毋傷和其他將吏四十六人，降臨淄，俘其相田光。

㈡追齊相田橫，直達嬴與博而破之，並擊破齊軍，斬齊將一人，俘虜齊將四人。

㈢與齊將田吸戰於千乘，斬之。

㈣從韓信軍，與楚援軍龍且所部二十萬眾戰於濰水流域的假密，假密即高密，斬龍且，俘虜了龍且的副將周蘭，部將右司馬與連敖各一人，樓煩將十人。

㈤龍且的大軍既破，灌嬰的工作是在幫同綏靖齊北和齊南，被其擊破的，有魯北的楚將公杲，魯南的薛郡長，並攻破博陽，而至下相，向東南的僮縣、取慮縣和徐縣進兵。

四、向南進攻的圍殲楚軍

　　由此，可知灌嬰在定齊之役中，與龍且的騎兵相接戰，依然是戰無不勝，攻無不克。而定齊以後，他的部隊是移向項羽的首都彭城的外圍圈，如下相是項羽的原籍，在今江蘇省的宿遷縣，是在彭城的東方。據此，可知定齊之役，對項羽來說，是北方的屏障盡失，而灌嬰在定齊之役中所建的軍功，實在不小；而定齊之役的行動，特別是他的南下的軍事行動，威脅著彭城的安全。無怪項羽在漢軍定齊之後，要和韓信連和；不成，欲與漢王以鴻溝為界而言和了。灌嬰南下的軍鋒，似乎是一種不顧後方補給的孤軍深入的行動，他的行蹤，於到達下相後，繼續南下，渡過淮河，直達廣陵，廣陵就是現今江蘇省江都縣（揚州），所過城邑，盡皆降服。這支由北而南的漢軍，是在彭城的東方向南，直達長江北岸，成為破竹之勢。而這一形勢，顯然是對項羽的楚軍在其東方作迂迴，以防其向江東逃竄。項羽對於這一路漢軍，也是非常的注意，所以特派項聲、薛公、郯公，襲擊灌嬰的後路，復定淮北諸縣。灌嬰對於此路敵人，也不輕視，他是回師渡淮，破項聲與郯公的部隊於下邳而下之，並殺薛公，入彭城而降之。這就已經進入垓下之圍的序幕戰了。彭城之戰，灌嬰虜獲了項羽的柱國項佗，收復了留、薛、沛、酇、蕭、相等彭城附近的縣邑，復向苦、譙進兵，虜項羽的亞將，而與漢王會師於頤鄉。對項羽的合圍之勢，至此完成。灌嬰所部與劉邦分而合，是象徵楚漢相爭，已經到了結束的階段，而灌嬰對漢王的耿耿忠心，此一事實，更可作為具體的說明。

　　圍殲項羽之役，灌嬰出力更多。前鋒先在陳下交戰，灌嬰所部的騎兵便發揮了最大的威力，一擊而破項羽的精銳部隊，斬其

樓煩將二人，虜其騎將八人。項羽最後拒戰於垓下，灌嬰那個時候的官銜是御史大夫，但仍是騎兵指揮官，力擊項羽殘部而破之，項羽潰圍而遁，灌嬰以輕騎迫之，至東城而及。東城之戰，是項羽最後的拒戰，他的殘部，當然經不起灌嬰得勝之師的一擊，其結果，是項羽再敗再遁，至烏江渡口，被灌嬰及其所部迫及，遂斬項羽，完成平楚的大功。這場大會戰的勝利，當然不是灌嬰一個人的力量所能完成的。反之，即使是漢王，一個人的力量也不能竟此全功。其中關係最重要的，當然是韓信、彭越、英布等，尤其是定謀設計的韓信，關係尤大。甚至定謀用悲歌之聲以散楚軍的人，其功實也不小，不過，灌嬰在這一大會戰中，擔任著衝鋒陷陣的角色，卻是非常稱職，完滿地達成他的任務，其功實不可沒。灌嬰自然更得了高祖的賞識，對他的食邑增加了二千五百戶，其餘殺項羽的五個同伴也得了封侯之賞。

五、追捕項羽與平定大江南北

項羽之敗，有幾個插曲，很值得我們注意。垓下之圍最後完成，是由於項羽的大司馬周殷以舒、屠、六三地叛楚，跟著劉賈和彭越會師於垓下。在這樣的緊要關頭，漢王能夠策反任大司馬高位的周殷，那也是項羽素來對其部下多疑的惡報。項羽被圍在垓下，兵少食盡，漢兵圍之數重，但是項羽素來強悍，其兵尚多精銳，戰鬥力仍強，故漢軍用楚歌聲以離其軍心，所謂楚歌，係楚人在雞鳴時所唱的歌，動亂之時，夜聞此歌，自易動思鄉情緒。所以平劇「霸王別姬」或「虞姬恨」一劇中所表現的虞姬夜聞楚歌之聲，後一半是有歷史事實根據的，至於是不是由虞姬聽見，那就無法證明了。「別姬」一劇中，項羽聞楚歌之聲後，知大勢已去，乃慷慨悲歌：「力拔山兮氣蓋世，時不利兮騅不逝；騅不逝兮

可奈何?虞兮虞兮奈若何!」以及虞姬唱悲歌以和:「漢兵已略地,
四方楚歌聲,大王意氣盡,賤妾何聊生!」也都史有明文。項羽乃
上馬衝擊漢軍,從者尚有八百餘人,乘夜潰圍,南出馳走,及渡
淮時只有一百多人了。項羽之乘夜潰圍,漢軍於天明始知,漢王
令灌嬰率五千騎迫之。項羽南行,道路不能辨認,乃問田中的農
夫,農夫紿其左走,乃陷大澤中,故漢兵得以追及。迨項羽至東
城,只有二十八騎了。這個田中的農夫,據《西漢演義》說是韓
信預先布置在那裡的,這種可能,未嘗沒有,但是更可能是項羽
的殘暴所引起的民眾反感的表示。《演義》甚至說烏江渡口的渡船
與船夫也都是韓信部署的,根據《史記》〈項羽本紀〉,則知此一
渡船和船父,是烏江亭長預備在那裡的,這位烏江亭長,是勸項
羽渡江,至江東為王的。當然,項羽上船以後,渡船上的船夫是
不是會向項羽下手,因為項羽未曾上船,所以我們無法知道。

　　灌嬰及其部將迫及項羽時,項羽只有二十八騎了。那時候,
項羽抬頭看到了漢騎將呂馬童,項羽對他說:你不是我的老朋友
嗎?大概這位呂馬童也是項氏的部將而歸降漢王的,所以他內心
有點慚愧,不敢面對項羽,只向他的同伴王翳說:他是項王。項
羽乃說:「吾聽說漢王以五千金和萬戶之賞來購買我的頭,吾給你
這個好處吧。」乃自刎而死。王翳取其頭,漢兵將數十人爭來殺項
羽,但是項羽的屍體,卻為郎中楊喜、騎司馬呂馬童、郎中呂勝
與楊武各得一部分,合成一體。於是漢王封呂馬童為中水侯,王
翳為杜衍侯,楊喜為赤泉侯,楊武為吳防侯,呂勝為涅陽侯。這
便是上述五位灌嬰部將同時迫及項羽,同時被封為侯的功臣。

　　這裡,我們要向讀者附帶交代一下項羽既滅以後,漢王對項
氏族人的處置。有兩個事實,足以說明漢高祖是很有政治技術的。
其一,是項羽已死,項羽統治區都已歸漢,獨項羽的封地不降。
項羽的封地,是楚懷王授給他的,他的封號是魯公,封地即魯的

舊疆，在今山東省的西南部。高祖的部將，很多主張盡屠魯地居民，漢高祖不忍，認為這些百姓是守禮義的人，乃試以項羽之頭示之，魯父兄果然投降了。高祖連一個人都沒有殺害他們，反仍以項羽為魯公而禮葬之。以高祖這樣多疑的人，但是他輕輕放過忠於項羽的這一群魯父老，那是一種政治技術，他知道項羽這塊招牌已經沒有什麼號召力量，還是大大方方的好。其二，基於同一理由，他對項氏族人，並不多加殺害，許多項氏族人，反多被封為侯的。第一個被封為侯的便是在鴻門會前後千鈞一髮時救護劉邦的項伯，項伯的封號為射陽侯。其他如桃侯、平皋侯、玄武侯等也都是項氏有力的族人，不過高祖都要他們改姓劉，美其名曰賜姓，賜姓之法，殆自此始。

這裡，我們還要研究一個小問題，那就是灌嬰在平定魯北與魯南之後，南下淮、揚，是不是依然為韓信的部屬？我們從韓信大軍的行動來看，灌嬰所部在平齊之後，與韓信的大軍，並不採取一致的行動。韓信的大軍是停在齊境，而灌嬰的騎兵，則開始採取個別的行動。明顯地說，那時候的灌嬰，雖受韓信之命而南下，而實際上已不是受韓信指揮了，他是採取呼應漢王的攻勢，南下威脅項羽的後方。我們在〈出奇制勝淮陰侯〉一文中，曾經說過鴻溝之約成立後，漢王違約躡項羽軍之後的一段經過。漢王之敢於違約東征，就是仗著韓信與彭越等軍的合擊，但是韓信、彭越等軍並未如約而來，以致漢軍又敗。韓信之南下，是在漢王許以「自陳以東」之地的封賞之後，而且韓信軍的三路作戰，其中並沒有灌嬰的軍事任務；反之，灌嬰在那個時候，已經在彭城東方南下江淮，並與漢王會師了。這一事實，更足以說明灌嬰對漢王之忠。其追殺項羽的一役，漢王並不命令他將，而獨命灌嬰，這固然和灌嬰所部為騎兵有關，但是這何嘗不與灌嬰是漢王最忠實的部將有關呢！

　　項羽既死，灌嬰所部，除了收拾項羽的殘兵敗將外，並將長江以北的東城（即今安徽省定遠縣）和歷陽（即今安徽省和縣），都收復下來。而且立即渡江，破吳郡，悉定吳地，那也就是把現今江蘇省的東南部（吳郡），浙江省的北部（會稽郡）以及江西省境（豫章郡），都收在漢王的統治之下，東南安定之功，完全是灌嬰建立的。東南既定，灌嬰復率所部，還定淮北各地，計共五十二縣。逮漢王即帝位，增封灌嬰的食邑三千戶。

六、項羽平定後的軍功

　　漢王即帝位後，軍事行動，還是不斷發生，其中以擒縛楚王韓信之役最為輕巧而最具危險性，灌嬰是以車騎將軍的資格與漢帝同行的。韓信問題解決以後，漢帝大大的鬆了一口氣，乃以灌嬰為潁陰侯，剖符為盟，世世勿絕。灌嬰在正式被封為潁陰侯之前，賜食邑的戶口，已有多次，他是首先賜食邑於杜平鄉的，其所賜戶，未有明文，從擊項羽於陳下時增食邑二千五百戶，漢王即帝位時增賜三千戶，及正式封為潁陰侯與周勃同食邑鍾離，則為二千五百戶。這裡的問題是又增二千五百戶呢？還是以前的食邑都取消，僅為二千五百戶？就趨勢來看，後面的說法，應該是比較合理的。因為在軍事行動緊張的時候，為了鼓勵軍心士氣，凡有立功之人，常有封爵賜食邑之事，那時候不過是一紙命令，也並不是真的到封地去就職，並劃給食邑。以致在天下平定之後，諸將所得的食邑，盡天下戶口縣邑，還無法可以擺平，以致封賞問題，久懸不決，而有人人自危的感覺。正好像太平天國之役，以軍功而得到的記名道臬、知府、知州以及提督等等的官銜的，不計其數，無法可以一一安置一樣。所以灌嬰的食邑，在正式受封時以減少為合理。

漢帝正式接位以後的軍事行動，以北方的邊區為多，如臧荼之役，如韓王信之役，如陳豨之役，如盧綰之役等是。諸戰役中，灌嬰和周勃一樣，是無役不從的，而且也是所向克捷的。如進擊韓王信代的那次戰役，雖然漢帝遭到被困於白登之厄，但是灌嬰仍是到處立功的。如他的部隊到達馬邑以後，即將樓煩以北的六個縣收復，殺代的左將，破胡騎將於武泉縣之北，復攻韓王信的胡騎於晉陽，斬其白題將一人。白題是匈奴的別族，其俗好以白粉塗其額，故中土人士稱之為白題胡。由此，可知韓王信那個時候實際上已經是匈奴與漢的兩面國，其所部胡人與胡騎之多，足證在楚漢相爭的時期，已經受匈奴的壓迫甚深了。由於灌嬰是如此卓越的騎兵指揮官，所以漢帝下令把燕、趙、梁、楚的騎兵，統統歸灌嬰指揮。灌嬰遂得以龐大的騎兵，破胡騎於碏石。但是，灌嬰的騎兵，如與匈奴的騎兵相較，至少在人、馬的數字上還是不能相提並論的，所以從至平城，便也受困了。

在討平陳豨的戰役中，灌嬰首攻其丞相侯敞所部於曲逆下，破其軍，收降了曲逆、盧奴、上曲陽、安國、安平、東垣等縣邑，建功之偉，與周勃相較，有過之，無不及。

漢帝十年，淮南王黥布反，漢帝親自東征，灌嬰是從征諸將中建功最多的一位將軍，他的身分仍然是車騎將軍。他首先向黥布駐防在相的別將進攻，破其軍，斬其亞將及樓煩將三人。又向黥布的上柱國與大司馬所將的部隊進攻，又破之；並破其別將肥銖的部隊，追其軍至淮上，而黥布問題，便告一段落了。漢室對黥布之反，頗為重視。時高祖因病，頗有令太子為將之意，而呂后認為黥布驍勇善戰，太子指揮高祖的舊將，恐多不便，籲請高祖為子孫政權計，應扶病勉強親征。高祖從之，遂破黥布。論功行賞，灌嬰實居重要地位，因增其食邑二千五百戶，改為潁陰侯，共食五千戶，除前所賜食邑。蕩平黥布的軍事，延長達二年之久，

按黥布反於漢帝十年十月，延至十二年十月，大勢始定，高祖始得返回長安，而其餘的小叛亂，還沒有全部平定，其責任，當然又落到灌嬰的雙肩。所以高祖西歸，灌嬰仍然留在黥布的封地，擔任綏靖工作。

高祖在返回長安之前，先經過故鄉沛，置酒沛宮，把舊時相識的沛中父老都請了來，縱酒為樂，著名的〈大風歌〉便是在此時做的。「安得猛士兮守四方」，足證高祖對著豐沛父老，懷念過去豐沛子弟和老幹部所立功勳，頗興後繼何人之感。高祖與項羽作戰時，本來負有很重的箭傷，在東征黥布的戰役中，復為流矢所傷，故返回長安後，即感到病勢的日漸加重。呂后等頗為著急，為他延請醫生診治，他又自信天命，不肯就醫，因而病勢日重，到了翌年四月，便在長樂宮逝世了。所以當灌嬰達成綏靖的任務而西歸時，已為孝惠帝和呂太后執政，他已經來不及見到漢高祖了。但是灌嬰對呂太后母子的忠誠侍奉，和對漢高祖的態度，是完全一樣的。

七、劉、呂奪權中的灌嬰

我們從灌嬰的史蹟來看，可以知道他雖然不曾受過軍事訓練或軍事知識的教育，但他是天才的戰將，只知道為漢高祖拚命去打勝仗，立戰功，其志其行，非常純潔，似乎不懂得政治，他對政治的興趣，似乎並不濃厚。所以當他平定黥布，西返長安以後，雖然在政治舞臺上的風波很大，他卻是毫無關係似的做他的潁陰侯，掌握他原來指揮的部隊。那個時候的政治上的大問題，便是呂太后專權和諸呂逐漸得勢，浸浸而影響漢室的政權。在這樣大的政治漩渦中，灌嬰似乎超然於局外，連被諮詢的機會都沒有輪到。如惠帝初接位時，呂太后要封諸呂為王，只是諮詢了王陵、

陳平、周勃的意見，並未向灌嬰徵求同意，便是一例；又如惠帝既卒，呂太后對漢高祖諸舊臣心懷疑慮，有加害之意，作建議以解除此項危機的，是張辟彊，與王陵、陳平、周勃都沒有關係，罔論灌嬰。

從這些事實看起來，灌嬰在高祖死後的漢家政權中，似乎並不重要；但是事實並不如此，如高祖的死，呂太后祕不發喪，欲在此機會中盡誅在京的漢高舊將，酈商聞此消息，以利害向呂太后的親信審食其陳說，其最重要的理由，便是「陳平、灌嬰將十萬守榮陽，樊噲、周勃將二十萬定燕、代，此聞帝崩，諸將皆誅，必連兵還鄉（同向）以攻關中，大臣內叛，諸侯外反，亡可翹足而待也。」由此，可知當時灌嬰和周勃一樣，是呂太后所顧忌的人物。又如《史記》〈呂太后本紀〉，有下面一段話：「當是時，諸呂用事擅權，欲為亂，畏高帝故大臣絳、灌等，未敢發。」這是說諸呂心目中所顧忌的，灌嬰和周勃，原是等量齊觀的。

爆發劉、呂奪權鬥爭的劉方主謀人是周勃和陳平，而齊悼惠王長子朱虛侯劉章是在宮外與呂氏決鬥的漢室宗族，朱虛侯對高祖的關係來說，是庶孫了。這位王家子孫孔武有力，背後還有齊王的支持，所以是呂太后籠絡的對象，特別封以為侯，留居長安，而以呂祿之女妻之。呂祿之女知道諸呂的陰謀，對劉章並不隱瞞，所以劉章也知道諸呂的陰謀。劉章雖受呂太后的籠絡，但對呂太后把齊悼惠王的諸子，或封侯，或封王，旨在分建諸侯，削弱齊的實力，已經不滿意了；及趙王友被毒死，趙地分王三呂，劉章更為不滿。一日，劉章入侍呂太后燕飲，太后令其為酒令，劉章請以軍法行酒令，太后許之。太后令劉章解釋〈耕田歌〉，劉章說：「深耕概種，立苗欲疏，非其種者，鉏而去之。」語含譏刺，亦以見劉章之終不被太后所利用，太后因此默然。會諸呂中有一人因醉而亡，劉章追而殺之，以報太后，太后也無可奈何。「十老

安劉」的平劇中，有朱虛侯侍酒殺呂的一場，以小生扮演劉章，按其時的劉章不過二十多歲的青年，飾以小生，固宜，這一場戲，倒是與歷史事實相符的。所以劉章當時形成一股反呂勢力的中心，由於他是王族而又得太后之寵，因此反呂的漢舊臣頗有依劉章的。及劉章知諸呂陰謀，乃祕密派遣使者至齊，請其兄哀王發兵。劉章的原意是要立齊哀王為帝的，所以哀王一聞此訊，立即發兵西向，以迫長安。齊哀王以舉國之兵而西，長安自然震動了，諸呂自然要商議禦敵之策。他們本來要轉移劉氏的政權，但是他們對灌嬰十分顧忌；所以齊兵西進的事件，使他們想到一石兩鳥的辦法，就是要灌嬰率領所部，東駐滎陽，以禦齊兵。其實，當時的滎陽，已有周勃和陳平所部的平燕之軍，這一帶駐軍人數在二十萬以上，如果要打的話，足可以與齊兵一戰，不必另派灌嬰及其所部前往；諸呂所以要這樣做，便是拔去這隻眼中釘，所以諸呂的原定計畫，是一等灌嬰所部與齊兵作戰時，他們便在京中作亂，實行篡奪劉氏的政權。

　　灌嬰本是只知道奮勇作戰的猛將，不很懂得政治手腕的；但是，他兵至滎陽，忽然懂得政治運用了，他不但不與齊兵交戰，而且與齊兵約和，大家按兵不動，以待京中諸呂的蠢動。我們細按灌嬰的一生行動，他不會想到這種政治性的運用；這中間，一定有高人指點著他，這個高人，不是陳平，便是周勃，依據《漢書》的說法，他是和周勃同謀的，那末他受周勃的指點更有可能了。但是根據《史記》〈齊悼惠王世家〉的記載，那這位大將軍（其時灌嬰的官職）倒也是一個粗中有細的人。原文是這樣說的：「灌嬰至滎陽，乃謀曰：『諸呂將兵居關中，欲危劉氏而自立；我今破齊還報，是益呂氏資也。』乃留兵屯滎陽，使使喻齊王及諸侯，與連和，以待呂氏之變而共誅之。齊王聞之，乃西取其故濟南郡，亦屯兵於齊西界以待約。」從這一段記載，則知灌嬰引軍而

東時，已經覺悟到他此次行軍，不是為劉氏作戰，而是為呂氏作戰，為呂氏而與劉氏作戰；所以他到達榮陽以後，便有這樣的計議。由此言之，灌嬰在這種重要關頭上，是把握得住正確的重點的，那是一個粗中有細的人。

八、好勝的英雄本色

諸呂被劉章、周勃所殺，灌嬰和齊兵自然也用不著會師以向長安。不過，他一時好奇心動，聽得齊軍中的有勇有謀之士有一個叫做魏勃的，不能不和他一見。這位魏勃，他的父親是一個鼓琴的能手，曾在秦政府中工作。魏勃在秦末大亂中是寒家子弟，但頗有膽識。項羽既平，韓信離齊，漢高祖以庶長子劉肥為齊王，而以曹參為齊相，曹參頗有能名，魏勃欲見曹參而不可得，乃於夜間為曹參的舍人清掃門前的道路，夜夜如此，舍人怪而亦以夜間伺候之，因而得勃。魏勃因以欲見相君之意告舍人，舍人乃以魏勃見曹參。曹參與魏勃相晤談而賢之，因向齊悼惠王推薦，悼惠王拜為內史，齊哀王時則任中尉，及劉章請齊哀王發兵，與其臣屬相研討，魏勃是極力贊成的一個。當時的齊相是召平，召平是反對發兵的。召平恐怕齊哀王被其左右劫持，因發兵衛哀王之宮。魏勃乃向召平進言：齊哀王欲發兵，並沒有漢的虎符可驗，是不合法的；相君發兵圍王，實在是應該的；請將相君之兵，交魏勃指揮，以策萬全。召平不防魏勃之言是給他的，真的以兵授魏勃，魏勃領兵後，即以之圍召平的相府，召平憤而自殺。齊哀王遂以他的舅父駟鈞為相國，以魏勃為將軍，率軍西向，與灌嬰連和以觀變。

灌嬰知道齊王幕中有這麼一號人物，因請相見，面責魏勃教齊王反兵相向為不當。其實灌嬰之言，相當的無理取鬧，是故意

試試魏勃的膽量。魏勃對此，雖然勉強地作了答覆，謂：「失火之家，豈暇先告大人而後救火乎？」但是當他退立於旁的時候，兩足戰栗，不能再有什麼陳述。灌嬰熟視而笑曰：「人謂魏勃勇，妄庸人耳！何能為乎？」因揮而去之。這裡可以見到灌嬰的威猛與天真，把這個富有謀略的魏勃，嚇得話都說不出來，其人之富於戲劇性，由此可知。

　　周勃、陳平等既誅諸呂，立文帝。文帝以周勃為右丞相，以灌嬰為太尉，增加他的食邑三千戶，周勃在職三年而罷，灌嬰由太尉遷丞相。是年，大隊匈奴入邊，擾北地郡。文帝令灌嬰以丞相資格，率騎兵八萬五千擊之，文帝亦親至高奴督軍，匈奴遁去。因南經太原逗留十餘日，而濟北王則乘匈奴南下、文帝北征的機會，舉兵反叛，欲襲滎陽，以脅文帝的歸路。於是文帝停止灌嬰這一路的軍事，別令陳武為大將軍，征濟北，而以祁侯賀為將軍，駐防滎陽。是年八月，破濟北軍，虜其王，並赦其吏民，陳武便是文帝自代入京的侍從官員，文帝並沒有利用已經發動的灌嬰所部，以擊濟北王，是不是受諸呂之役中灌嬰駐兵滎陽與齊連和的影響？我們無法知道；但觀其罷灌嬰兵而以陳武為將，也許有些防備的意思，亦未可知。不過就灌嬰的性格看，那是多餘的防備了。因為那個時候，文帝已著賢名，而灌嬰已貴為一人之下、萬人之上的丞相，如欲與濟北王相連，那他還希望什麼呢？如果灌嬰有何不穩，那他有八萬五千名騎兵在握，而且文帝也在北邊，他便可以和濟北王連和了。而這些可能，一點跡象也沒有，所以我們認為文帝如果有這種疑心，那是多餘的。不過，文帝在那個時候，接位才不過兩年多，對漢高舊將的信任心還不堅定，征濟北的將帥，作此更易，也是人情之常罷了。

　　灌嬰在北征匈奴之後的年餘便在丞相之位去世了，他的潁陰侯的封爵，傳到他的孫子名疆的，便以有罪而除國。後來，漢武

帝因念灌嬰的功績，復立其另一孫為臨汝侯以奉嬰祀，臨汝侯名賢，實亦不賢，不久，又因犯罪而國除。副佐高祖的將相，享封之久，莫過於蕭何。

捌　樊噲與夏侯嬰

一、屠狗將軍

　　韓信自楚王降為淮陰侯，恥與列侯同班，心中快快不樂；一日往訪樊噲，出門後自己笑著說：「生乃與噲等為伍。」足證韓信對他們是很輕視的。所謂噲等除樊噲外，當指潁陰侯灌嬰、絳侯周勃、汝陰侯夏侯嬰等漢高祖豐沛初舉兵時的老朋友、老幹部。原來，韓信當時，立震主之功，受封王之賞，他的地位是與梁王彭越、九江王黥布等相同，而乃於破楚之後，兵權被奪，王位被削，退而與樊噲等戰將同班，心中的憤憤不平，或為人情之常，但揆諸明哲保身之訓，究竟是相去太遠了。絳侯周勃與潁陰侯灌嬰，作者已經介紹過了，這裡再為介紹在漢高祖幕中另外兩位重要的，出身於平民而立功甚高的軍事官員樊噲與夏侯嬰。

　　樊噲的「噲」字，甚為少見。字書說「噲」字當作「咽」字講，這有什麼好作名字的呢？俗以「快快」二字連用作為要人動作快速之意，有時寫作「噲噲」，由此推之，此人可能有說話過快之病，也許是當地有名的樊快嘴，乃以「噲」為名耳。這位樊噲先生，是沛人，以屠狗為業。專門殺狗，賣狗肉給人吃，在現在看來，是一項不道德的職業；但在我們古代，豬肉和狗肉，同是社會上流行的食用肉類，《禮記》上曾經有過這樣的話：「士無故不殺犬豕」，由此，可知殺犬、賣狗肉，在古代是和殺豕、賣豬肉

一樣，是一種平民的職業。在貴族無論在能力和知識都趨向下游
的時代，平民知識分子逐漸抬頭，他們都有貴族所不屑一顧的職
業。所謂隱於什麼的，便是他們所賴以為生的職業，秦末去戰國
不遠，仍饒有此風。我們不能以樊噲為一殺狗的屠戶而對他有所
輕視，所以韓信之「恥與噲伍」，後世把「噲伍」二字引申而為具
有庸俗的意義的成語，那是不妥當的。

　　樊噲是沛人，漢高祖的小同鄉，而且是姻親。他的太太呂嬃，
是劉邦之妻的妹妹，所以他和劉邦是襟兄弟。由於是姻親的關係，
所以他跟著劉邦一同逃亡在芒碭山澤作同伴。陳勝、吳廣起兵反
秦時，各地已成洶洶欲動的趨勢，沛令因為要想保全自己，所以
也要起兵以為嚮應；蕭何、曹參認為沛令是秦政府的官吏，而且
不是沛人，也不為沛父老所信任，應該立一個有力量的沛子弟為
首。蕭、曹所屬意的沛子弟之首便是劉邦。他們怎樣去找劉邦呢？
那就要仰仗樊噲了。當劉邦逃亡在芒碭山澤間的時候，劉邦和樊
噲的眷屬，可能是仍留沛中而時通消息的，此可在呂后常常找得
到劉邦，因為劉邦所居的地方，常有紫雲覆蓋之故的故事中，可
以體會得到。劉邦是因為解送的徒役中途逃走，自知有罪而逃匿
的，所以他不敢公然探望家屬；而樊噲是跟著逃亡的，他還有探
望家屬的自由。可能就是上述的因素，蕭、曹他們便先找到樊噲，
由樊噲把劉邦召回沛縣。從這一段故事中，可知劉邦與樊噲的關
係之深切了。

二、積小勝而為大勝

　　劉邦既為沛公，樊噲被任為舍人，與諸將如曹參、周勃等，
都跟著沛公去攻胡陵、方與而破之。這時候，秦軍的主力逐漸東
來；而接受陳勝的策動而起的地方勢力，也向胡陵方面略地。劉

邦這一支不過三千餘人的新軍，雖然他們都是天不怕地不怕的亡命之徒，而且伺隙進攻，也很建了一些戰功；但是這種戰功，就大局來看，畢竟還沒有什麼重大的影響。所以當他們在胡陵這一方面獲勝以後，豐、沛、碭等地又失守了，而力量比較大的項梁已被秦將章邯攻破了。在這樣的局勢發展中，沛公所部只好還豐，樊噲等都是跟著守豐，樊噲並在豐下擊破秦政府的泗水監的守軍；復東向，把沛復予占領，把泗水守的部隊擊敗之於薛西，與秦將章邯的司馬戰於碭東，樊噲奮勇卻敵，以功賜爵為國大夫，那是第六級的官，也可以稱為六大夫。其時秦軍在豫魯蘇皖交錯地帶的總指揮官就是章邯，樊噲等從沛公與章邯的本軍作戰於濮陽。在攻城之役中，樊噲先登城牆，斬敵二十三級，進爵為列大夫。進攻城陽之役，樊噲又奮神勇，先登，攻下戶牖，破李由軍，進爵上聞。又在成武，攻圍都尉、東郡的守與尉，都把敵人攻退。此外又攻秦軍於亳南、杠里，都把敵人攻破；鎮守在開封北方的秦軍是趙賁所部，號稱精銳，也被沛公所部擊破，樊噲都是因勇敢殺敵而進爵。在這些戰役中，樊噲所殺的敵人都不多，如碭東之役，斬首十五級，濮陽攻城之役，斬首二十三級，攻破李由之役斬首十六級，成武之役斬首十四級，俘虜十二人，破趙賁之役斬侯一人，首級六十八，俘虜二十六人，宛陵之役斬首八級，俘虜四十四人，由此可知這些戰役的規模都不大，然而樊噲卻因累積這些小勝的功績，在宛陵之役後，被封為賢成君了。由此更可知在豫東、蘇西北與魯南諸役的秦軍與沛公軍混戰中，樊噲是無役不從的，這中間也沒有什麼大會戰，更沒有決定性的殲滅戰。

　　及沛公由向西進攻改為向南進攻，經長社、轘轅、緱氏、尸鄉而至豫南的葉宛，樊噲仍是沛公部下的主將之一，攻宛之役，樊噲仍是一貫的勇敢作風，身先士卒而登城，並收復附近的酈。武關至霸上諸役，樊噲最出風頭，他殺了秦軍的都尉一人，俘虜

了秦軍一百四十六人，收降了秦兵二千九百人，這是進入咸陽之前的最大勝利。

三、樊噲的卓見

劉邦既入咸陽以後，樊噲做了兩件極有關係的大事：一件是諫阻沛公不要在秦宮中享樂，應該退出來，好好整訓他的部隊，對秦的軍民做一點表率給他們看看。雖然他的諫阻，當時沒有發生效果；但是因為他諫阻在先，所以張良才敢向沛公曉以利害，卒使劉邦退至霸上的軍中，對秦宮的遺物與遺人（宮女）無所收取，使秦民對沛公獲有好的印象，為日後還定三秦時奠下勝利的基礎。另一件事是鴻門宴中他的勇敢的氣概和銳利的詞鋒，雖然是素來好勇鬥狠的項羽，也以樊噲為壯而賜以酒食；雖以素來不講法與理的項羽，也為之理窮詞曲而不敢加害劉邦。這兩件事，都足以顯示樊噲是一個有識見，有才能而不是一個普通粗野的屠狗戶。這是作者在上面所得樊噲是「隱於屠」的結論之根據。我們試讀《漢書》〈樊噲傳〉的下面一段：

> 亞父（范增）謀欲殺沛公，令項莊拔劍舞坐中，欲擊沛公，項伯常屏蔽之。時獨沛公與張良得入坐，樊噲居營外，聞事急（按係張良通知他的），乃持盾入。初入營，營衛止噲，噲直撞入，立帳下。項羽目之，問為誰？張良曰：「沛公參乘樊噲也。」項羽曰：「壯士！」賜之巵酒彘肩，噲既飲酒，拔劍切肉食之。項羽曰：「能復飲乎？」噲曰：「臣死且不辭，豈特巵酒乎！且沛公先入定咸陽，暴師霸上，以待大王。大王今日至，聽小人言，與沛公有隙，臣恐天下解（解體）心疑大王也。」項羽默然。沛公如廁，麾噲去。既

> 出，沛公留車騎，獨騎馬，噲等四人步從，從山下走歸霸
> 上軍，而使張良謝項羽。項羽因遂已，無誅沛公之心。

這是鴻門宴的經過，樊噲在這一個「宴無好宴，會無好會」
的場合，他的勇敢與機智以及慷慨陳詞，真可以當得上氣沖牛斗
與理直氣壯的批評了。項羽之不殺沛公，當然不單單靠樊噲的一
席陳詞，而更大的作用是張良的部署與項伯的轉圜；但是樊噲之
詞，能折服項羽，確是不無關係的。「臣死且不辭，豈特卮酒乎！」
在項羽面前，能夠說出這樣壯語，你能說樊噲是一個簡單的屠戶
嗎？由此，可知樊噲是沛公忠貞不二的死臣！

項羽以劉邦為漢王，南至漢中就任，樊噲當然跟著同去，漢
王以樊噲為臨武侯，政府中的正式職位是郎中，郎中的性質，我
們在灌嬰的故事中曾作說明，那是一種漢王的侍從官員，他的地
位和灌嬰相同，但灌嬰是昌文君，樊噲則為臨武侯。這兩位都是
忠於漢王的勇將，而樊噲的地位更為重要，是毫無可疑的。

四、北征與東征中的樊噲

漢王還定三秦之役，樊噲當然跟著漢王出師，每次重要戰役，
他都參與，所立軍功，並不亞於曹參、周勃、灌嬰等人，不過樊
噲仍有其特出之處，他是攻擊西丞於白水之北，擊敵人的輕車騎
於雍南破之，從漢王攻雍、斄城，以勇敢先登城而建功。與章平
軍戰於好時時，樊噲也是攻城先登，陷敵軍之陣而完成勝利。斬
縣令與縣丞各一人，因而遷為郎中騎將。所謂郎中騎將，是那時
候的郎中所部，分車兵步兵與騎兵三個兵種。樊噲原來指揮的似
乎是車兵，至此改為指揮騎兵，由此可知漢軍中原來也有騎兵，
不過為數不多罷了。此後，並從漢王擊章邯軍於壞東，攻趙賁軍

於鄧、槐里與咸陽，都予攻占。圍攻廢丘（章邯的首都）之役，樊噲以水灌城，因而迅速地予以攻破，並追敵至櫟陽。這些功績，使樊噲的勳位升高，並獲得食邑於樊鄉的封賞。

漢王東攻彭城之役，樊噲在初期似未相從，他是留圍廢丘的，他圍攻廢丘年餘以後，始以水灌廢丘而破之；及廢丘既破，始以兵相從，攻項羽所部於煮棗，屠之；又破王武、程處於外黃，攻鄒、魯、瑕丘與薛。

由此，可知在這一役中，樊噲是以所部在項羽首都彭城的外圍作戰，由彭城的西方，轉向彭城的北方，未與漢王同在彭城；故彭城之敗，樊噲所部仍是相當的完整，成為漢王的基本武力，及漢王與項羽相持於榮陽、成皋之間，樊噲以所部與漢王相會，為漢王老幹部中始終與漢王共苦難的一位將軍。按當時漢王豐沛舉兵的得力老幹部，周勃被指派任鎮守嶢關之職，曹參被派隨韓信作戰，後來騎兵部隊成立，以灌嬰為統帥，灌嬰也被派隨韓信在齊地作戰，老幹部和他苦守於榮、成之間的，只有樊噲、夏侯嬰等數人，他們的患難相依，生死與共的關係，我們從這些事實中可以看得很清楚。樊噲率軍與漢王相會時，漢王感之，賜號將軍，食邑二千戶，為漢王守榮陽之外圍重地廣武者達一年之久。

垓下大會戰，漢王的直接部隊參戰的，似乎只有派在韓信帳下的灌嬰一軍，大會戰中的中心部隊只是韓信等幾支重要諸侯的所部。最得漢王信任的樊噲，也並沒有直接參戰，他是與項羽所部戰於陽夏，虜楚軍周將軍，虜其卒四千人；又圍項羽所部於陳，大破之；破胡陵，屠之。由此可知樊噲在這一戰役中所做的工作，是翦除項羽的羽翼，他並沒有直接參加垓下會戰。漢王這種部署，極可能是為了項羽敗亡以後，對各地擁有龐大武力的新封建諸侯，已有收拾他們的預定計畫，我們試看樊噲與周勃所部，都沒有直接參加這一場大會戰，便可明了他是在保留實力，以便日後的運

用。而樊噲的個性之暴躁，我們也已在他一屠煮棗，再屠胡陵，後來又殘東垣的許多事實中見之。項羽既平，漢王為帝，樊噲又增加了食邑八百戶。

五、快人快語，幾乎喪命

項羽既亡，漢帝還有許多的軍事行動，如擊滅燕王臧荼之役，偽遊雲夢，擒縛楚王韓信之役，歷次的進攻韓王信之役，剿辦陳豨之役等，樊噲是無役不從，而且建立軍功也不亞於絳侯周勃、潁陰侯灌嬰等。在擒縛楚王韓信之役後，漢帝大封功臣，樊噲被封為舞陽侯；在攻韓王信之役後，增賜食邑一千五百戶。漢帝對於樊噲仍是信任寵愛不衰的，而樊噲也是忠心耿耿，直言敢諫的。如黥布反時，漢帝患病，惡見臣屬，深臥禁中，群臣都不能進謁，絳、灌等雖欲覲見，而都不敢擅入。這樣一連過了十多天，火爆性子的樊噲再也忍耐不住了，乃由他為首，排闥直入，諸大臣跟著進去，則見漢帝一個人以一個宦者為枕，躺在床上。樊噲看到了這種情形，本著他心直口快的特性，痛哭流涕地向漢帝說：「始陛下與臣等起豐沛，定天下，何其壯也！今天下已定，又何憊也！且陛下病甚，大臣震恐，不見臣等計事，顧獨與一宦者絕（永訣的意思）乎？且陛下獨不見趙高之事乎？」漢帝最好強，不願意人家看到他疲憊或知道疲憊的，樊噲此言，對漢帝是一種刺激，所以大笑而起，做出若無其事的樣子來。因此，可知他們君臣之間相得之深了。

不過樊噲「顧獨與一宦者絕乎」的一句話，卻惹出了不少的麻煩，性命幾乎不保，還虧得陳平審時度勢，曲予周全，才得保全其生命。原來，這幾句話的原意，本來也並非惡意，不過是說你在病中，不肯與我們議事，如果就是這樣死了，那豈不糟糕？

一個快嘴的人，說話往往衝口而出，不留餘地的。但是這句話，如果細加推敲，那就有咒漢帝早死的意味。何況那個時候漢帝已經看出呂后專權跋扈的趨勢，樊噲又說出趙高之事，勾起了漢帝曾有變更太子的舊事，漢帝的心中已有不快之感。那些忠於漢室而又看不起樊噲黨於呂氏的人，他們偽造一些莫須有的話，乘樊噲在北征燕王盧綰的時候，向高祖進言，他們的話大體上分兩層：一層是說樊噲在背後希望漢帝早日謝世；另一層則謂一旦漢帝去世，樊噲就要率領部屬把戚夫人及其子趙王如意殺了，那趙王如意就是為漢帝所喜愛而欲立之以代孝惠帝者。這些話是有強有力的事實背景，所以漢帝一聽之下，勃然大怒，就立刻命令，以輕車載周勃往軍前，即斬樊噲，而以周勃代領其軍。樊噲生命，在漢帝這個命令之下，真是不絕如縷了。幸虧陳平是一個穩健分子，他知道呂后的權勢甚大，樊噲是她的妹夫，即使漢帝仍然健康地活下去，呂后有的是機會，在漢帝面前搬弄是非，以害陳平；何況漢帝如此的不健康，一旦去世以後，呂后以太后之尊，指揮孝惠帝，權勢更大，陳平的地位也就更危險了。所以他不即斬樊噲之首，改以囚車解赴長安，由漢帝自行發落。及樊噲抵長安，漢帝已死，呂太后立即釋放樊噲，並盡復其爵位。這場風波，總算至此告一段落。

樊噲在孝惠帝的時候，由於政出呂太后，所以樊噲更得寵信，他也很專權姿肆，漢高祖舊日的大臣都對他甚為畏懼。在這種場合，我們可以肯定樊噲畢竟是一個只顧眼前不懂大勢的淺見之人。以他和呂太后她們的關係，他是可以有資格諫勸呂太后走上正軌的。可是，他自己先用機會來作威作福，使人望而側目。當時，一個審食其，一個樊噲，便把宮中與府中之事，包攬無餘，左右丞相的職位，便有如虛設的一般。樊噲在這個時候，大有小人得志的氣派。另外還有一個歷史事實，足以證明樊噲是一個並無遠

見的人。原來，在白登之役以後，漢帝對匈奴的政策，改從婁敬的建議，採用和親的原則。匈奴冒頓單于知漢帝已經謝世，乃向呂太后求婚，他說：我的妻子已經死了，你的先生也死了，我們兩個人結成一對，不是很好嗎？呂太后接到匈奴單于這樣的無理要求，真是怒火萬丈，恨不得一刀殺死單于。樊噲一見這種情況，認為他的機會到了，他向呂太后建議，讓他帶領十萬大兵，與匈奴一戰，一定能夠打敗匈奴！呂太后看到妹夫有這樣的自信，也就無話可說。

　　但是樊噲的親信，卻向樊噲提出警告，問他說：你和高祖相較，你的用兵能力是不是比高祖要強？樊噲倒也有自知之明，乾脆答道「不如」；那位親信又問他：三十萬兵的力量大，還是十萬兵的力量大？這是一個顯然可見的問題，樊噲當然又答對了。於是這位親信便警告他：高皇帝以三十萬眾與匈奴戰，還不免於被圍；你的能力既不如高皇帝，部隊又遠較高皇帝所率領者為少，你怎樣可以戰勝匈奴呢？你如這樣做，那你就要禍事臨頭了。樊噲一想不錯，於是只好打退堂鼓，呂太后也只好忍氣吞聲的向匈奴單于婉謝，推說她年事已高，頭髮已脫了，牙齒也掉了，你看不中意的，還是另請高明吧！由這一則故事來看，更可知道樊噲是心直口快，要說什麼就說什麼，很少考慮利害關係的。呂太后下面的重要人物像這樣，呂太后如何能成什麼事呢！

　　樊噲是在孝惠帝六年死的，所以他還能善始善終，呂太后以武侯來作他的謚號，以臨光后作為他的妻子呂嬃的封號。後來在劉、呂奪權鬥爭中，呂嬃被笞而死，慘不可言，樊噲那個時候如果還在，他的結局一定也很慘，所以比較起來，他比他的妻子幸運多了。樊噲既死，他的爵位，由他的兒子伉繼承，伉就是在劉、呂奪權鬥爭中被殺的。舞陽侯之位，至此告終，及文帝立，念樊噲之功，立其庶子市人為侯，復其故邑，及死謚為荒侯。荒侯之

子佗廣繼。後來一直到平帝時，還有樊噲之裔為舞陽侯，不過食邑只有千戶了。

六、長於駕車的漢高祖舊友

夏侯嬰也是沛人，不僅是高祖微時的朋友，而且還為他打過官司，坐過牢，所以他是高祖微時的患難之交，一直到平定天下，都是如此。他也是平民知識分子，起初是沛廄的司馬，其職務就是替縣政府官員趕馬車，送客人。他每次為縣政府官員送客，必過泗上亭，與劉邦長談，他們兩個人談話投機，津津有味，常常談到太陽光線移動好幾尺，都沒有覺得，其情誼之深，由此可知。怎樣知道他是知識分子呢？因為他在做趕馬工作的不久以後，便已試補縣吏。他的升為官吏，自然是一件喜事，把一個泗上亭長的劉邦快樂到手舞足蹈的同他開起玩笑來，因而無意間使夏侯嬰受了傷。有人向司法官檢舉劉邦傷夏侯嬰，夏侯嬰為他作證，劉邦並沒有傷他。原來，劉邦已有傷人的前科，如果證實，那處罰就是很重的，所以夏侯嬰要為他脫罪。原檢舉人不服，移他處審理，證實劉邦是傷了夏侯嬰，夏侯嬰是做了偽證，於是夏侯嬰反受重罰，坐了一年多牢，被笞了數百板子，但他始終沒有作對劉邦不利的證辭。夏侯嬰之富有俠義之風的平民知識分子，也正是戰國時代的遺風。

劉邦與其屬百餘人逃亡在芒碭山澤間的時候，曾有攻沛的企圖。會蕭何、曹參等透過樊噲的關係，把劉邦招至沛縣，原任沛令忽然改變計畫，閉門不納。夏侯嬰其時為沛縣的令史，他盡量設法說服沛父老子弟不為縣令守城，劉邦因得順利的進入沛城，劉邦因以夏侯嬰為太僕，賜爵七大夫，他的地位是高於曹參等的一般將領的。胡陵之役，夏侯嬰拿出他駕車的看家本領，親自為

劉邦駕車，並與蕭何降泗水監平（人名），平並以胡陵降，於是夏侯嬰進爵為五大夫。此後，碭東之役，濟陽之役，戶牖之役，夏侯嬰都是跟著劉邦一齊作戰，由於驅車趕馬是他的特長，所以他指揮的是車兵；由於他非常的勇敢，所以他每戰，必「趣攻戰疾」，所向克捷；由於他所建軍功甚多，所以他進爵為執帛。在進攻章邯軍於東阿、濮陽的戰役中，夏侯嬰的車兵和「趣攻戰疾」的戰術，雖秦的正規軍也無法抵抗，嬰由此而進為執珪。進擊趙賁軍於開封和楊熊軍於曲遇等戰役，夏侯嬰又建了特殊的戰功，俘虜了敵人六十八人，降服了敵人八百五十人，並且還得了郡守署官印一箱。雒陽之役，夏侯嬰仍以車兵疾戰破敵，因而被任為滕令，秦時的縣令常被稱為公，這是夏侯嬰被稱為滕公的由來。南陽之役，藍田之役，夏侯嬰仍然常常為劉邦駕車，其出力而獲得劉邦的親信，由此可知。

　　劉邦至霸上後，賜號昭平，但是他的實職仍然是太僕。

　　劉邦受項羽之封，而南就漢王之位於漢中，夏侯嬰的官職沒有什麼變動。平劇「蕭何月下追韓信」，夏侯嬰以小丑的姿態，出主招賢館，以榜文招賢，韓信揭榜而見夏侯嬰，夏侯嬰與談而賢之，轉薦於丞相蕭何，那是根據小說家言。從夏侯嬰的戰功和義俠氣概來看，他應是一個偉大夫，而不是滑稽突梯的丑角，不過韓信是人才的最早發現，的確是夏侯嬰，但不是在招賢館而是在刑場，這個經過，作者已經在〈出奇制勝淮陰侯〉一文中說明過了。發現韓信之為不可多得的人才，轉薦於蕭何，終於獲得漢王的重用，為漢家奠定戰勝項羽的基礎，那也是一項重要的貢獻，也可以說夏侯嬰在漢中為漢家建了大功。

　　漢王還定三秦之役，夏侯嬰很少在疆場上出現，可能是由於他仍是為漢王駕車之故。不過，在漢王東征彭城之役，夏侯嬰不但從征，而且在敗亂中救了劉邦兒子和女兒，這段故事，大有三

國時趙雲長板坡救阿斗的意味。《漢書》〈夏侯嬰傳〉，有這樣的一段：

> 從擊項籍。至彭城，項羽大破漢軍。漢王不利，馳去。（夏侯嬰）見孝惠、魯元，載之。漢王急，馬罷（同疲），虜（指敵人）在後，常蹴兩兒棄之，嬰常收載行，面雍（同擁）樹馳。漢王怒，欲斬嬰者十餘，卒得脫，而致孝惠、魯元於豐。

這裡，是一幅活生生的拚命逃亡圖。漢王在前逃，項羽所部在後面追。漢王的馬又已疲乏了，漢王急得不得了，用腳把這兩個小孩蹴落車下，以便減輕馬的負擔而走得快些。夏侯嬰卻捨不得漢王僅有的兩個嫡妻所生的子女淪於敵手，因而使這兩個孩子立於夏侯嬰的兩側，使他們面對面的抱著夏侯嬰（面雍）好像抱著樹一樣，夏侯嬰乃得疾馳而兩兒得以不致墮於車下。可是劉邦還是一心要把這兩個孩子蹴下去，無法蹴下時，還用殺死夏侯嬰來威脅他，如是達十餘次之多。夏侯嬰是料定劉邦不會殺他的，因為如果殺了他，急亂奔逃中那裡去找這樣技術高超而又忠心耿耿的駕駛人？這一段故事，足以表示夏侯嬰對劉邦是如何的忠實！而劉邦在這樣急難時，不顧他子女的生命，我們也不能把他算作忍心或自私，因為沒有劉邦，那這兩個孩子又有什麼大作用呢？所以劉邦此舉，我們可以看作一個政治人物的急智。夏侯嬰把劉邦父子載出脫險以後，劉邦仍以為功，賜食邑於沂陽。

我們從夏侯嬰的一生事功來看，他雖然在高祖出征時無役不從，但是他沒有彪炳的戰功，有如絳侯周勃、平陽侯曹參、潁陰侯灌嬰等那樣，而他的功績，決不在以上這些將領之下，至少在漢王看來是如此，因為他掌管漢王的御車，和漢王安危的關係最

為密切。所以在項羽既平之後的大封功臣中，他食邑增加，擒縛楚王韓信後，他即封為汝陰侯，剖符為信，世世勿絕。平城之役，漢王被匈奴冒頓單于的強勁騎兵所圍，內外隔絕，七日不得相通，用陳平奇計得脫，我們已在〈陰謀家陳平〉一文中說明過了。匈奴單于網開一面，漢兵分列兩旁為人牆，皆持兵引弓外向，以衛漢帝，漢帝在這樣的環境中，真有些沉不住氣了，他要夏侯嬰馳馬而出，夏侯嬰卻是悠閒地慢慢地走過這一段人牆，及出圍，始馳車而歸。他這種臨危不亂，從容不迫的氣度，不是有深厚的知識和修養的基礎，是不容易辦到的。所以漢帝在還京以後，增加他的食邑一千戶於細陽。平定黥布之後，確定他的食邑總數為六千九百戶，完全在汝陰。但是他仍在京中服務，他在政府中正式的官職，依然是太僕，終高祖之世，都是如此。

七、太僕的終身職務

　　孝惠帝繼位，夏侯嬰仍然是太僕之職，繼事惠帝。夏侯嬰對孝惠帝兄妹有過救命之恩，所以呂太后與孝惠帝對他都特別尊重，賜他一所在北闕的官邸，富麗堂皇，居於首位，所謂「北第第一」便是。闕是天子的宮闕，北闕是皇宮北面的達官顯要的住宅區，張衡的〈西京賦〉，有「北闕甲第，當道直啟」之句，這裡的「第一」二字，有雙重意義：一個是上面所說的富麗堂皇冠於這一住宅區；另一個是與天子宮闕，距離最近，夏侯嬰這所住宅，兼有這兩種意義，此在惠帝所說「近我，以尊異之」的一句話中，可以體會得到的。惠帝既卒，夏侯嬰仍以太僕事呂太后。呂太后卒，文帝立，他的官職仍然是太僕。夏侯嬰在漢家一生的服官，與太僕結不解之緣，也就是說他最初在沛為「廄司馬」，驅車趕馬是他的看家本領，也是他後日富貴的基礎。

　　在劉、呂的奪權鬥爭和迎立文帝的過程中，夏侯嬰又以驅馬趕車的本領，做了兩件漂亮的事情。在奪權鬥爭中，呂氏既敗，餘下來一個棘手的問題，便是如何廢去這深居宮中的少帝？在呂太后稱旨的八個年頭，少帝是一個空名義，他也無從管事；但是呂太后死了，諸呂也都被殺了，那少帝不管怎樣，是一個現成的皇帝啊！關於這個問題，絳侯周勃等，是不願意少帝繼續在位的。因為少帝那個時候的年紀已經不小了，一旦他當權行政，追究起奪權鬥爭的責任來，對於這批安劉的功臣，至為不利；因為這位少帝雖然不是孝惠帝的骨肉，但為呂太后及諸呂所立，而與高祖諸勳臣並沒有什麼淵源；雖然少帝在位，呂太后與諸呂並沒有當他一回事；可是飲水思源，少帝總是與太后諸呂關係比較深，人心難測，諸大臣「吾屬無類矣」的顧慮，是不無道理的。可是廢去少帝的原則，既經決定，由誰去執行呢？這裡又用得著為孝惠帝與呂太后所尊親的這位太僕夏侯嬰了。夏侯嬰與東牟侯劉興居乃在文帝迎立之前先行清宮，即除去文帝即位的障礙，也就是廢去少帝。夏侯嬰是把乘輿車（皇帝的座車）載少帝出宮，少帝問夏侯嬰：你們要把吾載到什麼地方？夏侯嬰告訴他：出就舍，舍少府。就在那一夜，這位白日做夢似的少帝，就被人殺害了。

　　少帝既被清除出宮，夏侯嬰即以法駕迎代王恆於代邸。原來代王恆之入京是非常謹慎的。絳侯等迎立他的使者到代以後，他先是不接受，嗣受宋昌之諫，派他的舅舅薄昭先至長安，觀看動靜。迨薄昭以暗號表示可以入京，他才帶了宋昌、張武等向長安進發，但至渭橋而止，不再前進，而令宋昌先進城。宋昌看到了丞相以下都在迎接代王，其意甚誠，宋昌還報，代王乃入京，仍固辭就皇帝位，不肯入宮，而住於代邸。經丞相陳平等以宗廟社稷與萬民意向為理由的敦勸，始允就位，但仍居代邸，不即入宮。迨東牟侯劉興居與夏侯嬰把少帝請出宮去，夏侯嬰以太僕身分具

法駕往迎的時候，代王始乘輦入宮就職。夏侯嬰這個忠於漢室的高祖老臣，做了三代的太僕，至此，仍以太僕完成了安劉的任務，而擔任第四任的漢家天子的太僕。

漢文帝八年，這位四代老太僕夏侯嬰逝世了。文帝給他的諡法叫做文侯，葬於嬰（亦作飲）馬橋南。他的出葬，有一段神話性的故事，見於《三輔故事》與《博物志》。所謂三輔是指京兆（即近世的首都特區）與左馮翊、右扶風。《三輔故事》一書所傳夏侯嬰出葬的故事引自《博物志》，而為唐司馬貞的《史記索隱》所引，這才流傳下來，故事是這樣的：滕文公墓在飲馬橋東大道旁。《博物志》曰：「公卿送嬰葬，至東都門外，馬不行，踏地悲鳴，得石槨，有銘曰：『佳城鬱鬱，三千年見白日，吁嗟滕公居此室。』乃葬之。」這則故事，頗具神話性，卻與我國現仍流傳之風水說相合。

夏侯嬰被封的汝陰侯，傳至他的曾孫名字叫做「頗」的，做了皇家駙馬爺，但是他不正經，和公主的女婢相姦，罪發自殺，封國被除。夏侯嬰的子孫，在夏侯頗以後，分為兩支，一支仍姓夏侯氏，三國時代魏將夏侯惇其後也；一支由於夏侯頗所尚的公主，其外家姓孫，因稱孫公主，夏侯頗之裔孫，遂有改姓為孫的。

總之樊噲與夏侯嬰都是高祖舊友，一個是襟兄弟，一個是微時的患難老友，關係都至為深切。然樊噲由於他的妻子的關係，黨於呂后，到了高祖臨死前的不久，他們兩人鬧翻了。觀於樊噲在呂太后時代的恃寵專權、威福自姿，他實不是一個有修養的人，其幸免於被戮，而其子孫仍得襲舞陽侯爵位者，乃漢家待其勳臣之忠厚處。夏侯嬰則以長於駕車之故，無赫赫的戰功，但是他對漢家政權的貢獻，卻是非常的大，其以太僕始，以太僕終，功高而不震主，爵尊而位不高，但忠心耿耿，始終如一，實在是難得的。

玖 高陽酈生

一、飽讀詩書的監門小吏

漢高祖以泗上亭長而起兵，竟能覆滅秦政權，蕩平楚項羽，其得力的人物，如張良、蕭何、韓信、陳平、曹參、周勃、王陵、夏侯嬰、灌嬰、樊噲等，我們都已一一介紹。其中張良和陳平，是漢高幕中第一流的智囊人物，其貢獻之大，當時沒有人可以比擬的。但是除張良和陳平之外，還有幾個第二流的知識分子，其貢獻亦復不小。其中比較突出的，如酈食其、陸賈與隨何等，都是胸懷韜略、口舌辯給的能人，在高祖幕中，出了不少的力，成了很大的功；其他如叔孫通、婁敬等，他們都是當代著名的儒家，對漢帝政權的安定，也有莫大的貢獻。張良、陳平、酈生、陸賈，可以說是漢高祖幕中的智囊人物，無疑的張良是這個智囊團的中心，酈生、陸賈是這個智囊團中的羽翼。讓我們先了解酈生的智能及其貢獻。

酈食其的食其二字，是破音字，應該讀作異基，讀者對此讀法，應該注意，如果照字讀音，那要鬧出笑話了。作者曾在收音機中聽講歷史故事，這位主講的先生，把曹參的「參」字讀作人「參」的「參」字音，在電視中我也聽到過馬謖讀成馬稷，一齣戲讀成一句戲的。當時使我大吃一驚。這種字的讀法，忙中之差，雖然難免，但是如果不差，那不是更好嗎？

這位有酈生之稱的智囊人物，是陳留高陽人，其今日的地望是在河南省開封附近的杞縣的南方，開封在戰國已經是一個很有名的都市，魏國的首都自魏惠王時東遷大梁，那就是今日的開封。一個封建諸侯的首善之邑的附近，往往是人才薈萃的地方，大梁是戰國時人才集中地區，其流風遺韻，在秦漢之際，還是存留著一部分。酈生便是這種流風的延長。從酈生這一個「生」字上看，好像他出世做事時是年歲很輕的瀟灑人物。他瀟灑不瀟灑？史無明文，不便臆測；可是當他成為一個人物而被人看重時，他已經是六十多歲的糟老頭了，所以這個「生」字應作先生講，不是作學齡剛過的年輕書生講。這位先生，也是一個平民知識分子，家無恆產，生活異常困難，但是他好學不倦，讀書頗富心得。這正是戰國至秦漢之間一般平民知識分子的生活方面的特點。他既然家境如此困頓，那他的生活問題怎樣解決的呢？他曾做過里中的監門小吏，當然是生活擔子的壓迫使然，所謂士不為貧而有時為貧，這正是那個時代的知識分子的苦楚，我們已有多次的說明。可是酈食其這個人人可使的小吏，卻有一項特點，那就是縣中的賢豪都不敢勞動他當差，都稱他為「狂生」。這裡，我們應該加以研究。縣中的賢人，看到了酈生那種飽讀詩書，胸懷大志的人，器重他，不忍心要他做猥賤瑣屑的事，而豪家則雖然要差遣他做些不相干的事，但卻怕他能言善辯的口才，怕被他引經據典的挖苦一陣，所以以狂生目之。由此，可知酈食其雖然只是里中的監門小吏，卻也是一個縣中賢豪所不敢頤指氣使的名人了。

二、初見劉邦獻計攻陳

當酈生在其故鄉窮愁潦倒無以為生的時候，陳勝、吳廣舉兵反秦了，各地惶惶的人心，乘機而起，地方秩序大亂；而各地的

野心分子，或響應勝、廣，或藉勝、廣之名略地攻城。陳留是一個交通要道，當然常常有這批「使者」之類的人來往。酈食其是讀書有識的人，對於這一批一批的招搖撞騙，粗獷無禮，或苛求無饜的人，都十分的鄙視，只好藏匿起來，以免吃他們的眼前虧。後來劉邦也略地至陳留郊外，其麾下有一個騎士，恰巧是酈食其的同鄉。酈食其就向這位同鄉打聽劉邦的作風。這位騎士告訴他說，他常常聽到劉邦對人很輕慢，不講究禮貌，但卻平易近人，尤有雄才大略。酈食其聽了他這一番話，便告訴他的同鄉騎士：這樣的人，正是他所希望投靠他、替他工作的人；希望這位騎士有機會時為他引薦。而且還教了他一番說詞：「臣里中有酈生，年六十餘，長八尺，人皆謂之狂生，自謂我非狂。」騎士婉言拒之，謂：「沛公不好儒，諸客冠儒冠來者，沛公輒解其冠，溺其中，與人言，常大罵，未可以儒生說也。」這裡，我們常常說過的漢高祖慢而侮人，得到了一個註解。客人去訪問他，他常常把人家大罵一頓，已經是太不禮貌了；而戴著儒家的帽子去見他的，他常常把儒者的帽子摘下來，拿它作盛小便（溺）的工具，那豈不是侮辱人到惡作劇的程度，真正豈有此理！可是他待人很平易，使一般人容易接近他；而且他懷有出人意料的理想與抱負，故野心家常常樂於和他接近。酈生雖然窮得連飯都吃不上嘴，但他有知識，有企圖，所以對「有大略」的劉邦，不怕他侮慢，還是想要見他。他要求他的同鄉有機會時說說看，作為他初步進身之階的試探。這裡，我們還要說明一點，就是酈生身長八尺，這個尺不是現在的尺，如果是現在的尺，那兩公尺又七、八的高，比巨人張英武還要高出甚多，那豈不成了怪物。古代的尺，比現在的營造尺還要小，不過他身高八尺，也可以算是長身玉立的一表人材了。

　　酈食其的騎士同鄉，果然照他的要求，在某一個機會中，向沛公劉邦把酈生的形相，描述一遍，劉邦對這樣一個人，似乎也

感到興趣，所以當他到了高陽，止於傳舍（官道的歇宿站）的時候，就派人召酈食其而見之，當酈生到達傳舍的時候，劉邦正踞坐在床上，令兩個侍女替他洗腳，對酈食其並不予以接待。酈食其見沛公如此倨傲，也長揖不拜，而且帶著激將的語氣責問他說：「足下欲助秦攻諸侯乎？欲率諸侯攻秦乎？」劉邦對於酈生這兩個問題，認為他不是明知故問，便是缺乏常識，似乎生了很大的氣，同平常一樣的態度來罵他：「豎儒！夫天下同苦秦久矣，故諸侯相率而攻秦，何謂助秦？」沛公這一生氣，正好中了酈生的計，所以他便立即向沛公遊說：「必欲聚徒合義兵誅無道秦，不宜踞見長者。」劉邦這個時候似乎還是一個青年人，所以酈生以老賣老的自稱長者，責備他既有澄清天下的大志，豈可這樣沒有禮貌的接見有知識、有辦法的長者！

　　劉邦這個人，就是不喜卑躬屈節求差求職的投機分子，而是歡喜有能力而無求於他的人，所以他聽了酈生的話以後，立刻改變態度，停止洗腳，撩起衣服，下得床來，延請酈食其上坐，向他抱歉，待以上賓之禮，並且向他請教。酈食其因而為劉邦講述戰國時合縱連橫的故事，沛公聽得很有趣，而且非常高興，因而請酈食其吃了一頓飯。兩個人談得很投機，沛公問他：在現在的情形下，他應該怎樣辦？酈食其坦白地分析劉邦的處境和應該走的途徑。他說：

> 足下起瓦合之卒，收散亂之兵，不滿萬人，欲以徑入彊秦，此所謂探虎口者也。夫陳留，天下之衝，四通五達之郊也，今其城中又多積粟，臣知其令。今請使，令下（投降之意）足下，即不聽，足下舉兵攻之，臣為內應。

　　酈食其認為沛公的部隊，像湊合起來的瓦片一樣，如果向西

進兵，深入秦的本土而與秦軍作戰，決無倖勝之理。所以他建議攻陳留，他的理由有二：其一，這是四通八達之地，如得陳留，則天下蠭起反秦的消息，很迅速的傳開來，所有反秦的志士，都將迅速的見諸於行動，反秦的聲勢，必然大增；其二，陳留儲糧豐富，開倉發糧，既可以足軍食，又可以吸引百姓，壯大部隊。他的辦法，是由他遊說陳留令投降，如不能下，則由劉邦發兵進攻，由酈食其在內響應，陳留必可在內外夾攻中占領之。劉邦聽了酈食其的意見，非常贊同；於是就派酈食其進陳留，劉邦也帶領部隊，跟在酈食其的後面。固然把陳留攻下，曹參、周勃、灌嬰、酈商等都出了很大的力，但論功行賞，酈食其是主謀之人，所以沛公特別封他為廣野君，以酬其功。這是酈食其初見沛公的第一功。酈商就是酈食其的兄弟，在沛公部隊由魯蘇皖豫的交錯地帶轉向西方進兵至陳留時，已集有四千多人，酈食其所謂在陳留城作內應，他的力量，可能就是指酈商的部隊。酈商的四千多人，歸屬於沛公，也是出於酈食其的舉薦，陳留既下，沛公兵益向西進，進攻長社、轘轅、緱氏與雒陽，並南攻宛葉。酈商都是以部隊從沛公戰鬥。酈商也是一能征慣戰、而且很勇敢的指揮官，攻長社時奮勇率先登城，因得受封為信成君，在下宛葉之前，已經攻占了十七座縣城。他的功勳，和沛公的豐沛老幹部相較，並無遜色。酈食其在這一段期間，是充當沛公的特別代表，往來於各地諸侯之間，向他們遊說，以宣揚沛公的仁義作風，為沛公厚植關係，以增強其力量，他是盡了他的能力替沛公工作的。

漢王三年，與項羽相持於滎陽、成皋之間，項羽軍勢甚盛，漢兵不能相抗，原來臣屬於漢王的諸侯，復多叛去，如魏王豹便是一個顯著的例。酈食其在魏豹叛漢之後，曾經向魏豹遊說，勸其仍歸漢王，而魏豹不從，漢王因令韓信將兵擊之，虜魏豹，定魏地，復下趙燕，為漢王建立一支在北方的大軍。對此後楚漢相

爭的影響甚大，所以酈生說魏豹不降，對漢王來說，是福是禍，難下定論。

三、奪敖倉與廣建諸侯的獻計

　　漢王與項羽作戰於滎陽、成皋間約兩年多，真正是一場艱苦卓絕的戰鬥，漢王常深溝高壘，採取完全的守勢，期望各地諸侯擾亂項羽的後路，減輕項羽的攻勢，其間也收到若干效果，如齊境的叛楚和彭越在梁地的攻楚，便是幾個例子，無奈他們的力量不大，項羽分兵攻擊他們以後，還師攻漢，其勢仍盛。其間，酈生曾兩次為漢王設計，一為北奪敖倉，一為立六國之後，以便廣建諸侯，弱項羽之勢。原來，漢王在三、四年間堅守滎陽，被楚軍所包圍，補給困難，軍勢不振，滎陽一度被楚軍所占，因欲捐成皋以東之地，與楚連和。酈食其對於這一措施，認為不妥。他分析當時的形勢，認為據滎陽，下敖倉，是一著最重要的棋子。他說：

> 臣聞之，知天之天者，王事可成；不知天之天者，王事不可成。王者以民為天，而民以食為天。夫敖倉，天下轉輸久矣，臣聞其下乃有臧（同藏）粟甚多。楚人拔滎陽，不堅守敖倉，乃引而東，令適卒分守成皋，此乃天所以資漢。方今楚易取而漢反卻，自奪便，臣竊以為過矣。且兩雄不俱立，楚漢久相持不決，百姓騷動，海內搖蕩，農夫釋耒，紅（同工）女下機，天下之心未有所定也。願足下急復進兵，收取滎陽，據敖倉之粟，塞成皋之險，杜太行之道，距飛狐之口，守白馬之津，以示諸侯形制之勢，則天下知所歸矣。

酈食其這一番話，要漢王反攻滎陽，北據敖倉，得積粟以裕軍需民食，天下事還大有可為。何況敖倉一得，還可以鞏固成皋的外圍，杜絕太行的通道，扼守白馬坡的要津，還有許多進攻退守的效果！這一番話，使敗亡喪膽中的漢王，頓時茅塞大開，雄心復振。原來，漢王在逃出滎陽的重圍時，是緊急萬狀的。當時，漢軍糧食已盡，無法再在滎陽拒守，只好設法脫逃出去。他逃出重圍的方法，是在夜間，以兩千多個女子，也披上兵甲，出東門而逃，楚兵四面圍攻之。正在戰亂之間，漢王的部將紀信，裝扮成漢王的模樣，也跟著衝出東門。楚兵見漢王出城，乃山呼萬歲而驟攻之，虜至城東而觀之，知中漢王之詐計，漢王乃得乘機率數十騎出遁。這次的危機，較之睢水之敗為尤甚，因為睢水之敗，有驟起的大風沙為漢王掩護，項羽的部隊也被大風沙所衝散，一時不能成軍，故漢王得安然脫險；這次的出遁，則漢軍飢餓難戰，楚軍軍容仍整；不過楚軍卻以為漢王已經被俘，不復注意其真假，為大錯誤耳。由此，可知紀信這位以生命解除漢王危機的忠臣，真是奇男子、大丈夫。平劇有「焚紀信」一齣，是以紀信被俘以後項羽處置他的故事做背景。必然的，以項羽那樣暴躁的性格，他既被紀信所紿，又走脫他的最主要的敵人，這種既羞且恨的心情，我們可以想像得到的；因而他以極殘酷的手段處分紀信，也可以想像得到的。「焚紀信」的故事編造與戲劇編造，是基於此種史事而來。

項羽究竟如何處置紀信，史家未有記載；但其結局之慘，可無疑義。也就是由於這一點忠和慘，紀信後來被尊為神，據說寧波府城隍神就是紀信。歿而祭於社，是我們民間紀念忠臣烈士和有功於國家社會的先烈先賢，本是極普通的事。紀信之被尊為神，有其必然性，但何以為寧波的城隍神，那就一時無法考查了。

劉邦遁出滎陽，如此的狼狽，也可以說嚇破了膽，而且還受

到很重的箭傷，所以他一時氣餒，願割成皋以東之地與項羽連和；但是當他聽了酈食其一番天下形勢的分析之後，他的雄心又陡然的旺起來了。於是，他乘項羽有事於東方的機會，便立即反攻滎陽，並北奪敖倉，築甬道以為糧食補給的交通線，因而漢的軍勢，稍稍振作。及其北奪韓信、張耳之軍，則又軍聲大振了。讀者諸君，根據上述的歷史事實，你們一定很奇怪，項羽與劉邦既然要相互角逐，以爭天下的霸權，何以連敖倉那樣重要地方的形勢都不知道？劉邦也一定要在酈食其說明以後，才恍然大悟！這一點，用不著奇怪，因為這種兵要地理的知識，是一種學問，是要從書本裡面得來的；而劉邦是一個沒有讀什麼書的人，項羽也不過是一個學書學劍都沒有什麼成功的大力士，劉邦對這些知識，有人說明了，他還懂得；而項羽竟連懂得都發生問題，劉、項之間的成與敗，這是一個重要關鍵吧！張良所說的「天授」、「非人力」，殆即指此。所以酈食其在漢王如此狼狽的敗退之際，給他這個積極性的建議，其貢獻之大，可以說是無法估計的。我們試把酈生這一建議與攻開封的建議，作一比較，雖然都是極有關係，但攻敖倉的建議，遠比攻開封為重要了。

　　在楚漢相持於滎陽、成皋之間苦戰，酈食其又為漢王獻一個餿計畫，那就是他要漢王立六國之後，以孤項羽之勢。在酈食其的想像中，在項羽的勢力範圍內，把六國的後人，恢復他們的封地封號，那無異在項家的封地中製造了許多反項集團，項氏封地中必然要發生大混亂，項羽不能不分兵對付他們，漢軍所受的壓力，必然因此而大為減輕，對戰局大有裨益；何況這些諸侯，本來已是一介平民，無足輕重，由於漢王的封賞，他們才得復為諸侯，他們必然對漢王衷心感激，為漢王效死。他的想法，未嘗不言之成理，所以漢王在聽了酈食其的一番陳說以後，立即予以贊成，並且把各地諸侯的印信都鑄好了，只待派人送去。殊不知酈

生此說，固然可以削弱項羽的力量，但同時也削弱了漢王的力量，可能漢王所受的影響，將較項羽為大。幸而印信尚未頒發，張良正好從外面回來，他知道了這樣一件事情，竭力反對，舉出八大理由，予以痛駁。張良說：

「昔者湯伐桀而封其後於杞者，度能制桀之死命也。今陛下能制項籍之死命乎？」曰：「未能也。」「其不可一也。武王伐紂封其後於宋者，度能得紂之頭也。今陛下能得項籍之頭乎？」曰：「未能也。」「其不可二也。武王入殷，表商容之閭，釋箕子之拘，封比干之墓。今陛下能封聖人之墓，表賢者之閭，式智者之門乎？」曰：「未能也。」「其不可三也。發鉅橋之粟，散鹿臺之錢，以賜貧窮。今陛下能散府庫以賜貧窮乎？」曰：「未能也。」「其不可四矣。殷事已畢，偃革為軒，倒置干戈，覆以虎皮，以示天下不復用兵。今陛下能偃武行文，不復用兵乎？」曰：「未能也。」「其不可五矣。休馬華山之陽，示以無所為。今陛下能休馬無所用乎？」曰：「未能也。」「其不可六矣。放牛桃林之陰，以示不復輸積。今陛下能放牛不復輸積乎？」曰：「未能也。」「其不可七矣。且天下游士離其親戚，棄墳墓，去故舊，從陛下游者，徒欲日夜望咫尺之地，今復立六國，立韓、魏、燕、趙、齊、楚之後，天下游士各歸事其主，從其親戚，反（同返）其故舊墳墓，陛下與誰取天下乎？其不可八矣。且夫楚唯無彊，六國立者復橈而從之，陛下焉得而臣之？誠用客之謀，陛下事去矣。」

酈食其的建議，在一般看來，似乎也對漢王很有利，但在張良看來，完全相反。張良認為分封諸侯給六國之後，不切實際，

因為六國之後在那時候已經沒有力量，也不會有多少號召作用；如果要講私利的話，他是忠於他的祖國韓國的，封六國之後，韓國也有一分，但是張良完全把這一點私利置之度外；他就歷史上正式的封建之施行與作用來研究，是在天下大定以後，安置功臣宗族與舊政權的遺族，是安定局勢的主要途徑；戰亂之際，宜以封有功和有能力之人，來獎勵他們出力建功，如果封六國之後，則在漢王那裡的六國舊人，很可能各為其主而離開漢王，連漢王自己也要同受孤立的。漢王自己雖然胸無點墨，但他卻有選擇方案的能力。他聽了張良的說明之後，覺得酈食其的建議，不但無益，而且有害，所以立時臉色大變，他正在吃飯的時候，連飯都不吃了，厲聲斥酈食其說：「豎儒！幾敗而（同爾）公事」，於是即令銷毀印信，原議廢。我們試一比較，酈食其與張良同樣是知識分子，同樣是劉邦的智囊人物，但是見解的高低，利害的分辨，自有天壤之別。酈食其之勸立六國之後，僅可與范增勸項梁立楚懷王孫心一較短長，同樣是不高明的主意。

四、下齊之計與慘遭烹死

在楚漢相拒於滎陽、成皋之間，酈食其還有一個建議，倒是頗具戰略意義和政治作用的，那就是他主張與齊境的反楚勢力相連結，他還自告奮勇，願意去遊說田氏諸侯。他為什麼主張漢王應與山東諸田相結合呢？他說：

> 方今燕、趙已定（時韓信、張耳已破趙，韓信並已迫燕歸降），唯齊未下。今田廣據千里之齊，田間將二十萬之眾軍於歷城，諸田宗彊，負海阻河濟，南近楚，人多變詐，足下雖遣數十萬師，未可以歲月破也。臣請得奉明詔說齊王，

使為漢而稱東藩。

酈食其所以要主張聯齊，第一是為齊南近楚，齊人素反楚，聯齊可以側擊楚之後路，減輕正面漢軍的壓力；第二，齊軍強大，將來平定，也是一件麻煩的事，所以與齊連和，對破楚以後的統一局面，大有裨益。酈食其這個說法，在被困於滎成時期的漢王聽來，第一個理由，是最聽得進的；事實上齊境諸田，一直在反楚，不過彼此之間的軍事行動，雖能呼應，但卻未吻合無間，這是通信聯絡的問題，酈生代表漢王去遊說，可以增強彼此的聯繫和合作，使雙方的軍事行動，更能配合無間，是有作用的；如果說諸田統二十萬眾，於合力破楚之後，便可不經戰爭而完全接受漢王的命令，那未免過於樂觀了。試觀項羽既滅，田橫以五百餘眾，遁於孤島，仍拒不受命，寧可全體自殺，以示誓不臣漢，這就是酈生第二理由的是否有效之具體答覆。

漢王對於酈食其的建議，既然發生興趣，則酈生山左之行，自然就成為事實了。酈生銜命至齊，至歷下，說田廣與漢連和，他的說詞，實在饒有戰國策士之風，是酈食其畢生最精彩的說詞，其效果也非常之大，但卻召來了殺身之禍。我們先來看一看酈食其向齊王的遊說之詞：

「王知天下之所歸乎？」王曰：「不知也。」曰：「王知天下之所歸，則齊國可得而有也；若不知天下之所歸，即齊國未可得保也！」

齊王對酈食其這個沒頭沒腦而又對他有切身的利害關係的問題，不能不予以注意，因而問他：「天下何所歸？」酈食其乾脆回答他：「歸漢！」齊王很奇怪的問他：「先生何以言之？」於是酈食

其申說他的理由：

> 漢王與項王戮力西面擊秦，約先入咸陽者王之。漢王先入
> 咸陽，項王負約不與而王之漢中。項王遷殺義帝，漢王聞
> 之，起蜀漢之兵擊三秦，出關而責義帝之處，收天下之兵，
> 立諸侯之後，降城即以侯其將，得賂（戰利品）即以分其
> 士，與天下同其利，豪英賢才皆樂為之用。諸侯之兵四面
> 而至，蜀漢之粟方船而下。項羽有倍（同背）約之名，殺
> 義帝之負；於人之功無所記，於人之罪無所忘；戰勝而不
> 得其賞，拔城而不得其封；非項氏莫得用事，為人刻印，
> 刓（同玩）而不能授；攻城得賂，積而不能賞；天下畔之，
> 賢才怨之，而莫為之用。故天下之士歸於漢王，可坐而策
> 也。夫漢王發蜀漢，定三秦；涉西河之外，授上黨之兵；
> 下井陘，誅成安君；破北魏，舉三十二城，此蚩尤之兵也，
> 非人之力也，天之福也。今已據敖倉之粟，塞成皋之險，
> 守白馬之津，杜太行之阪，距蜚狐之口，天下後服者先亡
> 矣。王疾先下漢王（向漢王投降），齊國社稷可得而保也。
> 不下漢王，危亡可立而待也。

　　酈食其這一套說詞，置諸《戰國策》中，與第一流遊說之士
的辯才相較，毫無遜色。他是用驚奇的問題，提起對方的注意，
再用對比的方法，盛誇漢王的才德威武浩大聲勢與光明正大的態
度和不私財物與地盤的公正、慷慨之心，這中間當然不免有誇大
之詞；而對項王的種種短處，更是儘量的予以渲染，這中間當然
也不免有誇大之詞。好的予以誇大，壞的也予以誇大，這正是戰
國策士的風氣。但是在說詞之間，對漢王的捧場，並不過火；對
項王的貶損，也並不過火；而且對項羽也屢稱項王而不直呼其名，

使聽者得到這些說法是極其客觀而不參以主觀成分似的，不由得不予以相信了。齊王田廣對當時楚漢相爭的形勢，似乎了解不多；當時齊境與漢王的統治區，中間還隔著廣大的項羽統治區，齊王如果不先臣事漢王，「危亡可立而待」，那簡直是危言聳聽，如果稍明大勢的人，就不會相信酈食其的話了。所以當時酈食其的說詞，如果改用齊王與漢王聯合起來，兩面夾攻項羽，使此暴君迅速滅亡，理由比較站得住，其結果當可比較的圓滿。幸而田廣不明大勢，被酈食其的巧言和舌辯所恫嚇，竟而予以聽信，把歷下的兵備戰守，都不再戒備，日與酈生縱酒為樂。由此，可知田廣這個人也是一個並無深謀遠慮的人。

酈生遊說田廣的成功，不是得到田廣的信任與合作，而是使韓信之兵，能夠乘田廣歷下軍的不備，予以閃電式的猛攻，迅速地解決了這支屢為項羽後方威脅的歷下軍，而轉變為漢軍。

韓信怎樣會決心要攻齊王田廣呢？這個問題的處理經過，在〈出奇制勝淮陰侯〉的拙文中已予說明，這裡不再重複。但是我們得研究一下田廣投降的接受和韓信攻齊的成功，對當時的局勢，究竟那一種有利？我們很客觀的說，田廣之攻略項羽的後路，是為了生存，並不是為了幫助漢王；即使經酈食其的遊說，肯下漢王，其可靠性如何？是不是聽受漢王的命令，肯與漢王會攻彭城？會師垓下？恐怕都有問題；至於項羽平定以後，田廣是不是忠誠效命於漢，不會反側？恐怕問題更大。換言之，齊境的兵力，如果不直接受漢將指揮，彭城之戰與垓下之圍，決不能順利完成；項羽的生存時間和老百姓受兵災之苦的時間，恐怕還要拖得更長；從國防形勢看，國內戰爭拖得愈久，對匈奴的南下愈為有利，北方的收拾，將來愈為困難。所以史家或以襲擊已降為韓信進攻歷下軍為不當，是從道義與信用的觀點立說的，不是以軍事觀點來衡量的。由此，酈生之說田廣的功績，不是在得到田廣不穩定的

合作，而是在使歷下軍全無軍事戒備的情況下，使韓信的襲擊，迅速而輕易的獲得成功。可是，酈生的生命，就在這種情況下完結了。

原來，當田廣與酈生縱酒為樂時，韓信軍驟攻歷下軍而破之，圍歷下城，田廣至此，頗疑酈食其是在愚弄他、出賣他，於是責成酈生要把韓信軍退走，否則就要烹他。

其實，韓信軍來自趙境，根本不知道漢王派酈生說齊的事。他是兵臨齊境，始知酈食其已憑三寸不爛之舌，說服田廣，舉齊境七十多城下漢王。韓信之驟攻歷下軍，半是妒酈生之功，半是為漢徹底的解決齊的問題，二人之間並沒有裡應外合的計畫。但是酈食其這號人物，有其可敬之處，在這個性命決於俄頃之間，他很理智的認為韓信用兵力來取齊，比他用口舌來下齊，要靠得住多，所以他寧願犧牲生命，不願為齊王說退漢軍。他說：「舉大事不細謹，盛德不辭讓，而（同爾）公不為若（你的意思）更言！」他很清楚的，即使他向韓信說了，韓信之兵亦決不退，徒然給齊兵以準備迎敵的時機，而他自己的生命仍然保不住，不如不說更好些。他這種為漢王的利益而遠至齊地，為漢王的利益而慷慨犧牲的精神，是值得我們佩服的。

酈生以六十多歲的年紀，憑藉他讀書心得，以求效於當世，為漢王畫策，亦時有獨到之處，下齊之後，他協助韓信成此大功，功不屬酈生，所以酈生的生命犧牲，在當時並沒有什麼報酬。及黥布叛漢，漢王親征，他的兄弟酈商從征有功，漢帝因酈商而念食其，時值大封功臣之際，乃封其子酈疥為高梁侯。這位高梁侯，不再從事於父業，而是作了一個帶兵的軍官，可是他打仗不行，無封侯的可能，其所以被封為高梁侯，完全是漢帝酬庸其父親的貢獻和死難的慘烈而然。如果我們說漢高帝是只會殺功臣而沒有懷念功臣的殘忍之君，從酈疥封侯一事來看，那也不完全是事實。

由此，可知高祖所殺的功臣，只是那些較晚來歸而認為有不臣企圖的功臣了。

五、酈商的戰功和安劉之功

酈食其弟酈商，倒是一個相當能幹的軍事指揮官，而且對漢帝非常忠心的。酈商在沛公巡地高陽，由其兄食其的舉薦而投在沛公帳下，與沛公一路而西、而南、而折向武關，逾秦嶺而出藍田關，下咸陽，攻旬（同洵）關，所至有功。還定三秦之役，他擔任的是底定隴西，他首定北地郡和上郡，破雍將軍於烏氏，敗周類軍於枸邑，復戰蘇組軍於泥陽而破之。漢王嘉其功，賜食邑於武城達六千戶之多。漢王東征，酈商以隴西都尉相從，與項羽的親信驍將鍾離眛戰於鉅野，酈商以快速的攻勢，即所謂「疾鬥」勝之，因而受到梁相國的榮銜，食邑增加了四千戶。最後圍攻項羽之役，他擔任的是進攻胡陵的軍事。項羽既死，漢王稱帝，不久即有燕王臧荼的反叛，酈商從漢帝親征，首破易下（燕都）之功，就是酈商建立的，因遷右丞相，賜爵列侯，剖符世世勿絕，食邑於涿五千戶，號涿侯。在這一役中，酈商還定了上谷，受趙相國印；並與絳侯周勃等定代與雁門，斬獲甚眾。返回長安以後，被任為將軍，擔任太上皇的警衛，榮寵冠於一時。漢帝親征陳豨和英布的兩次戰役，酈商仍是從征的主將之一，後者的戰役中，酈商出力尤多，他奮其神勇，攻破了黥布的兩處主陣地，布軍遂敗，漢帝論功行賞，改封酈商為曲周侯，確定其食邑為五千一百戶，前賜食邑都除去。

酈商在高祖死後，即老病不能治事，但是他是國家元老重臣之一，對國事依然十分關心。高祖死，呂后不發喪，而欲盡誅高祖時代的舊將。酈商聞之，便設法與呂后的親信審食其相見，告

訴審食其這是危險萬分的事，因為漢高舊將在京城裡的很多，在京城外擁有重兵的更不少，如果事情一發動，他們裡應外合，勝負之數，不言可知，所以他警告審食其這樣萬萬使不得，這才免去了功臣與呂后之間的大衝突。及孝惠帝卒，呂太后又要誅殺功臣，因張辟彊的建議而又免了一次大衝突。後來呂太后死，諸呂欲作亂，以便轉移劉氏政權。這中間的關鍵人物是酈寄，便是酈商的兒子，酈寄和呂祿非常友善，大家都以為是呂祿的死黨；但是後來事實的表現，酈寄之親呂祿，可能是出於酈商的授意，而是有計畫的做呂氏的親信，以便於刺探消息，暗中布置。我們知道呂氏掌權的事情發展到嚴重的階段，陳平、周勃等都把酈商弄出來想辦法，即由酈商令酈寄說服呂祿，解除北軍的兵權，北就趙王的封位，以保富貴於長久；而且在那個時候酈寄常常和呂祿出獵，使呂祿相信酈寄的確是他的心腹，他的意見，是為呂氏的利益著想的。這裡的問題，我們應該注意的，是酈寄是一個軍官，而且饒有父風，相當能幹，如果他真的是諸呂的死黨，他不一定肯聽他老邁的父親之命，去說服呂祿。如果他不說服呂祿，北軍的指揮權仍在呂祿之手，周勃怎可進入北軍？那麼京師的爭奪戰，周勃、劉章都居下風，則劉、呂的奪權鬥爭，勢必非由灌嬰等的大軍西向，不得解決，那這一頁歷史不知道要變成什麼樣了。所以作者很疑心酈寄之親呂祿，極可能出於授意或預定計畫，酈商父子對漢室之忠，由此可見一斑了。

　我們從酈食其和酈商兄弟二人對漢室的關係來看，酈食其是文人，是漢高幕中設謀獻計的要角之一，他顯然出了不少相當高明的主意，但他並沒有得到封侯之賞；而他的弟弟酈商，則早已得到涿侯，食邑之賞多逾萬戶，最後則得到曲周侯之位，食邑雖減，仍有五千餘戶。最值得我們注意的酈食其的兒子之封侯，還是由於酈商建立擊破黥布的大功所引起的動機。但是我們又得注

意酈商是由酈食其引薦的。由此，可知混亂之世，學習軍事和帶兵作戰，對國家貢獻和建功立業來說，比學習其他知識來得更為直接有效。酈食其和酈商兩兄弟，便是顯著的例。

酈商是得見諸呂的被誅以後而死的；酈寄嗣位為侯，當時聲名不太好，有些人譏刺他出賣呂氏，但是站在忠於劉氏的政權觀點來看那是小疵，酈寄後來在七國叛亂中帶兵攻趙，其功不顯；景帝二年，他異想天開，要娶景帝王皇后的母親平原君為妻，景帝怒，拿其爵，治其罪，而以酈商他子為繆侯，傳三世以罪國除，酈食其之子疥封侯以後，傳三世亦以犯罪而國除。

拾　好時陸生

一、籍貫問題

　　在漢高祖的智囊團中，與酈食其同樣地位者，還有一位陸賈，也是一個能言善辨的策士。不過在漢高祖平定項羽的過程中，陸賈似乎沒有很多的表現。他的對漢家政權的貢獻，是在平定項羽之後，是在劉、呂奪權鬥爭中，而且他很識時務，很明白進退，所以在漢高群臣中，是一個能享富貴壽考的智識分子。

　　陸賈的籍貫是什麼地方？這是一個問題，而且很缺乏查考的資料。《史記》和《漢書》，都有〈陸賈傳〉，《漢書》的〈陸賈傳〉，就是《史記》的〈陸賈列傳〉，不同之處極少，所以雖然是兩個傳，實際上是一篇文章。《史記》和《漢書》在漢武帝以前各篇傳記，大約類此。在那篇〈陸賈傳〉裡，但說陸賈是楚人。這個楚，當然是指戰國時代的楚，戰國晚期的楚國，兼有宜昌以下的長江流域和粵江下游與淮河下游的地區，陸賈到底是楚國那一個地方的人呢？沒有人能夠答覆這個問題。但是從陸氏的來源去研究，大概的地位還可以辨別得到。陸氏祖先的來源有兩說：一說是出於陸渾之戎。陸渾之戎，在春秋時代，是一個有姓的戎人部落，戎是藏族的一支，在春秋時這個戎人的部落，已經深入河南的北部，其生產方式已逐漸放棄遊牧生活而接受農業耕種的方法，但其生活習慣仍未脫離原有的遊牧社會的方式；所以中土人

士雖然稱之為戎，但是卻以中土人氏的姓。所定的姓，可能是他們自稱其族的名稱之中土音的第一個字譯作中文，也可能是他們所居的地名之首一字，那時候這一部分戎人住於陸渾，因稱陸渾戎，其酋長則被稱為陸渾子。陸渾戎被晉所滅，陸渾子逃至楚國，是為陸氏之始。另一個說法，是齊宣公友子達，食采於陸鄉，號曰陸侯，這也是為陸氏之始祖。前一說出自《陳留風俗傳》，後一說出自《陸氏譜》。由此可知陸氏的來源有兩個系統，但無論那個系統的陸氏，都在黃河流域，其至楚國，必在楚的北部領土，可以無疑。據《陸氏譜》說：「陸侯達生發，發生皋，適楚，賈其孫也。」那末陸賈這個世系，出於齊國的陸侯無疑，然則陸賈的原籍當在楚國領土的東北部，與項羽、劉邦的故鄉相近，當有其可能了。

二、使於四方的外交代表

陸賈在漢高祖的智囊團中，以口舌辯給著稱。從他常居高祖左右的一點來看，他是漢高祖的親信；但是從漢高祖平定天下以前的許多重要計畫，都和陸賈無關的一點來看，陸賈並沒有主謀獻計，其地位似不甚高；而從「常使諸侯」一點來看，可知陸賈是一個實行家，即國父所說的後知後覺者；不過他是靠他的口才和智慧，使於四方的時候，常能達成任務，貢獻亦復不小罷了。所以陸生與酈生相較，其才能似乎還略遜一籌，或其重要性比不上酈生，枉論張良、陳平了。

陸賈在楚漢相持時期為漢王代表，到些什麼地方？會見些什麼人？談些什麼話？陸賈本傳只有四個字：「常使諸侯」，真可以說是簡略到了極點，我們今天要把這些問題予以解答，實在沒有資料可找，這當然是他到的地方和所談的事，在整個政局上並沒

有重大關係，所以其事不傳，連時間距離還不太久的太史公，或者不知道，或因無關重要，所以略而不談了。現在我們知道的陸賈對漢家政權有重大貢獻的，有兩件事，不但重要，而且頗多曲折，亦以見陸生的確是有才具而且還有相當膽識的知識分子。

陸賈對漢家政權最大的貢獻，是對南越的說服。南越就是現在粵江下游地區。這一地區之和中原發生政治關係，始於戰國晚期的楚。戰國晚期吳起相楚，建南平百越之功，這就是珠江下游成為楚國領土的開端。秦始皇統一全國，楚國的領土，都變成秦國的領土了。秦國政權被推翻後，楚漢相持了五年多，這個期間的南越，成為一個割據的局面，對劉、項兩政權，都不臣屬，可以說又回復了吳起南平百越以前的形勢。及漢高祖消滅了項氏政權，對於這個南越的割據政權，自然不能置諸化外，聽其繼續的獨立。這裡，我們應該注意的問題，是我國政治局面，每當一個舊政權已經崩潰，新政權尚未建立的期間，常常出現或多或少的割據政權，這種局部政權的出現，常和河流所形成的流域，或盆地，或平原，有著直接的關係，秦漢之間的紛亂時代之出現南越政權，便是一個顯著的例子。

秦政權時代，略定了南越，把這個廣大的區域，分成桂林、南海、象郡等三個郡。那個時代的南越，土著居民的各種越族，名種繁多，故史家稱之為百越，其生產方式與生活方式，還是介於半農業化與半狩獵畜牧之間，可是這個地區的農業環境，實猶勝於長江流域，因為長江流域的高溫度季節只有三季，有一季溫度很低，植物的生長機能停頓，所以農產物的收穫，

陸　賈

兩年可達五次；而且雨量也比較少，雨季也比較短；而南越則不然，是一個「四時皆如夏，一雨便成秋」的常年高溫度地區，全年都是植物生長季節，一年收穫可達三次，而且雨量更多，雨季更長，更適合農產物的需要。所以秦始皇統一全國，把南越收在版圖之內以後，對於這個環境優良的地區，十分重視，把許多犯了罪的人，都遷徙到嶺南，實行移民實邊的政策，據說當時被遷徙的人，總數可能有五十萬。

此種強迫移民，其規模之大，在儒家看來，是一種暴政；在安土重遷的傳統觀念上也是一種苛擾；但是我們從經濟開發的觀點來看，把中原地區的稠密人口，遷徙一部分到開發價值更高的地區，那是一種重要的、有意義的經濟建設。把南越從不毛之地變成富庶之區，和秦始皇的強迫移民政策大有關係。這裡，我們又要為秦始皇說幾句公道話了，那就是說秦始皇的向南方強迫移民，和毛澤東的「下放」，決不可相提並論。毛澤東的下放，把都市居民或認為「成分不良」的知識分子，強迫他們到沙漠草原的地區，美其名曰「勞改」，實際上是為了折磨他們，為了清除反對他暴政的善良國民，那裡是為了建設！所以毛澤東的「下放」，是一種鬥爭，決不是建設，我們不應把秦始皇的移民和毛澤東的「下放」相提並論。這裡，作者用了「不毛」之地，來形容南越地區，這不毛二字出於諸葛武侯的〈出師表〉，所謂「五月渡瀘，深入不毛」便是。這「不毛」二字，一般的解釋是不生毛草之地，有的人把「不毛」二字的音和緬甸的「八莫」作連想，以為諸葛武侯的南征，曾經到過緬甸的八莫，這些都是望文生義的說法，雲南除了高山地區外都是高溫度多雨量的地區，怎樣會是不生毛草呢？至於八莫之說，那更是牽強附會，「不毛」的正解，應該是不生五穀的毛草之地的簡單說法。因為對這二字的誤會甚多，所以作者特別在此作附帶的說明。

三、秦漢之際的南越與陸賈說降趙佗

秦政府時代所派的南海尉姓任名囂，在秦二世元年，害了一場很厲害的病，自己知道好不了，於是他密召龍川令趙佗，告訴趙佗說：陳勝、吳廣業已起兵反秦，像這樣的殘暴政權，全國人民都在恨它、反對它，項羽、劉邦等也接著起來，反抗秦政權，這樣龍爭虎鬥的局面，不知何日可了；南海僻處南方邊遠的地區，他很憂慮盜賊或將侵及，苦害百姓；因此，想派兵把新道（係指秦始皇統一全國後所築的馳道）杜塞，以資防守而待中原的澄清；但是，他的病已經使生命的延續沒有希望了，他考慮到這個南海郡的番禺，負山險，阻南海，東西數千里，頗有中國人相輔，實在具備自創局面的條件，南海衙門中，沒有人了解這種形勢，所以他把趙佗找來，要他代理南海尉的職務。任囂是主張在中原動亂之際，南海拒與中原往來，以保全這個地方的。他自己為生命所限，不能完成這個願望，他知道在他許多部屬中，趙佗最能幹，所以他把心願告訴他，要他主辦這件事。這位原任龍川令的趙佗，後來自稱為南越武帝。此在越南的歷史家，頗有誤會以為趙佗是越南第一位建立國家的英雄，那完全是一種誤解，與歷史事實完全不符。趙佗是秦政府派去的龍川縣令，他的原籍是真定，在今河北省，他根本不是南越的土著；根本上，他是由縣令而受南海郡尉（秦時大的郡的首長叫做守，小的郡的首長叫做尉）任囂之託，把這個地區保全起來，其稱為南越武帝，那是劉邦以平民出身而稱帝所引起的動機，與越南建國是風馬牛不相及的。

趙佗就任南海尉的代理職務以後，果然遵照任囂的遺志，把通至中原的道路予以阻斷，侵入的盜兵予以消滅。不過他還加做了一件事，就是把秦政府所置的長吏，予以除去，派他的黨羽做

著各地的「假守」，以便統一事權，安定地方。我們從趙佗所派的各地官員稱為「假守」一點來看，可知他仍有不敢擅權的畏懼，他的行動，仍是任囂的原意，保全這個地方，以俟中原新政權的建立，歸還建置，完成統一，他原沒有自立為帝之意。

漢帝十一年，中原和北邊的局面，大體上都已安定，獨南越尚割據一方，未與中央政府相通。漢帝時已多病，而且在疆場馳驅了十多年，內心已有厭倦，故對南越不主用兵，而主通使和解，以和平途徑，達到統一目的。漢帝派往南越的特別代表，並非他人，就是我們現在所介紹的陸賈。

陸賈到了南越，趙佗接見他，頗不禮貌，他的頭髮的裝束，效土著越人之所為，長髮下垂，而以繩結之，所謂「魋結」便是；他自己而且箕倨而不迎接陸賈。陸賈見狀，首責以生活習慣夷狄化之不當。他相當嚴肅地說：

> 足下中國人，親戚昆弟墳在真定。今足下反天性，棄冠帶，欲以區區之越與天子抗衡為敵國，禍且及身矣！

陸賈首先對趙佗責以民族大義，而且警告他「禍且及身」，他這種措詞，本是戰國策士的遺風；但這裡有一特色：那就是戰國策士，多作誇大之詞，使對方懾服，而陸賈之所謂「禍且及身」，那並不含有恐嚇性的大話，而是事實。因為，漢帝之所以對南越不用兵，是厭戰，並不是沒有力量而不能戰；戰爭一旦發動，「區區之越與天子抗衡」，那決無幸存之理。陸賈為恐趙佗不明白他的意思，接著便作補充性的說明。他說：

> 秦失其政，諸侯豪傑並起，唯漢王先入關，據咸陽。項羽倍約，自立為西楚霸王，諸侯皆屬，可謂至彊。然漢王起

巴蜀，鞭笞天下，劫略諸侯，遂誅項羽滅之！五年之間，海內平定，此非人力，天之所建也。天子聞君王（指趙佗）王南越，不助天下誅暴逆，將相欲移兵而誅王，天子憐百姓新勞苦，故且休之，遣臣授君王印，剖符通使。君王宜郊迎，北面稱臣。迺欲以新造未集之越，屈彊於此。漢誠聞之，掘燒王先人塚，夷滅宗族；使一偏將將十萬眾臨越，則越殺王降漢，如反覆手耳！

　　陸賈這一段話，帶有點兒恫嚇的意味，但是事實的可能性卻異常的大。陸賈是以漢帝統一全國的聲勢和力量做後盾，說明南越的存亡之樞紐，完全操在漢帝之手，而陸賈出使南越的報告，也正是趙佗生死存亡的關鍵。「漢誠聞之」云云，陸賈把自己的重要性，抬得很高，使趙佗對他的身分不得不另行估計。強國之使臣易為，弱國之使臣難做，這裡是一個顯著的例子。所以酈食其至歷下，在漢王危難之時，說齊王田廣以七十餘城下漢王，其事至難，那是要辯給的口才的；而陸賈之說趙佗，那是順理成章的事。即使陸賈匹馬單槍而去炎荒蠻區，也決不會有生命之憂。由此言之，陸生較酈生的運氣好得多了。這裡，我們又當注意一點，陸賈的說詞中，有「掘燒王先人塚，夷滅宗族」的一句話，這句話擺在「使一偏將」之前，足證其對趙佗的精神打擊，十分重大；也就是說在那個時候，即距今兩千年以前，我們國人對祖宗與宗族的敬愛，已經形成一種盛行的風氣；掘趙佗祖宗的墳墓，殺趙佗的宗族，足使趙佗寒心。這種祖先愛與宗族愛，是我們民族精神的根源，其傳統實養成於二千年之前。

　　陸賈這一番說詞，句句踏實，雖然不免有矯情之處，但不知漢帝心理的人是不會了解的；而且他的措詞，可以說銳利處擊潰了趙佗的倔強，嚴正處破壞了趙佗的妄自尊大。至此，趙佗不能

不毅然決然的離坐而起，迎接陸賈，並向陸賈表示歉意，用「居蠻夷中久，殊失禮義」來作為解釋；但是他心裡仍然有些不服氣，因而帶著挑釁的口吻向陸賈提出兩個問題：一個問題是他和蕭何、曹參、韓信相較，是誰賢？陸賈對這個問題的答覆還給他一點面子，以「王似賢」為答。於是不知趣而自以為了不起的趙佗，又提出另外一個問題：「我孰與皇帝賢？」陸賈至此，毫不客氣的答覆他：「皇帝起豐沛，討暴秦，誅強楚，為天下興利除害，繼五帝三王之業，統理中國。中國之人以億計，地方萬里，居天下之膏腴，人眾車轟，萬物殷富，政由一家，自天地剖泮未始有也。今王眾不過數十萬，皆蠻夷，崎嶇山海間，譬若漢一郡，王何乃比於漢。」趙佗被陸賈這一頓搶白，自討沒趣，可是他也是非常機警，不肯示弱於人，他大笑地接著說：「吾不起中國，故王此。使我居中國，何渠不若漢。」他是以「易地者皆然」和「有為者亦若是」的道理來聊以解嘲的。這兩人的口才，真可以說是唇槍舌劍、旗鼓相當。不過陸賈挾漢天子的威勢和中原地大、物博、人眾之後盾而來，雖在客地，仍占便宜不少。趙佗對此，畢竟服輸了；乃留陸賈相與飲宴，留連達數月之久，他對陸賈十分結好，跟他說：「越中無足與語，至生來，令我日聞所不聞。」這些話，倒也是實情實理，陸賈聞之，當然也很開脾胃。

趙佗送陸生一隻口袋，其中裝著價值千金的寶物，另外又以千金送給他；陸賈也代表漢帝，拜趙佗為越王，令趙佗稱臣，奉漢朝中央政府的約束，趙佗也謹敬的予以接受。陸賈總算不虛此行，使南越與中央政府之間回復了正常的關係，完成了全國的統一，化干戈為玉帛，使漢帝的願望完全達到。北歸報命，漢帝自然非常的高興，立即封陸賈為太中大夫。這是陸賈在漢帝幕中第一次建立大功，出足風頭。

四、治國的建議和引退的動機

　　陸賈在說降南越趙佗以後，對漢帝的政治措施，頗多建議，也足以說明他不但有口才，而且還具有治理國家的才能。他時時向漢高帝進言詩書的重要。從這一點，陸生可能是一個儒家。不想漢高帝又發了他侮慢儒生的老毛病，他罵陸賈說：「迺公居馬上而得之，安事詩書！」陸賈卻仍忠心耿耿的諫阻高帝：「居馬上得之，寧可以馬上治之乎？」漢高帝實在有「以馬上治之」的企圖，此被陸生一語道破。陸生為恐高帝不採納他的建議，進一步的向他解釋文治的重要，他說：

> 湯武逆取而以順守之，文武並用，長久之術也。昔者吳王夫差、智伯極武而亡；秦任刑法不變，卒滅趙氏。鄉使秦已并天下，行仁義，法先聖，陛下安得而有之？

　　陸賈此說，其為儒家，更有可信之處了。這裡「卒滅趙氏」一詞，須加解釋。原來，秦的祖先為伯臣，與趙氏同出蜚廉造父之後，造父是一個最出色的御馬駕車之人，周繆王封於趙而得姓，此言趙氏，就是指嬴氏而說。陸賈這一段話，與高帝的話針鋒相對，高帝雖然不以為然，但是引經據典來駁倒他，也辦不到；因此，想出一個為難他的辦法，要他把秦所以失天下，漢高帝所以得天下以及古代治亂興亡的道理，寫出來給他看。其實，這個問題難不倒陸賈，他於是徵引古來存亡的例子，一共寫了十二篇文章，每寫完一篇，即向高帝上奏。高帝看了都稱善不已，高帝左右，看到高帝對陸賈的文章如此激賞，不但不起妒意，而且覺得這是政府重視文治的象徵，於是皆呼萬歲。其實，高帝此時已經

察覺到禮樂文治的重要，此一動機，起因於高帝已貴為天子，而其豐沛故人，出身於行伍，共同出生入死於疆場的，彼此相處，無所謂禮儀，上朝下朝，無規無矩，使他很傷腦筋，幸有儒生叔孫通為定朝儀，於是廟堂之上，始有秩序，而朝廷與皇帝的尊嚴，才可以顯著得出。所以其時的漢高帝，對儒生的看法，已經一改舊觀，在他巡狩的時候，他還親自以太牢之禮祀孔子。由於高帝觀念的改變，所以他能接受陸賈的搶白；及讀陸賈文，益知文治的重要，因而善之。陸賈的十二篇政論性的文章，合起來稱為《新語》，對當時的政治，是很有影響力的一本書。陸賈的《新語》十二篇，大概是太史公讀到過的；不過到班固的時代，他所見到的是二十三篇，多了十一篇，在《漢書》〈藝文志〉裡，是列在儒家一類的。這部書的分篇分卷，後世屢多變更，恐怕不一定都是陸賈的原著了。

孝惠帝時，呂太后專權，把她娘家的子姪輩封王，這是違背高帝非劉氏不得為王的約言的；所以她雖然極權專政，但是對漢高祖的舊大臣，特別是富於口才者，每所顧忌。陸賈是屬於口才很好的舊臣，自然也是在顧忌之列。陸賈對此局面，有很清楚的估量，他認為這個問題，不是用口舌爭得過來的，為了避免惹禍，他就稱病辭官家居。他選擇好時這個地區，因為有好的田地，所以家於其地。於是他把使越時趙佗送給他的那隻口袋打開，把裡面的藏金，分給他五個兒子，每人二百金，使各自為生，他自己常常坐著四匹馬拖的安車，往來於歌舞琴瑟的場所，自求快樂。他和諸子相約，他每到一個兒子的家裡，他們需要把酒食供養他和他的從者及馬匹，十天換一家；如果他死在那一個兒子家，他可以得到寶劍、車子、馬匹和從者。一歲之中，他也往來於其他賓客的家裡，大約兩次或三次，並不多打擾朋友們。在這一段期間，陸賈過的是老太爺的日子，生活頗為闊綽而舒適，陸生可以

說是懂得生活享受的人了。

五、將相合作與團結大臣

　　呂太后封諸呂為王，擅權更甚，其勢欲劫少主，轉移劉氏的政權。陳平時為右丞相，對於這個局勢，非常憂慮，要想和諸呂及太后爭理一番，又恐力量不夠，不但不能成功，反而自身難保，所以平常只好深居簡出，以保安全；但時時思念陸生，請他相過談談。陸生至，排闥直入，自行坐下，而陳平正深念陸生，以不能時時與陸生相見為憾。陸賈看到陳平心事重重，頗以為怪，因而問之，陳平也不敢明言，要陸賈自行揣摩。陸賈對陳平說：「足下位為上相，食三萬戶侯，可謂極富貴無欲矣。然有憂念，不過患諸呂、少主耳！」陸賈單刀直入的話，猜透了陳平的心事，陳平便知陸賈的志節，正和自己一樣，所以不必隱瞞，坦白的告訴陸賈，並向他求計。陸賈向陳平說：「天下安，注意相；天下危，注意將。將相和調，則士務附；士務附，天下雖有變，即權不分。為社稷計，在兩君掌握耳。臣常欲謂太尉絳侯，絳侯與我戲，易吾言。君何不交驩太尉，深相結。」陳平原是富於智計的人，但是在這樣的情勢中，大有當局者迷之苦，所以他向陸賈請教。陸賈雖然賦閒在家，逍遙自在，但對國家大事，時刻留心，觀察得很深刻，設想得很周密。他對陳平的一席談話，正是他平日留心國事的心得，他建議陳平應與周勃合作，一定可以切實掌握任何變局。我們已經說過劉、呂的奪權鬥爭中，劉氏獲勝的關鍵，是在陳平、周勃的合作，而這個合作的倡議者與促成者，實際是陸賈。陸賈的智慧之高，雖陳平也有不如的地方。

　　於是陸賈為陳平設計怎樣與周勃接近？他建議以五百金為絳侯上壽，並厚具樂隊與酒席，宴請周勃。周勃對陳平，還報如儀，

丞相陳平與太尉周勃的結合，便如此完成了。在這樣的初步工作
完成以後，大概依舊是出於陸賈的建議罷，由陳平拿出錢五百萬，
奴婢百人，車馬五十乘，使陸賈往來於漢高帝的重要大臣之間，
作請客送禮之用。一時，這個閒散在家的陸賈，成為漢廷公卿間
的熱門人物。所以在劉、呂的奪權鬥爭中，漢大臣的團結之促成，
陸賈是一個極重要的幕後人物，其對漢家政權的鞏固，貢獻之大，
應與周勃、陳平、劉章、灌嬰等，同具重要地位。

六、再定南越

陸賈對漢家政權的最後貢獻，仍然是在南越，南越的趙佗，
經陸賈在漢帝十一年南下說降以後，本已相安無事。可是，沒有
好多時候，漢高帝去世，呂太后專權，大概這位南越王，高帝在
日，尚有幾分畏懼；高帝謝世以後，對女主不免有輕視之心，那
也是極可能的，因而引起中朝執政當局的注意和設法對付。南越
王的轄境與長沙王的轄境相毘連，本是南越與中原貨物交換的媒
介地區，而南越對中原貨物之最需要者則為鐵器。鐵器除製作工
具與日用品外，也是製作兵器的重要資源。大概由於南越王的驕
縱，中央政府的抵制辦法，是嚴禁長沙王轄境與南越買賣鐵器。
這一措施，也引起了南越王的反感，他索性對中央反目，他也說
出一套理由來。他說：

> 高帝立我，通使物，今高后聽讒臣，別異蠻夷，隔絕器物，
> 此必長沙王計也，欲倚中國，擊滅南越而并王之，自為功
> 也。

就在這樣的理由下，他自尊為南越武帝，發兵攻長沙王轄區的邊

縣數處而去。呂太后派隆慮侯周灶往擊之，正當暑溼的熱天，士卒不服水土，疫病大作，不能踰越南嶺。因而南越又成割據之局，終呂太后之世，南越問題無法解決。其實「擊滅南越而并王之」，是一句假話，是一個藉口，而趙佗自己想脫離漢朝中央政府羈絆，自成獨立的局面，是他的目的。原來，趙佗是有政治野心的，試看他問陸賈與高帝孰賢的問題，便可知道他之低聲下氣臣屬高帝，是出於陸賈的強硬說詞，並不是他的心甘情願。所以在高帝去世以後，他的態度不同了，在北征獲勝，而漢將南下無功以後，他的野心更大了。在呂太后執政的最後一年多的時間，他以兵力奪取邊縣財物，並脅服閩、越西、甌駱等地區。以今日的地望說來，趙佗已經把嶺南的兩廣、越南北部、福建等地區都統一起來。他的版圖之擴大，並不表示他實力的強大，他採取的路徑，是「賂遺」，也就是送「紅包」。而他卻乘黃屋、左纛，而且稱起制來，儼然皇帝一般了。他這樣的擴張政策與自立政策，當然使漢的中央政府擔心事。至文帝接位，大局安定，於是要設法解決南越問題了。丞相陳平力言趙佗歸屬中央政府，原為陸賈的功績，所以建議，仍請陸賈為使，再與趙佗接觸。因此陸賈再度至南越政治中心的番禺（今廣州市）。

　　陸賈在劉、呂奪權鬥爭中所扮演的角色，是幕後策動者，是無名英雄，其功雖大，其績不彰，故在文帝即位以後，論功行賞，不及陸生，而陸生也功成不居，樂得逍遙自在，又回到他好畤的原居地，做他怡然自得的寓公去了，當陳平推介他的時候，他是一品大百姓，所以當時陳平稱他為好畤陸賈。文帝接受陳平的建議，召陸賈還朝，回復他太中大夫的官職，他又銜命南去了。他這種政府有急難的時候，挺身而出，危難在所不計；國家安定的時候，退居林下，悠遊自在；國家需要他的時候，他又不辭辛勞，千里遠征；其胸襟之開朗，責任心之重大，亦以見其平日修養工

夫的深厚。我們對於陸賈實深表敬佩。

當陸賈奉命南下之前，漢文帝為了免動干戈，息事寧人起見，對趙佗的祖宗墳墓及家宅族人，頗有招呼，例如趙佗的老家，原在真定，本來是一個普普通通的墳墓，為了籠絡趙佗，文帝特為設置守墓的官員，司歲時祭掃之職；趙佗的昆弟，特別召進京去，予以官爵及厚賜；並以自代至京接皇帝位的詔書，通告諸侯四夷，意思是要他們來進貢朝賀。這分詔書，當然不會不給趙佗的。這對趙佗來說，可稱之謂先禮後兵；而使陸賈之銜命南下，有一個堂堂正正的題目。陸賈至南越，見趙佗，對他的「自立為帝，曾無一介之使」的報聘，當面加以責備。由於漢朝的中央政府已經有了上述的布置，所以陸賈的責備，便顯得格外的詞嚴義正而有力量。趙佗見到這位故人，先已覺到慚愧，及聞其詞，更覺惶恐，自稱「蠻夷大長老夫臣佗」，不再敢以南越武帝自稱了。不過他卻是強辯著自己的舉措，推其故於呂太后。他說：

> 高后隔異南越，竊疑長沙王讒臣；又遙聞高后盡誅佗宗族，掘燒先人家，以故自棄，犯長沙邊境。且南方卑溼，蠻夷中間，其東閩越千人眾號稱王；其西甌駱裸國（謂其居民不穿衣服）亦稱王。老臣妄竊帝號，聊以自娛，豈敢以聞天王哉！

趙佗這樣說著，不由自主的頓首謝罪，情願長為藩臣，永遠奉貢。於是趙佗通令境內說：

> 吾聞兩雄不俱立，兩賢不並世。皇帝，賢天子也。自今以後，去帝制黃屋左纛。

陸賈南使番禺的目的，原是要趙佗去帝制，廢黃屋左纛，而稱臣奉貢。他只三言兩語的把夜郎自大的趙佗，說得惶恐無地的自願照辦，這固然是漢家中央政府的威望，也是陸賈在上次南使對趙佗所建立的私人之間的香火情緣。不過，趙佗這傢伙，畢竟是野心勃勃的狂人，試看他的布告，一開首便說：「兩雄不俱立，兩賢不並世」，這些話便是表示他也是一個英雄，一個賢人，不過比起漢高祖和漢文帝來，自己覺得不如他們，所以去帝號而稱臣；這也表示了他的去帝號而稱臣是有時間性的，等到漢朝王家出了一個能力比較差的皇帝或中原有亂事時，他稱帝的野心便要復活了；這還是為後日的打算，其實當時他已存著歪念，只是敷衍著陸賈，等陸賈走後，他對內僭竊如故，但對漢文帝則仍稱臣奉朝，如諸侯禮。幸而趙佗不久死了，否則他正式稱帝的機會還是有的。可是，無論如何，陸賈這一次的使命是成功的，所以他光榮地回到了中央政府，他雖然仍是太中大夫，但仍過著一般逍遙的生活，後來能以壽終。

七、俠義風度

陸賈這個人，頗重友誼，也饒有戰國義俠之風。朱建是他的好朋友，不過是在黥布那裡工作。黥布反時，朱建勸他不要反，黥布不從。後來黥布失敗，他因有勸止黥布不反的關係，沒有被株連到。呂太后的嬖臣辟陽侯審食其，知道他有口才，要想和他親近，他也不接受。但是陸賈卻替他擔心事，他為保全朱建，為審食其出了一個主意，讓朱建感激審食其。這一主意也使審食其被惠帝治罪行將斬首時，朱建想辦法救了審食其的性命。審食其是呂太后死黨，朱建不接受審食其的結交，朱建未必有災難，而審食其得到朱建的感激，這個壞蛋遂得繼續為呂太后的爪牙，以

危漢室的政權，陸賈此舉，對朋友的義來說，有可取之處；對漢政權的忠來說，便有可議之處了。陸賈要審食其把結朱建的建議，是富有戲劇性的。原來朱建的母親死了，陸賈去向審食其道賀，審食其怪而問之，陸賈說：你從前要結交朱建，朱建不接受，是因為與你做朋友，是一件危險的事；朱建有母在，所以他不敢蹈此險途；現在他的母親死了，他沒有顧慮，他自然肯和你做朋友，為你出死力了。於是審食其以百金為朱建的母親作奠儀。那時候的審食其，真可以說權傾中外，炙手可熱；由於審食其送了禮，列侯貴人要想把結審食其的，也跟著去送禮，朱建收到的禮達五百金。朱建由此感激審食其，後來終於想辦法，脫審食其於罪。所以審食其之復活，是陸賈間接幫助的。朱建這個人，也是當時的一個奇男子，值得我們另作介紹。不過，陸賈對漢室之忠，我們不能因這個故事而予以低估；他當時為審食其出這個主意，可能怕審食其加害朱建之故，正所以全朋友之義了。

拾壹　隨何與朱建

一、黯面的英雄

隨何是漢高祖幕中的智囊人物之一，但其重要性似乎還不及酈食其和陸賈，此可在《史記》和《漢書》中都沒有隨何傳一點中見之。至於朱建，他不是漢高祖幕中的人物。我們把這兩位合起來介紹，是因為這兩位知識分子都和黥布有關係。隨何是遊說黥布背楚歸漢的舌辯之人，而朱建則是在黥布要反叛漢高祖時勸諫他不要反漢的人。這兩個人的言行，都有可取之處；但論對漢政權的貢獻來說，則隨何實遠較朱建為高；而朱建的義行，亦有其突出之處。義行的突出與對政府的貢獻，究竟不能相提並論；所以我們對於班固所著的《漢書》，只立朱建而不為隨何立傳，頗有失卻公平的感覺。

隨何因為沒有傳，所以他是什麼地方人，我們無法可以查考；他的主要的事功，只有一事，那就是勸說黥布歸漢，這一段經過，載在〈黥布傳〉中；也就靠了這一點史料，我們才能了解隨何對漢政權的貢獻。不過這一貢獻，究竟有多大？那是非從黥布在楚漢相爭中的地位之重要了解不可的。

黥布這個人，在作者介紹漢高幕中的許多人物時，常常提到他，讀者諸君對他應不生疏。可是，黥布到底是一個怎樣的人物呢？這裡首先略作說明。黥布的「黥」，不是他的姓，他姓英，原

籍六，就是現今安徽省的六安縣。他在當時，是一個平民，有沒有讀過書？對政治有多少認識？答案恐怕都是否定的，可能他是氣力很大、而豪氣很高的人。當他貧賤的青年時代，有一個看相的人，看了英布的面相以後，對他說：「當刑而王，及壯坐法」，那就是說他要受一次刑罰，將來有封王之賞，但是到了壯年還是因為犯了國家的大法，而不得善終。英布對於「當刑而王」的一句話，頗感興趣，常常拿來對人家說，作為向人誇耀之詞，聽者報以誹笑，他毫不在乎。這個人的豪氣，由此可見一斑。不久之後，英布便被送到麗山為徒，在政府營建阿房宮的大工程中罰做苦工。他之受到面上刺花紋，即所謂「黥面」的刑，大概就在這個時候。從此，他的本姓「英」幾乎被人遺忘了，大家都稱為黥布，好像他是姓黥似的。黥布在麗山做苦工時，與數十萬工人相處，獨與徒長豪桀相結納，相友善，足證這個人有些領導的天才，這批做苦工的「徒」和豪長，很多受不了那種苦楚，於是黥布把他們帶到江中做強盜，那尚在陳勝、吳廣起兵反秦之前。所以秦末抵抗殘暴的第一個人，應該是黥布，不過黥布沒有正式揭起反秦的旗幟而已。

這裡，我們特別說明一點：那就是秦末的天下大亂，主要的原因是徵調義務勞動的範圍太大，諸如建阿房宮，築長城，開天下馳道等巨大工程，動輒徵調義務勞動的民夫，即所謂「徒」，多達數十萬人，以嚴刑峻法，迫他們在限期之內完成工作，而不好好照料他們的生活，因此造成一片的反叛之聲，黥布是這樣為盜的，陳勝、吳廣是這樣起兵的，劉邦也是這樣率其徒逃亡藏匿的。

二、項羽的死黨與其間的嫌隙

黥布正式揭出反秦的旗幟，是在陳勝起兵之後。他是首先率

領他的同伴們往見番君，番君吳芮以其女妻黥布，而以其部眾，與黥布之徒共起抗秦，這一支抗秦軍的人數，已經壯大到數千人了。及陳勝被章邯所破，呂臣軍亦敗，黥布深覺勢孤力薄，乃於擊破秦軍而投於清波後，乘隙引兵而東，投在項梁的麾下。及救趙之役，楚懷王以宋義為上將，范增為末將，項羽為次將，英布與蒲將軍等均為將軍，悉聽宋義指揮。宋義持重不前，而趙則被圍甚急，項羽乃殺宋義而代將其眾，直渡河，擊秦軍，其首先渡河的就是英布。英布驍勇善戰，秦軍當其前者，輒被擊敗，項羽大軍乃渡河，與秦將章邯決戰，破其軍，降章邯，而諸侯之兵，於是都接受項羽的指揮。這一戰的成功，論其實績，英布之功實居首位；尤其可貴的，是他善能以寡擊眾。其後，項羽軍西向關中，英布又為項羽做了兩件大事：其一，是在新安地方，項羽把秦的降卒二十多萬，都予坑殺，執行此項命令的，便是英布；其二，項羽大兵至潼關，劉邦兵已先據守，項羽派兵從間道攻關下軍，因得入關，而擔任此項攻擊任務的又是英布。所以當項羽在咸陽裂土分封諸侯的時候，英布得封為九江王，都於其故鄉六。項羽改懷王為義帝，徙都長沙，於途中加以殺害，擔任此項工作的，又是九江王英布。英布同項羽的關係之密切，由此可知。我們細按項羽之封布為九江王而都於六，固然由於英布是六人的關係；但英布轄區，卻在楚都之南不遠，其以彭城南方外圍之防守責任，畀予英布，可無疑義，亦以見項羽對英布的信任之深，英布之為項羽死黨，至為顯然。

然而這個項羽的死黨，與項羽的關係居然開始發生動搖，這是在漢王二年的時候。其時田榮在齊反楚，項羽向九江王英布徵發部隊，依照英布過去的作風，他一定親自率大兵與項羽並肩作戰；可是這一回卻不同了，他自己既稱病不赴軍前效力，所派聽命作戰的部隊又只有數千人。這中間，顯然發生了重大的嫌隙。

　　這個嫌隙，起因何在？我們很疑心同張良有關係。其可尋的蛛絲馬跡，約有下列數點，其一，項羽東歸時，張良曾以侍韓王為名，在彭城住了一些時間；其二，田榮反楚的消息，是張良先知道，由他向項羽告密的，足證田榮之反楚，與張良有關，張良在告密田榮反楚後，即西歸劉邦；其三，當漢王欲捐棄關以東之地，鼓勵反楚運動時，張良首先告以英布與楚有隙的消息，按英布稱病不赴齊，發兵僅數千，那是機密消息，張良何以能夠率先知道？何況那時張良已在漢王那裡，路途不近，敵對甚嚴，消息傳遞又至為不易。所以我們有理由相信張良在離開彭城之前，對英布這一方面，一定預有布置，因此他能很快的提出這一個情報。我們試讀《史記》〈留侯世家〉的一段：

　　漢敗而還（按係指睢水之戰），至下邑，漢王下馬踞鞍而問曰：「吾欲捐關以東等棄之，誰可與共功者？」良進曰：「九江王黥布，楚梟將，與項王有郤；彭越與齊王田榮反梁地，此兩人可急使。而漢王之將獨韓信可屬大事，當一面。即欲捐之，捐之此三人，則楚可破也。」

　　從這一段談話，我們可以知道張良之胸有成竹和預有布置了。大體上說，項羽是一個多疑善忌之人，英布不能出死力與羽共同征齊，他當然不高興，是為進一步對英布猜疑的開端；而在英布這方面來說，他之所以不肯與項羽出死力征齊，一定聽到了什麼項羽對他不滿意的消息，他所以不去，是防備項羽對他驟下殺手；他派少數兵參加征齊，是保全實力，也所以防備項羽對他的襲擊。這裡，我們應當注意的，是誰在項羽與英布之間播弄是非造成嫌隙？這一位呼之欲出的人物，是張子房先生，大概是不會有多少問題的吧？

三、聯黥的決策與隨何下六

關於九江王英布的聯絡問題，《史記》〈高祖本紀〉，與〈留侯世家〉、〈黥布列傳〉所載略有不同，〈高祖本紀〉說：

> 呂后兄周呂侯為漢將兵，居下邑。漢王從之，稍收士卒，軍碭。漢王乃西過梁地，至虞。使謁者隨何之九江王布所，曰：「公能令布舉兵叛楚，項羽必留擊之。得留數月，吾取天下必矣。」

〈黥布列傳〉則云：

> 三年（按〈高祖本紀〉在二年），漢王擊楚，大戰彭城，不利，出梁地，至虞，謂左右曰：「如彼等者，無足與計天下事。」謁者隨何進曰：「不審陛下所謂。」漢王曰：「孰能為我使淮南，令之發兵倍楚，留項王於齊數月，我之取天下可以百全。」

從這兩段的記載來體會，好像聯絡九江王是出於高祖的主動，其實不是，乃是由張良的建議，而由高祖令隨何去執行。照〈留侯世家〉的記載，是由高祖直接命令隨何去說服九江王的，〈本紀〉同，而〈黥布列傳〉的說法，高祖使隨何，多少帶有激將法。這種不同，對故事本身的發展，是並無多少影響的。

劉邦在困難萬分的時候，想到拉攏項羽的九江王英布，派隨何做特別代表，向英布遊說；那末項羽對英布怎樣呢？由於英布不肯同項羽同征田榮，只發少數兵助戰，項羽當然恨英布；可是

這位火爆脾氣的草莽英雄，對英布的勇敢作戰和軍事才能，卻也非常的賞識；在當時的情勢來作研究，他也非掌握住九江王不可，因為他有兩個大敵人和一個小敵人。兩個大敵人是劉邦和田榮，劉邦在西，田榮在北，他們採掎角之勢，使項羽常常兩面受敵；而一個小敵人彭越在梁地搗亂，採取遊擊戰，使項羽受困。他之所以對英布不下手，不僅愛其才，而且也是為了他自己的孤立形勢之改善。但是項羽爭取英布的方式，卻是一個大大的錯誤。原來，英布之為九江王，是項羽主動策封的，所以他用盟主的身分，用「誚讓」的口氣，責備英布；項羽不知道英布對自己原已有了戒心，所以項羽愈是責備他，他愈是感到惶恐，愈不敢到項羽那裡去釋嫌修好。就在這樣雙方爭奪英布的競賽中，劉邦得到了勝利。

但是這項勝利之獲得，卻又靠了隨何的舌辯與膽識。漢王三年，隨何奉命率領了一個二十人的代表團，到達英布的首都六。他和英布並不直接認識，但與英布的太宰相熟，因而投宿在這位太宰的家裡，請他居間介紹。不知道隨何的這位故人是沒有機會向英布介紹？還是不敢把英布所屬的項羽的敵人代表向英布推介？總之，隨何在太宰那裡等了三天，沒有下文，隨何著急了，只好先向太宰下一番說詞，使他敢於向英布進言。隨何一口斷定，英布不敢接見漢王的謁者，是由於楚強漢弱，實際上並不如此；他要求把他的見解向英布陳說，英布倘以為是，那他的去向便可決定了；倘以為不是，那末他和他的隨員二十人，都願意讓英布殺了，使英布得到向項羽表白其忠心的機會。這也便是說英布接見隨何，對隨何所說的話，無論聽與不聽，都對英布有利；太宰介紹隨何去見英布，英布決不會怪罪太宰。隨何這一段話，真是具有舌綻蓮花的妙用。太宰只要對九江王有利，對自己沒有什麼責任，也就樂得替隨何引見了。於是隨何得以向九江王陳述對當時

局勢的看法，即所謂楚弱漢強的真正理由到底是什麼？這一次會面，不僅和英布的前途與漢王的安危有著直接的關係，而更直接的便是隨何與他二十人代表團的生死，都寄於他這次遊說的成敗。

四、隨何的口才與膽識

隨何既被英布接見，他第一句話，除了表明自己的身分是漢王的使者外，便直接了當的問英布：「漢王很奇怪大王和楚何以這樣親近？」英布對這一問題，答覆得也很坦白，他說：「寡人北向而臣事之。」英布這一答覆，卻引導出隨何為英布陳說利害關係的充分理由來。他說：

> 大王與項王俱列為諸侯，北鄉而臣事之，必以楚為彊，可以託國也。項王伐齊，身負板築（親自揹著板，築路，造橋，建防禦牆）以為士卒先，大王宜悉淮南之眾，身自將之，為楚軍前鋒，今迺發四千人以助楚。夫北面而臣事人者，固若是乎？

隨何這一段話，正是道著英布的心病，「北面而臣事人者，固若是乎？」是疑問的口氣，也是詞嚴義正的責備，暗示英布對項羽的不忠，含著大禍將至的警告。所以這一段話，已足使英布心弦為之震動，而隨何卻又進一步的責備英布對項羽的不忠，他說：

> 夫漢王戰於彭城，項王未出齊也；大王宜騷（同掃）淮南之兵渡淮，日夜會戰彭城下，大王撫萬人之眾，無一人渡淮者，垂拱而觀其孰勝。夫託國於人者，固若是乎？

　　隨何這一段話，更向英布的心靈虛弱處予以猛擊，使英布聞之，有渾身毛骨悚然之感。他的詞鋒之銳利，大有使英布六神無主之感。然後，他下一個結論：「大王提空名以鄉楚，而欲厚自託，臣竊為大王不取也。」有了上面兩段等於訴說英布對項羽不忠的事實，所以這個結論，便格外有力量，然後漸漸導入本題。於是隨何雖然並不直接指出英布當時已存有背楚之心，而為英布分析不肯遽然背楚的因素，他婉轉地說：

> 大王不背楚者，以漢為弱也。夫楚兵雖彊，天下負之以不義之名，以其背盟約而殺義帝也。然而楚王恃戰勝自彊，漢王收諸侯，還守成皋、滎陽，下蜀、漢之粟，深溝壁壘，分卒守徼乘塞，楚人還兵，間以梁地，深入敵國八九百里，欲戰則不得，攻城則力不能，老弱轉糧千里之外；楚兵至滎陽、成皋，漢堅守而不動，進則不得攻，退則不能解，故曰楚兵不足恃也。

　　隨何這一段話，是分析漢王的優勢和項羽的劣勢，其實這一段動聽的說詞，與當時事實恰恰相反；不過漢的後方，有關中與蜀漢的人力物力為支持，其中轉輸運送，並無阻礙；而漢王分遣韓信下魏、趙、代、燕等北方兵強將勇的地區，足以壯大其軍勢，都是事實。所以隨何這一段說詞，也很能使英布動聽；他又進一步說，楚軍如果勝漢，那也是招致禍患的途徑，因為項王一勝，諸侯無不人人自危，一定要群起而攻項王，項王也一定在這種群攻中，難免於敗亡的命運。這個隨何，真能死人說成活人，活人說成死人。他這一段話，實在是替漢王失敗預留地步，卻又說成項羽如勝，還是敗局。而且依然是言之成理，持之有故，從這些地方看，隨何遊說的能力，比陸賈、酈食其似乎要強得多了。他

根據上面的分析，提出了一個結論，一個問題，那就是楚不如漢，英布為什麼還與項羽往來？他指出：「今大王不與萬全之漢，而自託於危亡之楚，竊為大王惑之。」但仍不敢直接談到投漢的問題，恐怕英布推託他力量太小，不能擔任攻滅項羽的責任，所以他還要說明劉、項戰爭中劉邦對英布的希望，不是要他直接攻敗項羽，而是要他把項羽的兵牽制在東南幾個月，便算達成任務了。所以他在這次會談中，最後的談話是：「臣非以淮南之兵足以亡楚也，夫大王發兵而倍楚，項王必留；留數月，漢王之取天下可以萬全。」至此，他才提到背楚歸漢的問題，他說：「臣請與大王提劍而歸漢，漢王必裂地而封大王，又況淮南，淮南必大王有也。」經過隨何這樣的長談以後，英布意為所動，答允暗中與漢相通，但請保守祕密，消息不要洩漏。由此可知，英布心中仍有狐疑，對項王仍有恐懼，隨何知道這個結果，已算不錯，再進一步，已經不是馬上所能辦得到的。只好暫時退下。

那個時候，隨何知道項羽的代表正在淮南，力促英布發兵，這個使臣正在傳舍中。於是，隨何直入傳舍，坐於項羽使者的旁邊，鄭重地責備項羽的使者說：「九江王已歸漢，楚何以得發兵？」隨何這一舉措，立即傳到英布耳中，很使英布感到驚愕詫異，正在不知所措，隨何便又進言：「事以搆，可遂殺楚使者，無使歸，而疾走漢并力。」原來，隨何知道英布之心意已動，所以來一個霸王硬上弓，索性把英布歸漢的消息，直接向楚使宣布，造成既成事實（事以搆），使英布無法中途變卦。英布至此，只好讓隨何捏著脖子走，對隨何說：「如使者教，因起兵而擊之耳。」英布正式起兵攻楚，項羽乃遣另一心腹驍將龍且率兵至淮南攻英布軍，項羽自己也留下來，向下邑進攻。項羽大軍留於東方者，果然有數月之久。英布軍雖然失敗，但是阻撓楚軍，使不得西進的遲延戰術，完全達到目的，漢王部隊，不但得到喘息的機會，而且還得

到相當的補充，其影響之大，不言可知。所以當英布兵敗歸漢時，便受到很大優待。

五、黥布的歸漢與叛漢

英布的歸漢，也有一段相當趣味的插曲，值得我們介紹。原來，當英布與隨何因兵敗，間道歸漢時，漢王正踞在床上洗腳，隨隨便便的把英布召進去相見。英布見狀，大為憤怒，深悔投漢之非，竟欲尋求短見；很勉強的出就館舍。及至所居館舍，則一切睡具、用物以及飲食、從官，都和漢王一樣，因而大喜過望。於是，英布派人馳赴九江，希望收集殘餘的部隊。但是，項伯早已奉項羽之命，赴九江收兵，把英布的妻子全數殺死，及英布使者至，只能收到未被項伯收去的敗兵散卒數千人，漢王也分一部分士卒交英布指揮。英布乃北至成皋，與漢王合力抵抗楚軍。到了漢王四年，復立英布為淮南王，使興兵擊楚。布使人入九江，得數縣。漢王六年，英布復與劉賈入九江，勸說項羽的另一親信死黨大司馬周殷反楚。周殷兵與英布兵遂北向垓下，與韓信等部合圍項羽，完成殲滅楚軍與殺死項羽的大功。

項羽既滅，英布因功仍被封為淮南王，都六，但其轄境則擴大甚多，凡九江、廬江、衡山、豫章等郡，皆屬淮南王轄區。英布之見重於漢帝，由此可知，那末爭取英布來降的隨何，將受什麼封賞呢？原來，隨何雖然是一個舌辯家，但其基本的學問則為儒家。漢帝是最看不起儒家的，所以對於隨何之功，有意折辱之，譏隨何為腐儒，謂「天下安用腐儒！」隨何乃跪而問曰：「夫陛下引兵攻彭城，楚王未去齊也，陛下發步卒五萬人，騎五千，能以取淮南乎？」漢王曰：「不能。」隨何乃曰：「陛下使何與二十人使淮南，至，如陛下之意，是何之功賢於步卒五萬人、騎五千也。

然而陛下謂何腐儒，為天下安用腐儒，何也?」上曰:「吾方圖子之功!」乃以隨何為護軍中尉。隨何以三寸舌說降英布，由謁者而晉為護軍中尉，雖漢帝欲故意屈辱之，仍有未能，亦足為儒者稍吐胸中之悶氣了。

英布後來還是反漢的。其反漢是在漢帝十一年，是年呂后誅原封楚王的淮陰侯韓信，夏間又把梁王彭越殺了，斬成肉醬（醢），遍使諸侯，淮南王英布當然也收到一分。英布接醢大驚，便暗中派兵在邊郡監視動靜，以防突變。其實英布對漢帝是忠心耿耿的，他在漢帝偽遊雲夢時朝漢帝於陳，九年又朝長安，是很盡為臣的本分；至彭越被醢以後的軍事措施，那是自保，並非造反，而有人告他造反，以其自保措施為證據，英布也因此不能不作最後的火拼了。這中間，有一件很巧的事情，很合於《水滸傳》裡描寫潘金蓮與西門慶相見的那句話，所謂合該有事。原來，英布有一個寵妾，因病至醫生那裡就診。醫生的對面，住著一戶人家，是在淮南王宮充任侍中的赫賁。赫賁看見王妾日日就診，便想把結王妾，便拿了些酒食過去，請王妾宴飲，王妾感赫賁之德，向英布面前頗有善詞，英布問其故，王妾便把赫賁以酒食招待的事，向英布實說，英布疑赫賁與妾相通，赫賁惶恐，稱病請假，英布更怒，欲捕赫賁，赫賁乘著快馬車急奔京師，向漢帝告變。漢帝以告蕭何，蕭何疑英布不應如此，頗有被誣的可能，因繫赫賁於獄，暗中派人前往調查，而英布前此在邊郡的軍事自衛布置，便成造反的證據。英布知赫賁告發他造反，索性把赫賁的妻子統統殺了，真的造起反來。英布真的造反的消息傳到長安，漢帝徵詢諸將意見，都主張發兵以坑豎子。惟汝陰侯夏侯嬰不以為然，召其客楚令尹薛公而問之。滕公深怪英布不忠無義，謂漢帝「裂地而王之，疏爵而貴之，南面而立萬乘之主，其反何也?」楚令尹解答這個問題，認為那是必然的事。因為往年殺彭越，前年殺韓

信，英布與彭越、韓信，同功一體，不免有兔死狐悲之感。那便是說，英布之反，是漢帝殺戮功臣所激起的結果。

六、朱建的建議

楚令尹的看法，自然有他的道理；不過英布之反，他部下的一個知識分子叫做朱建的，卻不以為然，諫勸他不要造反。朱建也許不很了解漢帝的性格，所以認為英布不反，仍可保全爵位和性命。實際上，英布如果不反，是否能夠保全性命，還成問題，至於爵位的是否能夠保全，那當然更成問題了。可惜歷史事實，無法可以假定，我們不必加以推論。不過，朱建在淮南王幕中，其非無名之輩，至為顯然。那他是以什麼理由諫勸英布不要造反呢？很奇怪的，〈朱建傳〉謂其語見於〈黥布傳〉，而〈黥布傳〉中卻無朱建的諫阻之詞。所以朱建到底向英布陳述什麼理由？我們無法知道。不過朱建卻因諫阻淮南王的造反，不僅保全了性命，而且深受漢政府要員的重視，這個重視雖然不是朱建之福，但其成名，則為被人所重之結果。

朱建原來也是楚人，曾在淮南王英布幕中為相，以過失而去職，後來重歸英布，英布要造反的時候，曾經徵詢過朱建的意見，朱建反對他造反，但是英布不聽，及英布被滅，漢帝為了他曾經勸止英布，故封以平原君之號。朱建遂移家長安，不問世事，奉母家居，雖很貧困，但卻自樂其樂，由此，可知這是一個很有骨氣的大丈夫，與蒯徹之不從漢帝，可以稱之為一時的兩個義士。但是他也和蒯徹一樣，是出了名的舌辯之士，而其性行剛直，一切行動，以義為歸宿，不義之人，要想見他一面，也不容易。我們在介紹「好畤陸生」的時候，已經說過呂太后的嬖臣辟陽侯審食其，要想把結他，一直把結不上，便是他這種性格的關係。可

是朱建之不與審食其來往，他的好友陸賈知道他的心事。原來，
朱建知道審食其不是一個光明正大的人，他將來的下場可能很慘；
朱建如果接受他的結交，那當他身遭慘禍時，朱建自然要遭受牽
連，如何可以獨自生存以背道義呢？可是，朱建還有母親，如果
朱建真的與審食其同遭慘禍，那他的母親怎樣能夠生活下去呢？
朱建是一個大孝子，所以他是不肯置母親於不顧而接受審食其的
結交。這正像春秋時代吳國的公子光要專諸為他出死力以刺吳王
僚，而孝子專諸有母在之故，而不能如願相同。朱建則始終以奉
母為職志，審食其任何卑躬屈節的結交，他都不顧。但當他母親
死了以後，家貧無以為喪葬時，審食其乘此機會，贈以厚禮，而
且親往弔喪。一時，想把結這位炙手可熱的辟陽侯而無路可通的
政客們，或想得到審食其招呼的官僚們，大家都到朱建那裡，送
喪弔喪，使這條陋巷，一時車馬喧嚷，盛況空前。這真使朱建受
寵若驚了，他對審食其的感激，那是必然的事了。但是朱建並沒
有因此成為審食其的密友。

　　審食其這樣做，是陸賈出的主意。原來，朱建的心事，只有
陸賈明白；而審食其所以結交朱建之故，也只有陸賈明白。我們
很奇怪這位智慧過人而又忠於炎漢、潔身自好的陸生，為什麼要
替審食其出這個主意，陷其好友朱建於生命危險呢？可能的理由，
是朱建家貧，無以辦母親的喪葬；但陸生之家，至少是有中等的
資產，為朋友葬親，拿出一部分錢來，既未必影響他們父子的生
活，又可成全朱建的孝義與生命，豈不兩全其美！難道戰國以來，
義與俠的社會風氣，為朱建所具有，而陸生獨無嗎？這個歷史的
問題，我們無法解答。抑或陸生與審食其之間有著特別的關係嗎？
但是陸生畢竟是這樣的為審食其設計了，朱建也感激審食其對他
母親的尊敬而與審食其結交了，這些事實的相繼發生，使朱建的
生命也發生了危險。

七、朱建的義烈

　　孝惠帝在日，呂太后雖用事，但孝惠的意旨，呂太后有時也不能不尊重的。辟陽侯的驕縱姿肆，久而久之，遭忌日深。有人在惠帝面前攻訐審食其的奸惡，大臣多有為之作證明者，惠帝大怒，欲殺審食其，呂太后雖然心裡十分慚愧不安，欲救審食其，事亦不易。審食其諗知朱建之能，求見朱建，請其設法解救。朱建因風聲太緊，不敢與審食其相見；但他想法子見到惠帝的近臣閎籍孺。朱建向閎籍孺說：「您是皇帝的幸臣，是大家知道的；辟陽侯是太后的幸臣，也是大家知道的；皇帝下辟陽侯於獄而欲殺之，大家都說是您進的讒言。辟陽侯如被殺，太后也怒，把您也殺了，這是極可能的事。您何不向皇帝進言，為辟陽侯解脫其罪，皇帝一定聽您的話，把辟陽侯的罪赦免，太后一定非常的高興，您將有無限的前途，您想想看？」朱建這一番說明，有的自然是事實，有的卻是想當然耳的說法，所以恐嚇閎籍孺，使他不能不為辟陽侯設法。固然，辟陽侯由閎籍孺的關係，得到獲釋出獄的結果。當辟陽侯欲見朱建，而朱建不肯見的時候，辟陽侯大怒，以為朱建背叛了自己，及其獲釋，則又大為驚異，而對朱建感激不已。而朱建對於這件事，更是提都不願提一下，他這種義俠的行為，是值得我們欽佩，但是他的義俠為審食其出力，未免有些不值得，推原其故，陸生是要負責的。

　　審食其與太后及諸呂關係的密切，使其地位與生命，在劉、呂奪權鬥爭中呂后失敗後，大為危險。但是審某在如此的狂風巨浪中，並未遭到誅戮，據說都是陸賈和朱建為他作了種種安排的關係。可是審食其的生命，畢竟喪失在劉氏子孫手中，殺死他的是漢高祖的小兒子淮南厲王劉長。原來，劉長之母是趙王張敖的

美人，漢王八年，趙王獻之，有孕而生子，即劉長也。趙美人有孕時因貫高之反，漢帝怒，把和趙有關的貴族都繫在獄中，厲王之母，亦在其中。厲王的舅父趙廉，因辟陽侯而言於呂后，希望呂后把趙美人也繫在獄中的消息，向漢王一言。呂后奇妒，不肯轉告，辟陽侯也不敢多言。及趙美人生了厲王，恚而自殺，高祖把這個孩子交呂后撫養。後來劉長心知其事，不敢發難。及孝文帝接位，劉長朝京師，往見辟陽侯，以母冤而殺之，肉袒謝罪於闕下，訴辟陽侯之罪：「臣母不當坐趙時事，辟陽侯力能得之呂后，不爭，罪一也。趙王如意子母無罪，呂后殺之，辟陽侯不爭，罪二也。呂后王諸呂，欲以危劉氏，辟陽侯不爭，罪三也。臣謹為天下誅賊，報母之仇，伏闕下請罪。」這段故事，與平劇「淮河營」中李左車所說的劉長之母死難事，大同小異，足證「十老安劉」的故事有些歷史背景的。劉長力能扛鼎，他直捷了當的先殺審食其，然後請罪，文帝一來與劉長有同父異母的手足之義，二來也怕劉長的暴躁粗魯，三來對審食其也不直其所為，所以這件事算是過去了。審食其遇到劉長那樣的粗魯之人，即使有陸賈、朱建等幫他忙，也毫無用處。反過來說，朱建和審食其的關係甚深，頗為文帝所疑，因派人到朱家的附近去調查一番，事為朱建所知，便有自殺之意。他的兒子們和有關係的人，都勸朱建不必自殺，理由是所犯何罪尚未定讞，何苦先行自裁？可是朱建不聽，竟自刎而死。對於朱建的自殺，我們很佩服他自己負責的精神。原來，朱建之黨於審食其，是那樣的上了一個圈套。他被套住了，受人之恩，忠人之事，他對審食其是盡了心力的；可是審食其的人格和行為是有問題的，所以像朱建那樣性格的人，精神上的痛苦之深，我們可以想見的。及審食其死，文帝有治其罪的可能，他便自裁致命，以了結他精神痛苦的這一筆帳，這還不是大丈夫自作自受的果斷行為嗎！朱建既死，文帝聞而惜之，謂本無殺建

之意，乃拜其子為中大夫。後使匈奴單于，無禮，因罵單于而死。
朱建有這樣饒有父風的兒子，亦當含笑於九泉。

拾貳 隨機應變叔孫通

一、善於投機的儒生

漢高祖起自泗上亭長，不學有術，卒以其天賦的聰明才力，攻滅項羽，統一全國，繼秦之後，在平民知識分子政治運動的大潮流中，為之領袖，重建統一的鞏固的中央政權，成為中國歷史上第一個平民出身的皇帝，其事至盛，其業至大。方其興兵征戰之時，獨不喜儒生，曾以儒生之冠盛溺，對儒生動輒斥之為「豎儒」、「腐儒」，侮慢可謂備至。及項羽既滅，天下一統，陸賈為其言文治，行仁義，則仍曰：「迺公居馬上而得之，安事詩書！」由此，高帝在統一全國以後，仍然不懂管理眾人之事的政治為何物！故高帝的智囊人物中，不乏如陸賈之流的儒生，但其所以見重於高帝，並不以儒家的學說，來向高帝獻計行事，而是以辯士、策士的姿態，取悅於高帝，建立其勳業。酈食其、陸賈等，都是走這條路子。儒生之見重於高帝，陸賈著《新語》十二篇，備論古今成敗治亂興亡之事，是使高帝對儒生觀感轉變的開始，及婁敬使匈奴，主和親，叔孫通定朝儀，顯示朝廷的威嚴，乃對儒生的觀念，完全改變。其間叔孫通的影響力，最為重大，值得我們作一次專題的介紹，來了解這一時代儒生逆來順受的處境。

儒家究竟是怎樣一種人呢？班固的《漢書》〈藝文志〉說得好：「儒家者流，蓋出於司徒之官，助人君順陰陽、明教化者也。

游文於六經之中，留意於仁義之際，祖述堯舜，憲章文武，宗師仲尼，以重其言，於道為最高。……然惑者既失精微，而辟者又隨時抑揚，違離道本，苟以譁眾取寵。後進循之，是以五經乖析，儒學寖衰，此辟儒之患。」我們假使用班固的話來衡量叔孫通這位儒生，那他頗有「隨時抑揚」與「譁眾取寵」的嫌疑，我們如果稱之為「辟儒」，也許不算太過吧！也許他的這種作法，有其不得已的苦衷；但是這和孔子誠、正、修、齊、治、平的基本工夫，相去太遠，如叔孫先生者，其為善於投機的儒家乎？

怎樣知道這位叔孫先生是有隨時抑揚的投機本領呢？這裡有兩則故事，可以做我們的證據：

其一，這位原籍是薛人的叔孫先生，秦的時候，已經是一個博士，不過他並不是以儒家的本來面目應徵為博士，他是以文學應徵的。這裡便有一點投機意味。叔孫通做了幾年待詔博士，陳勝、吳廣已起兵反秦。使者把他們造反的消息向秦政府報告，二世皇帝召集了許多博士和儒生，討論陳勝、吳廣的起兵是什麼性質？當時參加這個御前會議的有三十多個人。他們的議論可分三派：一派是認定陳勝、吳廣是造反，造反的人，殺無赦，他們請求二世皇帝發兵誅反賊；另一派認為陳勝、吳廣是殺人放火的強盜，自有郡、守、尉捕治他們；只有叔孫通認為他們不過是小毛賊（竊），已經到了天下一家的時代，又有明天子在上，法令具在，地方官都有職責，那裡會有造反的事情發生，他們還不配稱強盜，只是鼠竊狗偷之輩，何足掛齒，也不必憂慮。秦二世對這批博士和儒生說到造反，怒色立即掛在臉上，非常的不高興；及聞強盜的議論，臉色稍變和悅，至叔孫通所說他們僅是小小的竊賊，才露出笑容來。二世皇帝年紀輕輕的，只曉得人家捧他的場，抽他的順風，而不面對現實，了解其嚴重性，秦安得而不亡？他還惱羞成怒，竟把這些話實說，認定陳勝、吳廣是造反的人都殺

了，說成強盜的人都予以免職，獨對說謊話來取悅於二世的叔孫通，賜帛二十匹，衣一襲，把他從待詔博士升為博士。所以他在秦政府時所得的博士，是說謊話、抽順風得來的！不過他如此說話，也有他的道理。御前會議既畢，大家退班出朝，有人責備叔孫通：「先生何言之諛也！」叔孫通解釋道：「公不知也，我幾不脫於虎口！」由此可知叔孫通作此違心之論，是為了自己免除禍患，倒還是情有可原。我們從他自此逃出秦京咸陽，回至故鄉一點來看，他的說話，頗有可信之處。然則叔孫通那次的說謊，還不失其為機智之人；但是，如果說他是一個抱道之士，那還有一段距離吧！

其二，他一生跟人家做事，所跟的主人，據說曾達十個之多。他原來是秦的博士，本是薛人，並沒有忠於秦政權的義務，那還不用去說。他從秦京咸陽回到薛的故鄉時，薛已為項梁所據，他便投到項梁帳下工作，及項梁被秦將章邯攻敗而死，楚懷王稍振其權力，他便投到懷王那裡工作；等到項羽尊懷王為義帝，徙之長沙，而中途擊殺之，則又在西楚霸王幕中效力。漢王二年，劉邦率其直屬部隊與五侯的聯軍，乘項羽對田榮作戰，彭城空虛的機會，發動對項羽的攻擊，彭城被劉邦攻下，這位叔孫先生則轉投劉邦，為漢王工作了。我們從這一經過來看，這位以儒家正宗自居的叔孫先生，是一位十足的功利主義者，他的宦途的經歷，很和窮困得生活困難的陳平相似，他也是有官就做，不管他所依附的人是誰？有沒有政治前途？合不合道義？因此，他的格調，比張良固然要低得多，比起同為儒者的酈食其、陸賈等來，也是不能相及的。

我們知道，張良起兵反秦以後，原欲到景駒那裡去投依的，可是他到了留，遇到了劉邦，傾談之下，覺得劉邦是一個天資英明的領袖人物，他便投在劉邦麾下，共圖大事，他的知人之明如

此，所以他能夠在漢王的智囊團中居領導的地位。至於酈食其，在天下洶洶的反秦浪潮中，經過酈食其家鄉的風雲人物，不知凡幾，但他毫不動心；獨對劉邦幕中的同鄉述及劉邦為人的時候，他便有投劉邦之心，固請他的同鄉為他介紹；可是當他晤見劉邦時，他是十足表現了他不可侮蔑的人格，我們試讀《史記》〈陸賈列傳〉的後段記載酈食其晤見劉邦的一段文字：

> 初，沛公引兵過陳留，酈生踵軍門上謁（和現在的名片相似）曰：「高陽賤民酈食其，竊聞沛公暴露，將兵助楚討不義，敬勞從者，願得望見，口畫天下便事。」使者入通，沛公方洗，問使者曰：「何如人也？」使者曰：「狀貌類大儒，衣儒衣，冠側注（冠的名稱）。」沛公曰：「為我謝之，言我方以天下為事，未暇見儒人也。」……酈生瞋目案劍叱使者曰：「走，復入言沛公，吾高陽酒徒也，非儒人也。」使者懼而失謁（把名片掉在地上），跪拾謁，還走，復入報曰：「客，天下壯士也！叱臣，臣恐，至失謁，曰『走，復入言，而（同爾）公高陽酒徒也。』」

從這一段話，雖酈食其衣儒衣，冠側注，分明是一個儒生，而諱言儒者，自稱高陽酒徒，以豪邁之氣，迎合沛公之意，不免有點兒枉屈自己，但總還有他的格調；不若叔孫通，在降漢以後，知道漢王憎惡儒生，所以就連儒衣都不敢穿，把他的服裝，也改變成楚服的格式，完全是楚國平民打扮的短裝，所謂「短衣楚製」便是。叔孫通之投機取巧，由此可知。

二、推薦將士，囑學生待時

　　漢王對叔孫通和他的學生一百多人的投降，及叔孫通的能夠隨俗變易，表示高興，而叔孫通此際，似乎也識得時局發展的重心，不在知識分子的儒生，而在能征慣戰和衝鋒陷陣的將士，所以他對漢王如果推薦人才，專門拿壯士和強有力的為非作歹的人做對象，並不為他的弟子們謀出路。這些草莽英雄的獷夫豪客，當然有因叔孫通的介紹而有逐漸發跡的。消息傳到他的學生耳朵裡，於是他的學生們，便對他們的老師不滿意，並且進一步的向他提出帶有責備語氣的詢問：「事先生數歲，幸得從降漢，今不能進臣等，專言大猾，何也？」這些意見，他們在背後醞釀已久，而且有的還在暗中詈罵。叔孫通對他的學生們的責問，回答得很妙，他說：「漢王方蒙矢石爭天下，諸生寧能鬥乎？故先言斬將搴旗之士。諸生且待我，我不忘矣。」從這一點看，叔孫先生究竟是一個識時務的人，而不是一個只知道為他相從已久的學生們謀打算的人。要知道如果他這樣做，那他在漢王面前的發言效力，便要大大的打折扣，也許他和他的學生都永無出頭之日了。

　　叔孫通要他的學生們忍耐些，等待機會（待我），那是什麼機會呢？什麼時候，機會才會到臨呢？他的看法，是在天下平定之後。我們從劉邦起兵以後所重用的人和上面所說叔孫通向劉邦推薦的人來看，他們之中，除了少數知識分子外，都是粗人，都是獷悍之徒，不但無規矩，而且根本不懂規矩，不了解君臣的關係。可是劉邦是靠這些人打天下的。當打天下的時候，他們之間，雖然有主從之分，但在天下大亂之際，維繫此項主從關係的有力因素，端賴利害二字，打下一個城池，給予什麼獎賞，是劉邦維繫他們的常用辦法，項羽不能用這個辦法，所以項羽的部屬，常

常背楚而歸漢。反之，漢王如果要求過嚴，他們也會背漢而去的。如果他們真的背漢而去，那漢王如何制裁他們？也真成為極大的問題。所以當時的紀律二字，實在是談不上的。我們但看韓信下齊七十餘城而申請為「假齊王」時，漢王不能不從的那種忍氣吞聲的情形，我們便可了解漢王維繫其部屬的用心之苦了。可是，項羽既滅，漢王已統一全國，諸侯都尊漢王為帝，他已君臨天下，有其專制帝王的絕對尊嚴地位，而這些草莽英雄式的舊日袍澤，依然是往時一樣，大哥、二哥、麻子哥等一派無規無矩的放蕩行為，不知漢家帝皇的尊嚴為何事；他們甚至在高帝面前，飲酒爭功，酩酊大醉時，仍如往日一樣的拔劍擊柱，口出粗鄙言詞。高帝對此，試問如何能夠忍耐？高帝之殺功臣，或厭惡功臣，恐怕這是一個很自然的動機；高帝之開始偃武修文的動機，也許就在那個時候。試看那個時候，陸賈對漢帝言文治的重要，漢帝雖然仍有以馬上得之仍欲以馬上治之的話，但陸賈面折之，謂「寧可以馬上治之乎？」高帝也不以為罪，反而要陸賈把他所知道的寫下來給他看，陸賈每寫一篇，他總是讚不絕口，連寫了十二篇，都是如此。這是一反漢帝以往的習慣，如果在此以前，一定「腐儒」、「豎儒」等難聽的詞句，罵不絕口，甚而至於又來一次以儒冠盛溺的惡作劇，也說不定；而漢高此時，竟耐著性子讓他寫下去，而且稱讚不已。足證漢帝此時對儒生的觀感，和過去相較，已大不相同了。

陸賈所說的儒家仁民、愛物、治國、平天下的大道理，以歷史事實來做說明，是儒家的大道理；而叔孫通所做的，乃是為漢帝制定禮儀，維護皇帝的尊嚴和朝廷的紀綱，雖非儒家的禮儀，而在那個時候，卻也相當重要。儒家的基本治道，是君君、臣臣、父父、子子等三綱五常，用來維持社會的秩序和政府的威信。叔孫先生對這一方面只有部分貢獻。

三、朝儀的制行

　　秦時，君臣之間的分際，本來有嚴格的規定，朝廷的威儀，
更是十分的尊嚴。漢帝出身於平民，雖然他看見了秦皇出巡的威
嚴，有大丈夫當如此的感想；但在起兵之初，要大家赤膽忠心的
出力，這個架子擺不起來；及入關，甚至不能不以廢秦苛法為號
召，因而朝廷的威儀與綱紀，也就蕩然無存了。漢帝在攻滅項羽
以後，未嘗不以秦時朝廷威儀為追尋的目標；可是他自己對此，
一竅不通，只有徒喚奈何了。叔孫先生這位善觀人意的儒者，審
察這種情勢，認為他所等待的時機，終於到來了；於是，他向高
皇帝進言：「夫儒者難與進取，可與守成。臣願徵魯諸生，與臣弟
子共起朝儀。」「儒者難與進取」這句話，可以說是叔孫通對儒家
最恰當的批評，故酈生、陸生在漢王未勝項羽以前的見重，都以
舌辯家與縱橫術來表現其才能的；即叔孫先生那樣的正宗儒生，
亦不與其弟子以所學為當世服務，而以推介群盜與壯士等大猾之
人來立功的。所以叔孫通之被漢王拜為博士，封為稷嗣君，並非
經由儒術。及漢王平天下，稱漢高帝，而長於守成的儒術，遂得
舒展其所長。定朝儀，正是正宗儒家之所長，也是叔孫先生的看
家本領。
　　漢高帝對於叔孫通的建議，初表懷疑，所以問他：「得無難
乎？」叔孫通毫不猶豫的告訴高帝：

　　　五帝異樂，三王不同禮。禮者，因時世人情為之節文者也。
　　　故夏、殷、周之禮所因損益可知者，謂不相復也。臣願頗
　　　采古禮，與秦儀雜就之。

　　儒家本來是祖述堯、舜，憲章文、武的，多少富於復古的氣味。可是叔孫通的見解，似乎很受商鞅、李斯的影響，主張進化論，可以就時世人情而為斟酌損益；但還脫不了古禮與秦儀，這又是叔孫通的通時達變之處，此叔孫先生之所以名為通也。

　　漢高帝同意叔孫通的見解，委他試試看，總不要過於繁文縟節，要以他能夠辦得到的為標準。這裡，我們應該注意漢高帝對於這些古代的禮儀，是知道得很少，而且他一向自由自在慣了的，也不願多受禮儀拘束，所以特別要叔孫通注意不要太過繁瑣，使他感到不習慣，不耐煩。叔孫通領了高帝這個旨意，到魯國去，徵求三十多個儒生會同草擬漢家的朝儀。叔孫通那時已是相當的權貴，已經以儒生的領袖自居，他也認為這些魯諸生應該不會辜負他的期望的。不料其中有兩個純粹書生型的儒者，對叔孫通並不尊重，而且拒絕參加這個工作。

　　他們的理由是：「公所事者且十主，皆面諛以得親貴。今天下初定，死者未葬，傷者未起，又欲起禮樂。禮樂所由起，積德百年而後可興也。吾不忍為公所為。公所為不合古，吾不行。公往矣，無污我。」這兩位儒生，並非不識抬舉，他們一方面是看不慣叔孫通的行為，二方面制禮作樂，是一件非常慎重的事情，決不可以在短期間草草率率所能辦得好的。他們倒是儒家傳統的見解。可是如果照他們這樣，那漢高帝的心願，一時又達不成了。所以這兩位儒生的不肯應徵，並沒有使叔孫通灰心，也沒有妨礙叔孫通要做的事情。

　　怎樣說制禮作樂，是儒家認為極該慎重而不能草率完成的工作呢？按儒家的鼻祖，應該是周公，而不是孔子。周公是孔子最崇拜而向來視為模範的大聖人。周公佐武王東征，滅殷紂，建周政權。武王駕崩，周公輔佐武王的大兒子成王繼位，成王是一個不很懂事的大孩子，一切政令和國家重大的決策，都由周公代為

處理，所謂「攝行政」的便是。制禮作樂，是周公畢生的大事之一。《尚書大傳》說：「周公居攝六年，制禮作樂。周公將作禮樂，優游之，三年不能作。君子恥其言而不見從，恥其行而不見隨。將大作，恐天下莫我知；將小作，不能揚父祖功烈德澤。然後營洛（洛陽），以觀天下之心。於是四方諸侯，率其群黨，各攻位於其庭。周公曰：『示之以力役且猶至，況導之以禮樂乎！』然後敢作禮樂。」周公是一位多材多藝的聖人，但是他的制禮作樂，經過長時間思考，又經過徵召力役的測驗，才敢於動手起草。叔孫通欲短時期內完成朝儀，那是違背儒家的傳統的。其實，這是兩位儒生的誤會，叔孫通所要定的，不過是漢天子上朝下朝時的一般禮節，與周公化民成俗的治國平天下的制禮作樂，完全是兩回事，兩位儒者的想法，是抬高了叔孫通，而不知叔孫通始終沒有脫離隨時抑揚的投其主之所好的窠臼！《史記》〈禮書〉說：「至秦有天下，悉內（同納）六國禮儀，采擇其善，雖不合聖制，其尊君抑臣，朝廷濟濟，依古以來。至於高祖，光有四海，叔孫通頗有所增益減損，大抵皆襲秦故。自天子稱號下至佐僚及宮室官名，少所變改。」那是把叔孫通的心事，說得最明白的一段文字了。我們知道秦是尚法的國家，秦統一全國後，就是把尚法的精神，推行至全國。其朝廷的威儀與紀綱，也悉本法家的宗旨，「尊君抑臣」，那裡還有周公制禮作樂與推行教化的作用！叔孫通所定的是朝儀，不是制禮作樂，是秦的朝儀之延續，其間頗有增損，以適應時代的需要罷了。

　　叔孫通對於這兩位儒生的意見，譏為不知「時變」的「鄙儒」，因與三十來個魯諸生和他的弟子百餘人，擬定了一套禮儀，在鄉間引繩為綿，立表為蕝，練習了一個多月，叔孫通認為可以了，於是請漢高帝去參看一下，高帝看了以後，也練習了一次，很歡喜地說：「吾能為此。」因把這一套禮儀，要群臣也都加以學

習。漢王七年十月，長樂宮落成，諸侯都來朝賀。叔孫通那一套朝儀，便在這一機會中開始實行。在朝儀開始之前，天色剛亮，由謁者擔任儀注的執行官員，所有諸侯及群臣，依次由他們引入殿門，在殿門之前的廷中，陳著車騎步卒，作宮殿的護衛，並設兵以張旗幟，兼司傳言的責任。殿下由郎中挾陛（進宮的階梯），陛上可列數百人，功臣、列侯、諸將軍、軍吏在西邊站著，面向東；文官丞相以下，站在東邊，面向西。宮中與陛間有傳話的人，叫做大行，那就是古代專司賓客接待的官。在大行官之下，又設九賓，以司群臣與皇帝之間的傳話之責。這樣的安排停當之後，漢高帝乘著御用的輦車，走出御房，進入宮中，負有專職的官吏，

明劉俊「漢殿論功圖」

一見帝輦入宮，立即把信號傳出，並引諸侯王以下至六百石官秩的文武百官，依次入殿奉賀。諸侯王等見到了這樣的場面，人人心懷恐懼，儀表也不得不嚴肅而恭敬起來了。朝賀既畢，高帝置清酒，侍坐殿上的諸臣，都仆伏低首，依尊卑的次序，向高帝上壽，觴行九巡，全禮完成，謁者宣告罷酒，朝觀者始依次退出。在典禮進行中御史是專司糾察失儀的人，如有不合，即行引去。因此，全部典禮完竣，無人敢有喧譁之聲，亦不敢有失禮之人。經過這一

次的正式朝儀，高帝既歡喜又感慨地說：「吾迺今日知為皇帝之貴也！」高帝這個感覺，當然是叔孫通和他的門弟子以及其他儒生的貢獻，所以高帝論功行賞，拜叔孫通為太常，賜贈黃金五百斤。叔孫通至此，知高帝對他非常滿意，因而實踐了他對門弟子的諾言，向漢高帝建議，派他的門弟子一些差使，他說：「諸弟子儒生隨臣久矣，與臣共為儀，願陛下官之。」於是高帝都派他們為「郎」官。這些儒生，至此笑逐顏開，大家都來向叔孫通恭維：「叔孫生誠聖人也，知當世之要務。」《史記》這幾句輕描淡寫的話，把這些窮酸儒生的勢利相，活生生地畫了出來，令人知世態炎涼的實際，雖日日以孔子之道自勉者，亦所難免了。不過叔孫通先生倒不是貪利之人，高帝特別獎他的黃金五百斤，他並沒有落入私人的腰包，都分給這些儒生和門弟子了，也許此舉是叔孫通被尊為聖人的動機之一。

四、制儀成功，官拜太輔

　　叔孫通的這一套，無非是尊君抑臣，使皇帝高高在上，即與丞相御史大夫等政府重要的官吏，在上朝的時候，也有距離，因而皇帝的尊嚴始備，朝廷的威儀始尊。所以這僅僅是「朝儀」而已，也僅僅是儒家「君君」「臣臣」的形式的具備而已，與周公的制禮作樂，以禮儀、禮制、禮法、禮俗等教化天下，化民成俗者，相去不可以道里計。可是，漢高帝對叔孫通要求的也至此為止，對儒家治國平天下和教民養民的大道理，並不發生多大的興趣。不過儒家可與守成的那句話，對漢高帝的興趣，不僅在朝儀的訂立，而尤在於太子的輔助；因此，高帝九年，叔孫通官運亨通，又被漢高帝擢升為太子太傅。那時的叔孫通，在太子這一方面來說，還比張良為高而且要，因為張良還只是太子少傅而已。可是

叔孫通對太子的保全，可以說是毫無辦法，太子之所以能夠保全，還是靠張良的機智，而不是靠叔孫通的正面直諫，這大概所謂「難以進取」的一角罷！

張良知道漢高帝要廢棄太子，改立趙王如意，並不是口舌所能爭得過來的，所以只是說了一次，點綴點綴門面，就不再說了，就要惠太子設法用卑躬屈節的厚禮來結交商山四皓。至若叔孫先生，雖通時務，但不能製造時務，挽回時務。叔孫先生只能引古證今，說明太子之不可輕易廢棄，否則必然遭致國家的大亂。他用的故事，是晉獻公廢申生太子而立寵妃驪姬所生的少子奚齊為太子的一段歷史。這一段故事是這樣的：晉獻公的正妻是齊桓公的女兒，早死，生長子申生，為獻公的太子；獻公又娶了兩個姓狐的翟女，她們姊妹二人，各生一子，即重耳與夷吾。獻公後來又娶驪戎之女，名曰驪姬，甚嬖愛之。及驪姬生子奚齊，獻公遂疏三子，要他們都離開他，分駐三個他認為重要的地區：太子申生駐曲沃，次子重耳駐蒲，三子夷吾駐屈。太子的幕客，知道獻公不懷好意，要申生逃走，申生不肯聽從，認為這樣做，是違背了父親的意旨，而且也無法服侍父親，那便是不孝了。由此，可知申生實在是一個賢孝之人。後來，獻公固然要廢申生而立奚齊，奚齊之母是一個心機很深的毒辣之人，她表面上不以獻公廢嫡立庶為然，但卻暗中讒害太子，以立其子。獻公二十一年，驪姬派人至曲沃，告訴申生說：獻公夢見申生的母親，要申生在曲沃設祭。申生不知是計，即在曲沃設祭，並把祭祀中所用的肉稱為胙肉的，貢獻給他的父親。獻公接到胙肉，非常高興，就要食用；驪姬止之，謂胙肉從外面拿進來的，應該先試一試。其實胙肉中，驪姬已經下了毒藥，所以擺在地上，地即隆起；給狗吃，狗死了；給小臣吃，小臣也死了。驪姬乘這個機會，誣賴申生要殺死父親，自立為君；並且進一步向獻公逼迫：「太子所以然者，不過以妾及

奚齊之故，妾願子母辟之他國，若早自殺，毋徒使母子為太子所
魚肉也。」獻公至此，不由得不立下決心，除去太子，並及其他二
子。其他二子，都逃走了，申生不逃，遂及於難。奚齊遂被立為
太子。獻公死，奚齊繼位，不久被殺，由驪姬幼子倬子繼位；倬
子又被殺，逃在外面的夷吾回來做晉君，是為晉惠公，惠公卒由
子圉繼位，是為懷公。晉國一直不太平，直到公子重耳回國，始
得安定。叔孫通用這個故事來勸阻高帝，不可廢嫡長子而立庶少
子。他說：

> 昔者晉獻公以驪姬之故廢太子，立奚齊，晉國亂者數十年，
> 為天下笑。秦以不早定扶蘇，令趙高得以詐立胡亥，自使
> 滅祀，此陛下所親見。今太子仁孝，天下皆聞之，呂后與
> 陛下攻苦食啖（同淡），其可背哉！

叔孫通的理由，未嘗不充足，而且他還表示他對職務的忠誠，
以死為誓。他說：

> 陛下必欲廢適（同嫡）而立少，臣願先伏誅，以頸血汙地！

高帝聽了叔孫通的話，深深地感到這位「識時務」的儒生，
忽然「不識時務」起來，如果真的讓他為了爭立太子的問題而自
刎以死，必然遭到更多的反對，事情便更加不好辦了。老奸巨猾
的高帝，只好也隨機應變的來對付這位忽然認真非凡的儒生。他
輕鬆地答覆叔孫通：你說得很多，感覺到疲乏嗎？這不過是一句
戲言罷了！叔孫通不知道漢高帝這句話倒真是戲言，還信以為真
的說：「太子天下本，本一搖，天下振動，奈何以天下為戲！」高
帝還恐怕叔孫通不信，補上一句：「吾聽公言。」實際上，他心裡

所想的，完全是兩回事，而叔孫通似乎滿意了。叔孫通對此，並不了解此事非口舌所能爭，更不了解高帝的權術，以為已經如願以償，不再設法了。若非張良設法使太子能與四皓結交，四皓能隨著太子入見高帝，則太子之能否安於其位，仍實大成問題，到真的廢棄太子時，那就來不及了，由此，可知叔孫通對問題的看法，同張良比起來，那相去實在太遠了。

五、禮典的擬定

高帝去世，惠帝繼位，叔孫通這個太子太傅的官職，總算達成了任務，也可告一段落，惠帝仍令他回任太傅的舊職。及高帝陵寢安葬以及歲祭等問題發生，惠帝仍然要叔孫通擔任擬定祀典的責任；祭祀禮儀擬定以後，仍須演習純熟，也由叔孫通來教導大家。所以漢家諸種禮儀，都出叔孫通之手。禮儀之制訂與實施，是叔孫通對漢家政權的最大貢獻了。此種貢獻，對一個政權的安定來說，也是相當重要的。

叔孫通對惠帝有關儀注與便民的問題，也有另一貢獻，值得我們注意。原來，呂太后住長樂宮，在惠帝所居之宮的東方，惠帝不時要朝見太后，車駕至此，必有警戒，禁止行人來往，對老百姓頗多不便。因而築一複道，以避免煩擾百姓，自武庫之南為起點。叔孫通不以為然，在奏事的機會中，特別請退左右，指惠帝此舉為不當，他說：「陛下何自築複道高寢，衣冠月出遊高廟？高廟，漢太祖，奈何令後世子孫乘宗廟道上行哉！」這裡所講的高寢，是高帝的衣冠冢所在，正當複道，高廟是連著高寢的。所以惠帝由複道朝見太后，等於為後世子孫創一乘輿遊高廟的先例，叔孫通認為不應該。惠帝是從善如流的帝皇，因叔孫通之言而大為惶恐，下令拆除複道，叔孫通又以為不可，認為這表示皇帝做

錯了事，被百姓知道了不好，他建議在渭北地區，建立原廟，為渭北衣冠，多建宗廟，常往瞻仰，乃是大孝之本。乃建原廟於複道的起點。叔孫通並且建議，帝應在春果如櫻桃等成熟時，向宗廟獻果。惠帝從之，春獻鮮果，遂成為漢家祀祖的常禮。這些，都是叔孫通的貢獻。

由此，我們可以知道叔孫通這位儒生，對儒家的禮儀甚為熟悉，此外他就沒有什麼其他的心得了。他之能夠在大時代中打滾，歷事十主，沒有出什麼大問題，全靠他因風轉舵的所謂識時務的本領。就他一生的事蹟來看，他的所謂識時務，有點兒投機的意味；而他的出言吐語，雖然自以為不是鄙儒，但為正宗儒生所不齒。但叔孫通終於靠他對禮儀的熟悉，對當世有所貢獻，也算不虛此生了。孔子是聖之時者，像叔孫通那可以說儒之時者了。

拾參 奉春君婁敬

一、熟知天下形勢的知識分子

漢王中晚期的智囊人物中，有一個並無藉藉名的知識分子，但其人格實在叔孫通之上，其智謀亦非一般漢王的智囊人物可比。這個人姓婁名敬，後來漢帝賜姓劉氏，《史記》、《漢書》都有傳，《史記》稱劉敬，與叔孫通合傳，而劉敬在前，叔孫通在後，其揚劉敬而抑叔孫，是顯然可見的。至《漢書》仍作婁敬，重其本姓，並與酈食其、陸賈、朱建、叔孫通同傳，也刊在叔孫之前。這中間的道理，顯然可見的，是叔孫通不過是定朝儀祀典罷了，對劉氏政權的安定，雖有關係，但是比較起來，卻是小節，若劉敬所論，關於建都的問題，關於匈奴不可伐的建議，關於對匈奴和親的建議，關於強本弱末的建議，都是國家的根本大計，也是政權安定的根本大計。這個人見解的高超，心思的細密，如果早期在劉邦幕下獻謀，縱然不及張良，也該和陳平不相上下，其勝於酈食其、陸賈者當甚多，更非叔孫通所能望其項背了。

婁敬是什麼地方人？史但稱其為齊人。我們從他向漢王的諸種建議中，可以看到他是飽讀載籍、熟知天下形勢的人，他是高級知識分子，可無疑義。我們從班固把婁敬和許多儒家排在一道作傳，從太史公把婁敬和叔孫通排在一起作傳來看，他們可能都把婁敬看作儒家。但是我們從他見漢王時的服裝來看，從他在漢

王面前所作的種種議論來看，他的儒家
氣氛並不濃厚；我們再從他是齊人而非
魯人來看，他同儒家的淵源，可能不深；
而他的知識或學問的來源，可能得諸戰
國晚期齊都稷下先生們的諸種學說，其
可能性反而較大。總之，他是一個有深
度的知識分子，同時更是一個有格調的
知識分子，是漢初的重要人才之一。

婁　敬

　　婁敬在漢王初期的政治生涯中，所
任的職務並不重要。他雖然是齊人，有
他自己地區的政治勢力，如諸田氏之勃興，但他似乎都沒有和他
們發生關係；他也沒有找到機會與漢王相接近，他見到漢王，已
經是項羽已滅，天下大定的時候了。所以在秦末的天下大亂與楚
漢對峙的這個大時代中，他沒有抓住機會，表現身手。史書但說
漢王五年，他戍守隴西，過洛陽時，才得見漢高帝的。原文如下：

> 漢五年，戍隴西，過洛陽，高帝在焉。婁敬脫輓輅，衣其
> 羊裘，見齊人虞將軍曰：「臣願見上言便事。」虞將軍欲與
> 之鮮衣，婁敬曰：「臣衣帛，衣帛見；衣褐，衣褐見，終不
> 敢易衣。」於是虞將軍入言上，上召入見，賜食。

　　這一段記載，看起來很簡單，但頭幾句便有很多的問題。第
一，他戍隴西，是從家鄉到隴西去戍守而過洛陽呢？還是久戍隴
西，因東返而過洛陽？如果婁敬的生卒年月有記載可考，那這些
問題是容易解決的。由於婁敬的生卒年月，無從考證，所以便成
為問題了。為什麼這裡要有問題呢？我們得先承認一個原則，那
便是婁敬既是飽學之士而又關心世務的；那末他身居齊地，不管

齊南也好，齊北也好，都是戰亂之區，諸如項梁、劉邦的經營齊南方的薛泗等地，項羽之經齊北上救趙，諸田的割據與互爭，酈食其之說齊，韓信之下齊與項羽派龍且等救齊，李左車、蒯通等知識分子，都捲入這些鬥爭的漩渦，而婁敬獨能遺身世外，對於這樣熱鬧的場面無動於衷嗎？不活動，既不可能，那他定然要參加某項政治活動了，既活動了，以他的才智，必有貢獻，何以史家並無隻字提及？所以作者很疑心，他是在秦政府時代被徵戍守隴西，因為遠離政治漩渦的中心地區，他也落得逍遙自在，不問不聞，直等到他久戍東歸，路過洛陽，正好高帝也在洛陽，他便央求他的同鄉向高帝引見。假使作者的看法不錯，那婁敬這一套知識和學問，是他在家鄉的時候已經完成，不過直要等見到高帝的時候，才能在實際上貢獻出來。作者作此假定，有一個旁證，那就是他因久戍隴西，與邊區宗族既有長期間的相處，所以知道邊區民族的虛實真偽，這種知識，應用到匈奴方面，他才會有正確的認識和正確的建議。如故認作他由家鄉到隴西去戍守，路過洛陽，晉謁高祖，那他與高帝一席會談，深獲高帝賞識，他就留下來，便不到戍所去了，而曰戍隴，於事理恐怕有些講不過去罷；我們再看他是輓著輅車，穿著羊裘過洛陽，那不是清楚地描寫隴西的服裝和交通工具嗎！

婁敬衣羊裘而見高祖，一種粗獷的自然派作風，他的同鄉看不慣，認為這樣去見位至高帝的國君，是一種不敬，所以他拿出一套鮮衣來，要他換上，才去通報求見。婁敬不肯矯揉造作，他是堅決主張穿什麼衣服來，就是那套衣服去見高帝，用不著作偽。這樣的作風，頗有孔子「君子素其位而行，素富貴行乎富貴，素貧賤行乎貧賤」的意味，比酈食其衣儒衣而晉大、呼不是儒生是高陽酒徒的作法，固然兩樣；比起叔孫通棄儒衣儒冠而效楚國裝束，更不可同日而語了。所以婁敬這個人，光是這一點，已經值

得敬佩。他這種格調，實已高人一等。從這一點看，他不是儒生大致是不會錯的。

二、建都長安的建議

　　婁敬用這樣的裝束見高帝，反得高帝的好感，召見以後便賜他吃飯。吃飯以後，便和他長談。那一次婁敬所談的是建都問題。那個時候，漢高帝頗有久都洛陽的打算。婁敬對此，先向高帝提出一個問題：「陛下都洛陽，豈欲與周室比隆哉?」高帝的答覆是「是的」。於是婁敬便說出一番不可的道理來。他是首先從周室的興盛是由列祖列宗的積德說起，然後說明周公經營洛陽的作用，指出建都洛陽的弊病，他的說詞，非常委婉曲折，使高帝聽了，雖然是在批駁高帝的主張，但卻又不便動肝火，發脾氣。這便是婁敬說話的技巧，頗有戰國策士的遺風，而其所持理由，實在也有獨到之處。他說：

　　陛下取天下與周室異。周之先自后稷，堯封之邰，積德累善十有餘世。公劉避桀居豳。太王以狄伐故，去豳，杖馬箠居岐，國人爭隨之。及文王為西伯，斷虞、芮之訟，始受命，呂望、伯夷，自海濱來歸之。武王伐紂，不期而會孟津之上八百諸侯，皆曰「紂可伐矣」，遂滅殷。成王即位，周公之屬傅相焉，迺營成周洛邑，以此為天下之中也，諸侯四方納貢，道里均矣。有德則易以王，無德則易以亡。凡居此者，欲令周務以德致人，不欲依阻險，令後世驕奢以虐民也。及周之盛時，天下和洽，四夷鄉風，慕義懷德，附離而並事天子。不屯一卒，不戰一士，八夷大國之民莫不賓服，效其職貢。及周之衰也，分而為兩，天下莫朝，

周不能制也。非其德薄也，而形勢弱也。今陛下起豐沛，收卒三千人，以之徑往而卷蜀、漢，定三秦，與項羽戰滎陽，爭成皋之口，大戰七十，小戰四十，使天下之民肝腦塗地，父子暴骨中野，不可勝數，哭泣之聲未絕，傷痍者未起，而欲比隆於成、康之時，臣竊以為不侔也。

婁敬這一段話的結論，是從祖宗積德這方面立論，使漢高帝不覺得怎樣難堪。不過，這裡有幾點要特別說明如下：周的祖先始自后稷，后稷是教民稼穡的，也就是說這是一個開始從事於農業的氏族。原始生活的時代，茹毛飲血，不知農耕為何事，有人能夠教以耕種方法，改進他們生活，自然是受人歡迎的。好比我們現在派往非洲各國的農耕隊，毫無政治作用，而以耕種方法，向非洲各國的人民示範，並且教導他們，因而備受他們的歡迎，那是必然的結果。我們駐在薩伊共和國的農耕示範隊，其政府特別給他們造了一個新村，送給這個新村一方匾額，稱為「聖人之居」。從這一點，我們可以了解草昧之世的「聖人」，和後世道德高尚、學問淵博的聖人不同。后稷以後的周的祖先，是從遊牧狩獵生活進展到農耕生活，附近的居民，多來效法，累世如此，這便是所謂積「德」了。

這裡所稱的狄是遊牧族，那是藏族。藏族的原居地是青康藏高原，海拔四千至五千公尺高寒之地，生活至苦。他們的生活，始終停留在遊牧階段，他們有一個經常的移民行動，大多數是經由青海而出黃河上游，從湟水、大夏河、洮河等河谷，至渭河上游，沿著渭河而下。渭河這個區域，原來也是遊牧狩獵的地區，可是在公劉的時候，逐漸農業化了。農業和遊牧顯著不同之點，農業是把荒地開闢為農地，這塊已開闢的土地便算他們的財產了，此與遊牧族逐水草遷徙的情形，大不相同；而遊牧族對已開闢的

農地之主權，他們既不懂，也不承認。公劉所居的豳，便是在渭河中游，恰好是遊牧藏人東進的必經之路。此在公劉的農業區來看，便是受侵了。此一受侵，到了周太王的時代，便忍受不了，因而向東遷移至岐山，孟子所稱：「昔者太王居豳，狄人侵之，事之以皮幣，不得免焉；事之以犬馬，不得免焉；……去豳，踰梁山，邑於岐山之下居焉……從之者如歸市。」那就是指這件事了。公劉居豳，從事於農耕，起初必然規模甚小，對狄人的遷居行進，並不會發生阻礙；發生阻礙，一定在農耕規模較大的時候。這裡我們應該注意的，是太王居豳等歷史事實，婁敬強調之，以為是積德的感化，那是儒家的說法，因此，我們有理由相信婁敬至少與儒家接近。不過婁敬強調的是周是世家，積德至深，為天下人心所歸向，但是他們經營洛陽，不過是為了與東方諸侯接觸的便利，而周的政治中心並不在洛陽；等到周的政治中心遷移到洛陽的時候，前此諸侯對周的朝貢覲賀，都到洛陽的，至東周竟然不來了。婁敬指出：這不是「德薄」，而是「勢弱」。他分明是說建都洛陽，形單勢弱；但恐高帝難堪，所以從積德說起，以減少不愉快氣氛；但仍然捧他一陣，說他起豐沛，以三千人滅秦滅楚，底定天下，其事至難；而積德不如周之深厚，而欲都於「有德易王，無德易亡」的洛陽，那是不可以的。

　　建都洛陽不可以，那末建都什麼地方更好呢？婁敬看中意的是西周和秦兩代建都的關中之地。西周都於豐鎬，秦都於咸陽，兩地相去甚近，而都在渭河下游的涇渭平原上。婁敬在他認為建都洛陽不可的結論提出後，進一步說出比洛陽形勢更好的地方來。他接著說：

　　　　秦地被山帶河，四塞以為固，卒（同猝）然有急，百萬之眾可具也。因秦之故，資甚美膏腴之地，此所謂天府者也。

陛下入關而都之，山東雖亂，秦之故地可全而有也。夫與人鬥，不搤其亢，拊其背，未能全其勝也。今陛下入關而都，案秦之故地，此亦搤天下之亢而拊其背也。

他建都關中最主要的理由，是關中盆地和洛陽盆地相較，規模大得多，人口多得多，何況又有四面的要塞，可資守禦，所以婁敬認為建都關中，對全國的形勢來說，譬如打架的時候，扼敵人之亢而拊其背，足以致敵人之死命一樣。婁敬這種說法，對關中的形勢，認識可謂至深，見解可謂至高。不過對天下形勢毫無所知的高帝，對婁敬所說，似懂非懂；其實事理是十分明白的，項羽殘燒秦宮室，捨四塞的關中不都，而都於四戰之地的彭城，完全以兵力之強弱為是否安全的標準，是最失策的事。這是目前之事，是高帝親眼看見的事，以高帝的天資，寧不知以此為鑑。可是，這種形勢的認識，要比較高深的知識；而婁敬初見，便對與政權興衰有密切關連的大問題作此建議，高帝對此也不很信任，所以他把這個問題，向群臣諮詢。群臣之中，極大多數是豐沛一帶的原籍，他們但願新都不要離家鄉太遠，洛陽對他們家鄉的距離，較關中為近，所以他們對婁敬的建議，都不贊成。最後還是由於張良的進言，這個問題，才告解決。張良是贊成建都關中的，所以他說「婁敬之說是也」。西漢政權的建都問題，由張良一言而定，漢高帝說做就做，即日命駕西去關中，定都於秦都咸陽的附近，命名長安，由蕭何經造未央、長樂等宮，並建北第，以位置群功臣。但高帝對原議建都關中的婁敬，並不忘記。他說：「本言都秦地者婁敬，婁者乃劉也。」因賜姓劉，拜為郎中，號為奉春君。由此，可知高帝對婁敬的器重，也可知婁敬會晤高帝以後，未再離開；所以戍隴西乃是以前的事。

三、建議匈奴不可伐，因禍得福

　　漢高帝攻滅項羽以後的大問題，最重要的是內部的安定；其次則為北方遊牧族匈奴的南下。就國家的安全來說，高皇帝所認定的功臣的叛亂，是他一種多疑善忌的心理所促成的，如果高帝是一個寬宏大量的皇帝，諸功臣也自知行蹟的檢點，這個問題，根本不會發生，所以實際上當時的嚴重問題，只有一個，就是匈奴的南下問題。我國北部各省區，位處於寒冷季節較長的地帶，生活也比較的困難，所以民間風俗也是比較的強悍。此在兵家看來，正是最好的兵源地區；而這個地區正好又接近於北方邊疆，與北方遊牧族常常接觸的地區。北方的遊牧族匈奴，在戰國時期，已經強大。幸而有趙李牧在代郡的大勝利，殺了十多萬匈奴人，自此不敢南下者十餘年。十餘年後，舊創漸忘，力量又逐漸恢復而再行南下；則秦已統一中國，秦始皇以蒙恬為將，發兵擊敗匈奴，並築萬里長城，以為守禦的防線，匈奴又十餘年不敢南下。楚漢相爭之際，匈奴本來不相統屬的各地遊牧帳幕，已在頭曼與冒頓兩單于的努力之下，統一起來；而且人數與馬匹都較前增加甚多，所以南下時人馬均多，邊境郡縣，常有騷動。北方邊境郡縣的守尉或封建諸侯，為了安定社會，為了保障權位，有時候不免要和匈奴人打打交道，結結朋友。這種情形，在漢的高皇帝看來，何嘗不是邊境郡縣的守尉們或封建諸侯們背漢而投降匈奴的預兆。何況這些郡縣，又是公認為兵源的良好地區，實足為國家的大患。所以高皇帝統一宇內，安定內部以後，對北方邊區的問題，特別注意。他常常派親信的將帥去擔任北方邊區的守衛工作，名位都很隆重，如燕的盧綰、趙的陳豨等，可是這些將帥，到了北方以後，如出一轍地都因受到匈奴的壓力，不能不和他打交道。

多疑的高帝，便以為他們要造反了。其實，真正的因素，不外上述的緣由。其中，最成問題的是韓王信，他本是韓國的貴族，因張良的關係而得立為封建諸侯，高至王位；但他與漢的關係，本來就比較疏，而且他又沒有立過什麼功勳，所以他的內心常有恐懼；他所鎮守的邊區，又是匈奴南下的通路，受到的壓力特別大，所以他為生存計，不能不應付匈奴；漢帝對他猜疑愈深，他對匈奴的敷衍也愈甚，真的逐漸變成匈奴與漢的兩屬國了。漢高帝七年的所謂韓王信反，其本質不過如此。可是在漢高皇帝看來，這是一個嚴重的問題；因此，他親自率領三十二萬馬步大軍，北征韓王信。

漢高帝的親征韓王信，行動是非常慎重的，他到了太原以後，便停下來，派了十起的使者，去探聽匈奴的虛實，以便決定應有的戰略。高帝得到的主要情報有兩個：㈠是韓王信將與匈奴聯合，與漢作戰，這是他久在胸中納悶的問題，至此獲得證實，所以不由得他不悖然生怒。㈡是匈奴力量並不如傳言之甚，他們所看到的，都是老弱之輩，作戰力量不強，所以他們都說「匈奴可擊」。漢高帝對使者們的報告，仍是不敢輕信，而要婁敬去另作一次察看，但是大家都這樣說，正所謂眾口鑠金，他大體上是對匈奴用兵了，所以婁敬走後不久，漢的大兵也就出發了，婁敬到了北疆也看到了匈奴的老弱牧人與嬴瘦牲畜，他認為這是匈奴的詐術，漢兵不宜輕易與匈奴交綏，以免中其圈套。

他把這個意見向高皇帝說了，並且申述他的理由，他謹慎地說：

> 兩國相擊，此宜夸（同誇）矜見所長。今臣往，徒見嬴瘠老弱，此必欲見短，伏奇兵以爭利，愚以為匈奴不可擊也。

　　基於上述的看法，所以婁敬的結論是：「匈奴不可擊也」，與高帝已決定的政策相反。實際上他的看法，是深刻而正確的，他也是本著直言敢諫的書生本色和國家利益，不管高皇帝高興不高興，自己倒霉不倒霉，本其所知所見，就這樣的說了。這回，漢高帝卻是生氣了，他生氣的原因有二：一是十起使者都說匈奴可擊，而這個書生而後期任用的人，獨以為不可擊，大有標新立異，故意與眾不同以釣名沽譽之嫌；二是他的大軍已經出發了，要停也停不下來，而且就這樣憑婁敬一段話，就把已經出發的幾十萬大兵停下來，把軍國大事，不免形同兒戲，這個臺階他下不來。基於上述的原因，高皇帝是發脾氣了，還是從前的老樣子，大罵婁敬。他說：「齊虜，以口舌得官，今迺妄言沮吾軍！」於是把婁敬因寄在廣武，他照常的向北方進兵，實際上，當婁敬勸止高帝進兵時，高帝的大軍二十多萬，已經北出勾注山（即雁門關），向平城進發了。高帝自己，也向這一方向指揮軍事。匈奴仍以老弱與漢兵交鋒，一經接觸，便即敗退，高帝並不懷疑，反認為匈奴可敗，乘勝長驅而前，經平城而至白登，匈奴果以強勁的大隊騎兵，將白登城團團圍住，漢兵內外隔絕，不得相通。高帝被圍於白登者凡七日，飲食都發生問題，潰敗就在目前，若不是陳平的「祕計」，漢高帝這條老命，就要斷送在這一戰役中了。

　　漢高帝白登脫圍，大有惱羞為怒的情緒，不過他的怒，不是發洩在婁敬身上，而是發洩在其他十個使者身上，都把他們殺了。對於婁敬，他頓生敬意，特別派人到廣武，把婁敬自獄中放出，並且向他謝罪：「吾不用公言，以困平城，吾皆以（同已）斬前使十輩言（匈奴）可擊者矣。」於是婁敬被高帝封為關內侯，食邑二千戶，號稱建信侯，漢高時代，書生以一個建議而封侯食采邑者，婁敬乃第一人，他的榮寵的際遇，較諸陸賈、隨何等，幸運得多了。這裡，我們可以看到一位開國之君的氣度。

四、和親政策及其效果

漢高帝自白登被圍後，對匈奴一時並無基本的政策；而匈奴當時實甚強大，騎兵部隊（控弦之士）自三十萬至四十萬，對漢的北疆，有著重大的威脅。

按匈奴當時的國王，是冒頓單于，其騎兵人數，據《史記》〈劉敬列傳〉稱三十萬，但〈匈奴列傳〉則稱四十萬，此種對敵人兵力的估計數字，難免有出入，是常有的事，本文兼採兩說，作為三十萬至四十萬，使讀者了解其為估計的數字，故有很大的彈性。匈奴既有如此龐大的控弦之士，足以威脅漢北疆的安全；而韓王信經平城一戰，知漢對匈奴，也是無能為力，所以他便正式的投降匈奴，接受匈奴的命令，作為他侵漢的先鋒。至此，高帝不能不謀求對策，他仍向婁敬諮詢。從這種種來看，我們有理由相信婁敬是鎮守隴西很久，對胡人的習慣與性格，知道得比較多，所以平城之役前他便有勸止的建議，平城之役後，高帝也以對匈奴的政策，徵詢婁敬的意見。婁敬的答覆，為漢家此後百年的匈奴政策，定下一個基本原則，即和親的原則，其重要性，我們可以從其影響深遠的方面，得到正確的答案。

婁敬對匈奴和親的原則，是基於一個基本的認識，這個認識是從漢的現勢和胡人，尤其是冒頓的殘忍性格得到的結論。他說：「天下初定，士卒罷（同疲）於兵，未可以武服也。冒頓殺父代立，妻群母，以力為威，未可以仁義說也。獨可以計久遠子孫為臣耳，然恐陛下不能為！」婁敬首先說明漢朝政府不能再對匈奴用兵，但他諱言白登被圍，而以士卒疲乏為理由，足證他善於措詞而說話很有分寸。他說明冒頓是兇殘之人，而胡人首長，又是「妻群母」的好色之徒，所以有一個可以使胡人子孫都來臣服的計策，

只怕高帝辦不到。他是先把高帝激一下，以免直率的說出來，遭到不愉快的結果。高帝的答案，我們可以想像得到的，只要對國家有利益，而可以辦得到的，當然可以照辦。果然不出我們所料，高帝是這樣回答了。於是婁敬建議和親的原則，而且要高帝以嫡長女下嫁給匈奴王。他的理由是：

> 陛下誠能以適（同嫡）長公主妻之，厚奉遺之，彼知漢適女送厚，蠻夷必慕以為閼氏（意即皇后），生子必為太子，代單于。何者？貪漢重幣。陛下以歲時漢所餘彼所鮮數問遺，因使辯士風諭以禮節。冒頓在，固為子婿；死，則外孫為單于。豈嘗聞外孫敢與大父抗禮者哉？兵可無戰以漸臣也。若陛下不能遣長公主，而令宗室及後宮詐稱公主，彼亦知，不肯貴近，無益也。

婁敬的建議，分成三個要點：㈠要把高帝嫡長公主嫁給匈奴單于，以貴而取得皇后的地位，生下的兒子便是太子，有繼位權；㈡要歲時以匈奴缺乏的貨物，送給匈奴，以便結好；㈢派辯士風以禮義，使他們知道女婿、外孫對外家應有的禮貌。這種婚姻繼續下去，數世以後，便可使匈奴變為漢的臣屬了。所以他特別著重長公主這個原則，他所以在建議之初吞吞吐吐的不直接說出來，必待高帝原則同意後，然後敢說。婁敬這個建議，誠然有他的道理；如果能夠做到，至少皇室之間的關係良好，匈奴南下，可以不必擔心其政治因素，而只是季節性的和經濟性的內移民了。高帝對婁敬的建議，可以了解他的精義，可以辦得到；但是皇后方面，這一關便難於通過了。所以當高帝要把長公主遣嫁的時候，呂后因只此一女，不肯遠嫁匈奴，日夜在高帝面前啼啼哭哭，予以阻留，此種妻女之情，即使像高帝那樣的創業之主，以國家百

年之計為重，至此也難免有所顧慮，改以宗人子冒充長公主而遣
嫁之。婁敬奉命為和親特使，與匈奴訂和親之約而回。這個有心
人，經此一行，對匈奴的了解，又深了一層，尤其是對匈奴南部，
即戰國時期的河南地區的白羊、樓煩諸胡，得到親眼的觀察，他
又有一個新的對國家的利益有重大關係的建議。

五、強本弱末政策

他的新建議，就是所謂強本弱末的原則，他道經南匈奴的白
羊、樓煩，這些匈奴的部落，距離長安最近的只有七百里，輕快
的騎兵部隊，一日一夜，就可以到達秦中。而秦中空虛，應有預
防的準備。按白羊、樓煩，後世稱為新秦中，而秦中則指關中。
白羊、樓煩諸部落，接近邊界，已相當漢化，已經是新秦中的一
部分了。婁敬的建議，究竟是指新秦中，還是關中的秦中，那是
值得研究的問題。我們且看他建議的原文：

> 劉敬從匈奴來，因言：「匈奴河南白羊、樓煩王，去長安近
> 者七百里，輕騎一日一夜可以至秦中。秦中新破，少民，
> 地肥饒，……今陛下雖都關中，實少人。北近胡寇，東有
> 六國之族，宗彊，一日有變，陛下亦未得高枕而臥也。臣
> 願陛下徙齊諸田、楚昭、屈、景、燕、趙、韓、魏後，及
> 豪桀名家居關中。無事，可以備胡；諸侯有變，亦足率以
> 東伐，此彊本弱末之術也。」

我們把這一段文字，細加研究，婁敬的建議，分為對內對外
兩大原則，而其辦法則為遷移國內的世家豪族至秦中。所謂對外，
則是重在國防，即對付匈奴的南下，匈奴如至白羊、樓煩，則對

漢家中央政府所在地的長安，構成重大威脅。我們從這一觀點來
研究婁敬移國內世家大族至關中或秦中，應該是接近白羊、樓煩
的新秦中，才是具有積極的國防意義。但是《史記索隱》則說：
「今（唐代）高陵、櫟陽諸田，華陰、好畤諸景，及三輔諸屈諸
懷尚多，皆此時所徙也。」我們從唐代的諸田、諸屈、諸景、諸懷
的分布來看，則高帝時所徙的世家豪族，都遷在長安附近，雖然
也有可能初遷的目的地是新秦中，後來因亂而南徙，但是整齊地
分布在長安的四周，也不像是因亂而再遷的。

　　婁敬這個建議，雖然不是他的創見，如秦始皇的時代，曾經
把中原的農民南遷至嶺南的，據說多達五十萬，而世家豪族遷至
咸陽者數亦不少；而漢高帝依婁敬的建議所遷的不過十餘萬口，
規模還遠不如秦；但是「強本弱末」之術的原則，卻是婁敬叫出
來的。這個政策的特點，如果世家大族的遷徙以新秦中為目標，
則對外重於對內；如果以長安附近為目標，則對內重於對外，所
謂對內，就是預防這些散處於全國各地的世家大族，對漢家政權
有不利的軌外行動；把他們遷到畿輔附近，俾便控制與利用，所
以稱之為「強本弱末」。這個政策，對後世的影響也很深，例如漢
武帝以後的南匈奴，讓他們住在河南地區和山西北部地區雜居；
東漢時馬援移羌於三輔，都是採取易於監視與控制的政策，是從
強本弱末蛻化而來的。明初把輔佐太祖打天下的重臣與將帥都在
南京賜有宅第，如常府街的開平王常遇春的大公館，王府街的中
山王徐達的大公館，沐府街沐英的大公館等都是。這也是從強本
弱末政策蛻化而來的。由此，可知婁敬這一政策對歷史影響的深
遠。

　　綜上所述，可知婁敬在高帝晚期的智囊人物中居於重要的地
位，尤其是關於匈奴問題的諮詢中，他的意見，常有決定性的重
要，雖陳平，有時候也趕不上。我們綜合婁敬一生，現在所傳下

來的對漢高帝的建議，一共有四項；關於四個大問題：第一次的建議是關於建都的問題，那時候婁敬還是初次見到高帝，他是不贊成高帝建都洛陽的意見，而建議建都關中，高帝對他似信非信，經他的舊幹部的反對，他沒有主張了，終於靠著張良的贊同，決定捨洛陽而都長安。由此，高帝對婁敬的才智有了賞識，這才有第一次的特別差遣，而使婁敬有第二次的建議，那就是諫勸高皇帝不可對匈奴用兵，以防其詐。這次建議，雖然起初是倒霉的，但使高帝有進一步對婁敬的認識，卻有賴這一次的建議，因而有第二次的諮詢和婁敬第三次的建議，那就是對匈奴和親政策的確定了。這一政策的影響也是很深的。他的第四次建議，便是強本弱末的主張。第三次和第四次的建議，都由於高帝對婁敬的信賴已深，所以毫不遲疑的接受過來。雖然和親政策，由於呂后的不願把她惟一的女兒遠嫁，改用宗人子女冒充長公主而變了質，使婁敬的理想沒有能夠全部實現，但北邊的暫時安定，總算收到相當的效果。維持下去，經過孝惠帝、呂太后、漢文帝、漢景帝四個政府，直到漢武帝的初年還是奉行著的。由此，我們可以肯定的說，婁敬對漢家政權的四次建議，都是非常重要，影響都是非常深遠。其人是一個讀書有心得，對事有見解，而不肯隨世俗浮沉，以苟且僥倖取得功名富貴的人。

拾肆 彭越與欒布

一、彭越的重要性

　　楚漢相持的苦戰階段中，彭越算得上叱吒風雲的人物了，欒布有言：「方上（漢高皇帝）之困於彭城，敗滎陽、成皋間，項王所以遂不能西，徒以彭王居梁地，與漢合從苦楚也。當是之時，彭王一顧，與楚則漢破，與漢而楚破。且垓下之會，微彭王，項氏不亡。」欒布是彭越的同鄉，而且他們是老朋友，舊主僕，他的對漢高帝為彭越聲言其功，其出發點是基於私人的感情，但是他敢於在帝王面前如此的侃侃而談，如果離乎事實，那豈不是自速死亡！所以彭越這個人，對楚漢相爭的局面，有重大的關係，是不容置疑的。不僅如此，漢高帝智囊團的首要分子張良，在漢高帝苦戰於滎陽、成皋之間的時候，對彭越的估價，便作舉足輕重的看法，認為彭越與英布，都是擊敗項羽的有力人物，漢王如能聯絡彭越、英布，好好利用漢王帳下的韓信，定可滅楚。張良這個看法，還是在彭越未著奇功以前的話。漢王聽從張良的建議，善用韓信，好好的與彭越、英布相結合，終於完成滅楚的大功。漢初異姓封王者四人，即韓信、楚王，彭越、梁王，英布、淮南王，吳芮、長沙王，彭越地位之重要，由此可知了。
　　彭越原籍昌邑，在現今山東省的曹縣附近，和那時候的成武相去甚近。他的身世，史家未有著錄，我們無法知道。但是，他

是一個有號的人，他的號叫做「仲」，好比漢高帝姓劉名邦字季一樣。古人有名且有號的並不很多，如陳平等都沒有號，英布、蕭何等也沒有號，如果以劉邦有號的例來看彭越，他可能在地方有相當的聲望，有一大批人烘雲托月地在捧著他。彭越可能就是這樣的人，所謂「豪傑」者便是。彭越在秦末的動亂中，是在鉅野澤中為盜。他之所以為盜，是不是像陳勝、吳廣、劉邦一樣？在公務上犯了秦政府的法，不設法擺脫秦政府的控制，無法生存下去，所以不得已而挺身走險，我們也無法知道。不過他在鉅野澤中為盜，是事實。由此，可知彭越是一個不安穩的人。

二、彭越的軍事才能

彭越是不是知識分子或讀過書的人？這也是一個謎。但從他為群盜時頗知建立發號施令的威嚴這一點來看，他可能讀過書，也可能對軍事領導具有特別的天賦。這樣具有特別天賦的人，劉邦便是一個顯著的例。怎樣知道彭越是具有軍事上的領導才能呢？史稱：

> 陳勝、項梁之起，少年或謂越曰：「諸豪傑相立畔秦，仲可以來，亦效之！」彭越曰：「兩龍方鬭，且待之。」居歲餘，澤間少年相聚百餘人，往從彭越，曰：「請仲為長！」越謝曰：「臣不願與諸君。」少年彊請，乃許。與期旦日日出會，後期者斬。旦日日出，十餘人後，後至者日中。於是越謝曰：「臣老，諸君彊以為長。今期而多後，不可盡誅，誅最後者一人。」令校長斬之。皆笑曰：「何至是？請後不敢。」於是越乃引一人斬之，設壇祭，乃令徒屬。徒屬皆大驚，畏越，莫敢仰視。

　　這一段明白如話的《史記》的記載，描寫彭越允推就職，建立命令威嚴的經過，誠有繪聲繪影之妙。彭越對諸惡少年的擁為領導人，初辭不就，固請乃允，這是他欲擒故縱之術。諸少年對彭越稱其號而不冠以姓，足證彭越之受人尊敬的一斑。他知道這些惡少年，任性胡為，不知紀律為何事，所以他在就職之前，先作一次約期集會的試驗，而以後至者斬來做戒律，原規定是太陽一見就到會的，果然有逾時不到，而且有遲至日中始至者。彭越以斬最後至的一人為厲警；果然有人以為是笑話，作為何至如此嚴重的訕笑論調。彭越不管這些烏合之眾的議論，就把這個人殺了，於是命令的威嚴始具，大家對彭越的領導始服。這裡，我們應該注意彭越的權術，如果依照原命令，把十多個後到的人都來開刀，那恐怕要引起反動，這一股少年可能便一鬨而散。所以彭越只斬最後到的那一個人，那是一種權變，只犧牲一個人，不致使大家寒心而生變，而殺了這一個人，既足顯示彭越對其他十多個人的恩，又可以完成命令期在必行的威與信。由此種種，我們便可以知道這位草莽英雄，並不是簡單人物，不是他學養有素，便是具有特殊的天賦了。根據許多的歷史事實，天下大亂時，揭竿而起的，往往不是學養有素的人，而是亡命之徒居多數。以彭越的行動來看，天下未亂之時，他已經在澤中為盜，幹水泊梁山式的勾當，所以他是後一型的人物之可能性為大。

　　彭越由群盜而為反秦的英雄，出頭露面的號召群眾，反抗秦國的統治，諸侯散卒之相從者，短期獲得一千多人。那時候，沛公劉邦也已起兵，由碭北來昌邑。彭越那個時候，不響應別人，而只響應沛公的行動，作聯合的出擊；但並未攻下昌邑，而沛公之兵，轉北上為西進，彭越並未從沛公西征，而是仍然在鉅野澤中，招收舊日諸侯的散卒和怦怦欲動的里中少年。魏的散卒，歸屬彭越者甚眾。彭越在昌邑之戰以後，和沛公分道揚鑣，這是他

一生功業的分歧點。如果他跟著沛公西去，那他在沛公帳下的資格之老，僅次於豐沛舉兵老幹部，以彭越的才能，他的功勳，決不會在絳、灌之下，他的下場，也可能不會如此的慘。但是對漢高帝來說，如果在滎陽、成皋之間苦戰時，沒有彭越這一支部隊在項羽的後方搗亂，那漢王所受的壓力更重，戰事前途，正未可樂觀。所以彭越與沛公在昌邑之戰以後，各走各的路，對彭越後來的功業，未有影響，而對彭越的下場之慘，卻是大有關係；而對漢王來說，破宛入秦，既未因彭越之未從而有影響，而後來困窘於滎成間時得彭越之助而解圍，最後更得彭越之助而完成垓下之圍，達到消滅項羽、統一全國的目的，那是有利無弊了。

三、獨立性的行動及其對漢王的貢獻

彭越仍舊在鉅野澤中，一面為盜，一面收集魏的散卒，其眾漸達萬餘人，但他既不與項羽接觸，也不與齊境的諸田相聯絡，他自顧自的做他的水寨英雄。及項羽入關，大封諸侯，自然輪不到彭越有什麼封賞；而彭越之眾，已積聚至三萬人以上了。漢王劉邦還定三秦，時田榮已叛項羽，劉邦也事實上已與項羽開戰了；彭越這一股接近項羽地盤的力量，劉邦遂予運用，在劉邦東征的時候，以將軍印授彭越，要他向濟陰方面攻擊項羽的側面，其時項羽正率領大軍北擊田榮，項羽命其部將蕭公角迎擊彭越，蕭軍大敗。漢王東擊彭城時，魏王豹及其諸侯從征者甚多，彭越則以其所屬三萬餘人在外黃歸屬漢王，所定的魏地達十餘城之多。漢王對於彭越的功績，甚為欣賞，但也帶有疑忌之心，此可以從他不立彭越為魏王，而巧妙地說彭越正在覓魏後而立之，遂以魏王豹為魏王而以彭越為相國。這一事實，我們可以見到了漢王猜忌彭越的消息。彭越對此，似乎沒有什麼芥蒂，繼續以其所部略定

梁（即魏）地。及漢王兵敗彭城，狼狽西遁，從征諸侯都叛亡而
去，包括魏豹在內，彭越所定魏城，也相繼為項羽軍所占。彭越
本人，還是老辦法，他不跟漢王共同向西，獨退據於黃河河岸的
一帶地區，從事於遊擊戰，常常遮斷項羽軍的糧道，增加項羽軍
對漢王軍作戰的困難。由此種種，可知當時的彭越是忠於漢王的。
欒布所說「與楚則漢破，與漢而楚破」，就是指一事實而言，當時
的形勢，也的確是如此，漢高帝的心中是十分明白的。欒布之未
被處罪，也是為此。

　　漢王三、四年間，是漢王與項羽對戰最苦的時期，前途是大
有希望，而當時的情況則十分惡劣。我們曾經介紹過漢王守不住
滎陽而西遁成皋，由紀信代死和漢王受傷的事實，可知當時戰局
不利的一斑。項羽既破滎陽之後，乘勝猛追，席捲成皋，本有其
可能；所以當時的漢王幕中，便有暫退宛、葉的建議，但是張良
等不以為然，因有捐梁地予彭越、齊地予韓信的建議。那時候的
彭越，正在梁地遊擊，絕楚糧道，韓信則在齊境作戰。項羽進圍
成皋不久，便不能不撤出大部分軍隊去對付彭越和韓信了。項羽
臨走的時候，留其大將大司馬曹無咎監視漢軍，要他謹守勿戰，
如果漢軍挑戰，應置之不理，只要守住漢軍，使他不得東向，能
達十五日，便算達成任務了。這位曹無咎，起初還很能遵守項羽
指示的原則，不理會漢軍的挑戰。漢王使人辱罵楚軍達五、六日
之久，曹無咎漸覺憤怒難忍，在他一時氣憤的情況下，竟把項羽
的指示忘了，把他的部隊渡過成皋城東的汜水，意欲直撲成皋，
但楚軍僅得半渡，驟遭漢軍的突襲，全軍覆沒，大司馬咎與長史
欣都自刎而死。

　　項羽要曹無咎謹守十五日，也有他的道理，因為他認為有十
五日的時間，他足可定梁地而還；但他不知道彭越用的是遊擊戰，
要消滅他是不容易的，等到項羽大軍一回，彭越又回到原地作戰，

楚軍後路依然隨時有被切斷的危險。所以如果曹無咎能夠守十五日，以俟項羽還軍，那以後的拉鋸戰，正不知何時可了。但是實際上曹無咎只守五、六日便戰了，便全軍敗亡了，時項羽正攻下陳留、外黃、睢陽等地，節節勝利，而曹無咎的敗訊傳至，漢軍正乘勝追擊楚將鍾離眜於榮陽。項羽乃停止對彭越的進攻，還救榮陽，其時韓信也大破援齊的楚軍，下齊七十餘城，戰爭形勢，漢軍已由劣勢而轉為優勢了。由這一經過來看，楚軍由優勢而轉變為劣勢，漢軍由劣勢而轉為優勢，其關鍵完全在彭越與韓信二人。當然，英布之叛楚，拖住了楚軍西進達幾個月之久，也有關鍵性的重要。

項羽捨彭越而西援榮陽，彭越又跟蹤還擊，又把昌邑等二十多個城收復了，而且還得穀十餘萬斛，送給漢王，補充軍糧，漢軍益振。在這樣的發展中，一向好強的項羽，自知力不如人，使出兩條求生存的妙計：一條妙計，是派人勸說韓信在楚漢相爭中保持中立，使天下三分，相安無事；一條妙計則與漢連和，以鴻溝（淮水支流之一，即宋時的汴河，為南北交通的孔道）為界，相約罷兵。這是把已統一的國家重行分裂，和當時大一統的時代思潮相背的；所以鴻溝為界之約，雖得漢王的同意，而且項羽還交出漢王的父親太公等重要俘虜，罷兵東歸。但是，項羽這兩條生存之計，都無法可以實現：第一，韓信不接受中立建議，他依舊堅持他漢王部屬的地位，保持與漢合擊的自由；第二，漢王並未恪守鴻溝之約，在項羽罷兵東歸之時，隨後襲擊楚軍，以致戰端重啟。這裡，我們應當注意的，在項羽的和平計畫中，並沒有把彭越這股力量計算進去。不錯，當時彭越的力量，沒有韓信那末大，但是彭越的處境卻較韓信為劣。因為韓信是從現今山西、河北一路而來，到了齊境，才遇到項羽的大軍；彭越則不然，他是在四戰之地的今河南東部大平原，在項羽的基本地盤中，進進

出出，作遊擊戰，隨時有遇到強有力的項羽軍的可能；而他始終能夠保持實力，呼應漢王部隊，騷擾對漢王作戰的項羽軍後路，他對漢王的貢獻，實在韓信之上，因韓信的攻勢，遠在楚軍後方的後方，不能立即發生牽制項羽軍的效果，而彭越軍緊接著攻擊楚軍的補給線，隨時發生對楚軍攻漢的牽制作用。這一形勢，是異常清楚的。

四、垓下會戰前後的彭越

漢王採取張良、陳平的建議，緊躡項羽之後，打消了鴻溝和約的效果，漢王那時似乎看重彭越這股力量，由於彭越這股力量，近在咫尺，所以他先與彭越相約，合力擊楚。彭越對此，是婉言拒絕的，他的理由是：「魏地初定，尚畏楚，未可去。」所以漢王便單獨出擊。在這次出擊中，我們只看到張良、陳平的繼續作戰的建議，並沒有看到他們如何作戰的建議。這可能是漢王在成皋、榮陽兩次勝利之後，自以為指揮能力很強，部隊實力甚足，不免又有點兒趾高氣揚之故。但是，漢王這次出擊，依然不是項羽的敵手，又被打敗了。於是他又請教張良。他提出諸侯相約不至，是什麼道理？這個問題，張良替他提出答案。張良說：

> 齊王（韓）信之立，非君王之意，信亦不自堅。彭越本定梁地，功多，始君王以魏豹故，拜彭越為魏相國。今豹死毋後，且越亦欲王，而君王不蚤（同早）定，與此兩國約；即勝楚，睢陽以北至穀城，皆以王彭相國；從陳以東傅海，與齊王信。齊王信家在楚，此其意欲復得故邑。君王能出捐此地許二人，二人今可致；即不能，事未可知也。

漢王至此，即採張良建議，派人把這個意思通知彭越和韓信，彭越和韓信的兵，於是南下，作為垓下之戰的主力。這件事，漢王對韓信、彭越都不滿意，而對韓信的大不滿意，這是第二次了。對彭越的不滿意，雖是第一次，但是問題出在和韓信一起，不免加重了對彭越的猜疑。我們客觀的說，漢王在此大敵當前之時，還存這種忌功之心，固然有失厚道，而這兩個人過去對漢王建立這末多的功勳，事情發展到最後的一擊，而看不透未來的後果，作此無言的要挾，也有為德不終，有傷忠厚的可議之處了。何況可共患難，不可共安樂，已有越王句踐在先，所謂「狡兔死，走狗烹，飛鳥盡，良弓藏」，已是功臣不得善終之至理名言，韓信、彭越到底是讀書不多的人，所以對自己處境之危，毫無所知，良可嘆矣。

漢王五年，項羽已滅，天下已定，漢王已為人公認為漢高皇帝，但他仍然守著項羽未滅以前的約言，封彭越為梁王，都於定陶，即後世的曹州。梁王彭越也很謹慎的做他受封於漢高皇帝的諸侯，六年朝漢帝於陳，十年朝漢帝於長安，六年之朝於陳，那就是漢帝詭遊雲夢，逮捕韓信的那一次所謂巡狩，是漢帝對付功臣的開端。

五、彭越的危機

十年之秋，陳豨造反，漢帝自將北征，徵兵於彭越，高帝駐邯鄲以待之。彭越對高帝這個命令，有點兒陽奉陰違，自己稱病不從征，而遣將將兵以為代。這樣，漢帝便非常的生氣，派人責備彭越，彭越大為恐慌，就想自己將兵，親至漢帝那裡謝罪，其將扈輒不以為然。扈輒的理由是這樣的：他認為如果彭越在沒有受責時前往，那是出於誠心，可以免禍；被責而後前往，那就一

定被逮捕了。扈輒的話，雖然有道理，但是仍然不一定和事實發展相合。我們試看韓信在陳的被捕，所謂謀反，並沒有什麼事實可證，當時陳平所獻詭遊雲夢之計，原不過試探韓信是否有謀反之意圖；如果他打算造反，他便心虛不肯前來；如無反意，他必前來。結果，韓信是來了，他還不是被捕！當陳豨之反，如果高帝真的認為兵力不足以平陳豨，他應該在出發之前，便向梁王徵兵；今出發時並不徵兵，到了邯鄲，才向彭越徵兵，那分明是對彭越不放心，所以彭越如果在漢王徵兵之初，即親自帶兵往邯鄲會合，也未必能免於逮捕，因為那時候，高帝對彭越已經起了殺機，天地之大，彭越已無安身之所了。

我們知道彭越是一個善於用兵的人，所以他即使棄封潛逃，隱姓埋名於深山窮谷之中，一旦被高帝發覺，他還是一個死。所以扈輒的見解，還是不徹底，他勸彭越造反，更不是保全彭越的辦法，無怪彭越要不聽他的話了。結果，彭越受責以後，還是不肯親自率兵以會高帝。我們客觀的說，彭越此時，只有自殺一條路。如果他是自殺而死，他還落得忠於漢室的令名。可是，彭越既不自殺，亦不造反，只是稱病在家，靜候他的太僕告他造反，等漢帝來逮捕他。我們從彭越不肯造反，也不作拒捕的準備，他對漢室的忠心，實在是沒有問題的；可是漢帝逮捕了他，有司審問了他，其結論是「反形已具」，這不是莫須有的冤獄嗎？漢帝對彭越的處置，還算是寬大的，當有司請依法誅戮彭越時，高帝還赦免他的死罪，廢為庶人，把他充軍到蜀的青衣江去，以享天年。那時候，高帝他們都在洛陽，有建都之意。彭越西行至鄭，這個鄭是後世的華州鄭縣，就是現在的山西省華陰市。也正是他合該倒霉，正好遇到了呂后，以為碰上救星了，於是向她申訴自己並無罪過，願回昌邑居住，請呂后在高帝面前說情。呂后慨然允諾，把彭越帶著，共同向東。及至洛陽，呂后反向高帝說釋放彭越是

一件不妥當的事，因為彭越是一位壯士，把他遠遷蜀地，那是自
貽後禍了。呂后把話向高帝交待明白以後，便要彭越的舍人告發
彭越又要造反，廷尉王恬奏請族之。於是彭越自己被剁成肉醬
（醢），其親族亦被連及，你看他死得慘不慘？冤不冤？彭越之
死，激起英布的造反，這對漢室的太子，幾乎有重大的危害。因
為是時高帝已病，意欲令太子東征，若非張良見機，四皓獻議，
那太子之被廢，恐將無可避免了。

六、義祭彭越的欒布

　　彭越既被醢，漢朝政府還頒布命令，連他的屍首都不准收埋，
如有收埋之人，就如同彭越的造反夥伴一樣，同處重罪。漢政府
正把彭越的首級號令於洛陽城時，突然有一個從齊境來的人，在
彭越的頭下，祠而哭之，此人因而被捕。這個人並非他人，便是
欒布。欒布這個人，在愛好平劇的人看來，並不陌生。因為平劇
「淮河營」這齣戲，便有欒布出場。戲劇家把欒布這個角色，用
小丑來應工，算是漢帝的託孤老臣之一，同李左車與蒯徹二人自
長安同往淮河營，晤見高帝的小兒子淮南王劉長，說明他的生身
母親，不是呂后，而是香宮趙娘娘，趙娘娘是被呂后所殺害，劉
長是呂后接過來撫養的；所以呂后是他殺母仇人，要他不要接受
呂后的命令，來危害炎漢的政權。劉長是一個性情暴躁，任性作
為，沒有理性好講的人。欒布會同李左車、蒯徹到了淮河營門口，
心裡非常害怕，說要方便，想乘機溜走，被蒯徹識破他的心機，
一把拉住，因而有「緊要關頭，屎也不准拉」的唱辭，演來滑稽
突梯，不像是一個血性丈夫。這是戲劇家故意捧蒯徹的場，而降
低欒布的格。實際上的欒布，並不是這樣的窩囊廢物！
　　欒布是梁人，與彭越本是同鄉，而且是彭越閒居在家時的朋

友。這個人家庭環境很壞，後來在齊境幫傭，做過酒家的傭保。其後，彭越至鉅野澤中為盜，而欒布則被人虜掠，被賣為奴，是在燕境了。欒布對於這家主人，似乎很滿意，當他的主人被害時，他挺身而出，為其主人報仇。其事為燕將臧荼所知，特舉欒布為都尉。後來臧荼做了燕王，欒布便也升任為將了。所以這位欒布先生，真是出身微賤，幾經奮鬥，總算有了一條出路。可是，命運真會捉弄人，正當他得到相當出頭之日時，臧荼又以反漢而被誅，欒布也牽連被捕，眼看性命就要完結。幸而那個時候，彭越已為梁王，知道了欒布被捕的消息，特別向漢帝請求，把欒布贖出來，就在梁王幕中做一名大夫的官職。彭越問題發生時，欒布是奉派到齊去料理事務。及歸，彭越的三族都已被誅，彭越的頭也被掛在洛陽城上了。欒布至此，深感彭越對他的情誼，不顧一切困難和危險，便到彭越的頭下來祭奠他。所以欒布是一個有情有義的血性之人，並不是像戲劇家和平劇藝術家所扮演的那種沒有膽量的滑稽角色。

　　欒布既經被捕，而且還解到漢帝那裡，只等命令一下，就要動刑處死。高帝宣布欒布的罪狀是：「若與彭越反邪？吾禁人勿收，若獨祠而哭之，與越反明矣！趣（同速）亨（同烹）之！」漢帝的左右，正在提著湯要烹他的時候，欒布要求「願一言而死！」高帝總算答允了他的要求，他便把楚漢相持時彭越所處地位的重要和舉足輕重的關係向高帝說明。我們再重複欒布的那句扼要而實在的話：「當是之時，彭王一顧，與楚則漢破，與漢而楚破」，那真是實在的，而且身經苦戰而得彭越之助而復甦的劉邦，心裡是明白的。劉邦之赦彭越為庶人，使其在蜀地的青衣江得享天年而終，可能就是這個因素。欒布接著又說：

　　　　且垓下之會，微彭王，項氏不亡。天下已定，彭王剖符受

封，亦欲傳之萬世。今陛下一徵兵於梁，彭王病不能行，而陛下疑以為反！反形未見，以苛小案誅滅之，臣恐功臣人人自危也！今彭王已死，臣生不如死，請就亨。

從這段話，我們可以知道欒布之所以要和漢高帝講幾句話，是要一洩胸中的積憤，為彭越出一口冤氣，讓漢高帝難過一番。所以他要和高帝說幾句話，和韓信在漢中臨刑時的長嘆求言，性質完全不同。韓信的長嘆，是充滿著求生慾望和一展長才的期望；而欒布只求心裡的痛快，並不作求生的打算。所以他說完這幾句話，便自就烹所，以求速死。他做夢也沒有想到，他這幾句理直氣壯而對高帝富有刺激性的話，不但沒有結束他自己的生命，反因此而得到進身之階，他的後半世，還得到一段榮華富貴的生活。這也許是漢高帝對彭越的歉意，表達在欒布的哭頭事件上。他對欒布的那種為朋友、為故主而不惜犧牲生命的俠義行為，先已有了好感；等他聽到一番陳說，也覺得自己對彭越有些缺德；何況像欒布那樣的血性男子，在他的政府中，也正需要；更何況他之所以要除彭越，為了他有力量、有辦法，彭越既除，錄用他的部屬，更可以見到他的寬大和彭越的有虧臣禮。此外，還有一點，也許是更重要的原因，那便是呂后的專橫。在處死韓信與彭越這兩位大功臣時，都由呂后擅作主張，而且都夷了三族，其狠毒實在達於極點；高帝其時健康已成問題，孝惠柔弱，他已有所見；一場劉、呂奪權鬥爭，危機已經隱伏著了。所以欒布那樣行為義俠的臣子，正是漢高帝所需要的，漢帝之赦免欒布，可能與上述因素有關，而期望在劉氏政權危急的時候，欒布像效忠彭越那樣的效忠劉氏政權，可能是最重要的因素了。所以欒布抱必死之心，大膽地向高帝頂撞了幾句，不但沒有被殺，反在被赦以後，封以都尉的官職，欒布反而交了官運。

七、因禍得福和以法快意

欒布過去，雖然也做過公職人員，當過「將」和「大夫」，但是都在封建諸侯那裡做官，並沒有做過天子的官。一旦做了天子的官，他那種小人得志便猖狂的情況，我們不足為奇的。不過，我們研究欒布傳和史書有關資料，漢帝時代，欒布雖為都尉，似乎還不很得意。他的得意時期，是在文帝和景帝兩代。這裡，我們有一個找不到答案的問題，那就是欒布和高帝還有一些瓜葛的關係，同文、景二帝的關係，那就越來越遠了；但是為什麼他在文、景二帝時代，反而更得意呢？莫非三老臣或二老臣冒死到淮河營去遊說劉長，確有其事嗎？史書的記載告訴我們：文帝所重用的是劉、呂奪權鬥爭中有功人員如周勃、陳平等，代國帶來的貼身侍從人員如宋昌、張武等，欒布若非在劉、呂奪權鬥爭中有所出力，其被漢文帝所重用，而且還留給他的兒子景帝，那幾乎是不可能的。依照欒布的性格和往事，他以待死之身，被高帝赦免而得官，其對高帝感恩圖報之心必切，因而在劉、呂奪權鬥爭中有所出力，那是太可能了。否則，他怎樣會得到文帝的重用呢？

孝文帝把欒布升為燕相，並為將軍，這正是欒布的得意時期，我們知道北方的形勢之地，代當然十分重要，燕是代的後路，更是支持代或監視代的重要基地。燕、趙、齊相連，齊是劉邦的庶長子的封國，本有繼孝惠帝的希望，大臣們恐齊王的外祖家勢力太大，將來又要發生傾覆炎漢政權的危機，所以把這個可能打銷了。可是齊王對於帝位，從此便有了覬覦之心，這一點是文帝所看得到，而且也顧慮得到的；因此，他以忠心耿耿的欒布做燕的相國，後來又做將軍，是有他的道理的。

欒布做了相國和將軍後，便有一朝權在手，便把令來行的氣

概。他曾經這樣說過：「窮困不能辱身下志，非人也；富貴不能快意，非賢也。」上一句是為他辱身下志做解釋，下一句是替他有德報德，有怨報怨做解釋。不過他的有德報德和有怨報怨，是一本法律的許可範圍的。《史記》對此，記載甚為簡略，只說：「於是嘗有德者厚報之，有怨者必以法滅之。」「必以法」三個字，正可以說明欒布並非仗勢欺人，毀法亂紀的小人得志者流。我們但看欒布做了一任燕相以後，後來又回任燕相。燕齊的民間，對欒布奉行法令，謹飭吏事的作風，非常感激和佩服，燕齊民間，都為欒布立社，作為紀念，號曰欒公社。由此，我們可以知道這位十十足足出身於平民社會的欒公，是懂得政治的，而且更是懂得軍事的，更是深得民心的。

欒布在高帝創業那個大時代裡，在軍事政治上並沒有什麼表現，但在吳楚七諸侯造反的時候，他的軍事才能，發揮出來了。

原來，像齊那樣的土廣民眾的大諸侯，而其王心中常有不臣之想，漢家天子自然不能不予以注意。文帝時，洛陽少年賈誼上書，提出眾建諸侯的原則，雖然賈生本人，因為年事太輕，未被重用，但是他的意見卻是被重用的。其實這個辦法，文帝即位之初，就在使用。如文帝二年，盡封悼惠王子為侯，齊文王死了以後，又把齊地分為七王的封地，便是例子。及景帝三年（西元前154年），吳王濞、楚王戊、趙王遂、膠西王卬、濟南王辟光、菑川王賢、膠東王雄渠反，這便是所謂吳楚七國之亂，而七國中的四個王，都是原來的齊地。如果齊地不分，則其聲勢之大，當更在想像之外了。由此，可知漢文帝把欒布這個重要人物，安置在燕相和將軍的地位，而且去而復返，其基本的用意，就是用來監視齊地諸侯的反叛了。

七國之亂的首要分子，是吳王濞；而漢家中央政府平定吳楚之亂的主將是周亞夫，他是周勃的兒子，治軍紀律嚴明，細柳營

的故事是大家所知道的。文帝知道他的能幹，所以臨終遺命，認為周亞夫在緩急時可加重用。景帝繼位，一方重用周亞夫，一方重用欒布，用周亞夫來對付南方的吳，用欒布來對付東方的齊，在部署上可以說是得到了要領。吳楚反，西告諸侯，謂將誅賊臣鼂錯，以安宗廟。鼂錯就是主張削減諸侯權力的景帝左右的重要人物，齊王把這個消息，使路中大夫告於天子，天子則使路中大夫還告齊王，要齊王堅守，漢兵且將破吳以救齊。及路中大夫還齊，膠東王等三國兵圍齊都臨淄數重，不得入。膠東王等俘路中大夫，要他把相反的消息，即漢兵已破的消息，告知齊王。這位路中大夫，真可以說得上是一個血性男子，他看到情勢如此，如果不通權達變，便將無法達成任務，於是他將計就計，答允他們的條件，但是當他望見齊王的時候，他的說詞是：「漢已發兵百萬，使太尉周亞夫擊破吳楚，方引兵救齊，齊必堅守無下。」這樣一來，路中大夫是被害了，而齊得以堅守了。無何，而將軍欒布與平陽侯等率兵來救，齊圍得解，而欒布亦得以此軍功，而被封為俞侯。欒布死於景帝五年。子欒賁，以祭祀的犧牲不合法令而除國。

　　太史公為彭越作傳，在他的贊裡，頗有微詞，其中有「懷叛逆之意，及敗，不死而虜囚，身被刑戮」之語，以史公之處境來說，他一口認定彭越是叛逆，當然只有如此；但是史公之文具在，彭越之罪，就是漢帝徵兵時稱病未親往，假使是他真的病了，那更是何罪之有？所以欒布為彭越申冤，謂以細故，那是事實。韓信和英布，是真有反跡，而彭越實在並無反跡，其遭醢刑和被夷三族，真是罰過其罪了。但是，史公對欒布的批評，認為他的哭彭越，「趣湯如歸者，彼誠知所處，不自重其死，雖往古烈士，何以加哉！」那倒是很公平的評論。但是，如果欒布被罰身死，那恐怕史公的論調，又要兩樣了！

全新 歷 史 巨獻

中國斷代史叢書

穿梭古今 遨遊歷史

集合當前頂尖陣容,給您最精采、最詳實的中國歷史

◆ **先秦史** 朱鳳瀚　　◆ **遼金元史** 張　帆

◆ **秦漢史** 王子今　　◆ **明　史** 王天有、高壽仙

◆ **魏晉南北朝史** 張鶴泉　◆ **清　史** 郭成康

◆ **隋唐五代史** 王小甫　◆ **中國近代史** 李喜所、李來容

◆ **宋　史** 游　彪

秦漢史——帝國的成立　　　　　　　王子今／著

　　秦漢時代「大一統」政治體制基本形成,「皇帝」從此成為中國的主人,秦始皇、楚漢相爭、漢武帝、王莽代漢的史事,在此輪番上演。在作者精心的串聯下,拼湊出秦漢時代的嶄新面貌。您知道為什麼認真的秦始皇底下會出現暴政?為什麼東漢神童特別多?本書將與您一同體驗歷史。

隋唐五代史——世界帝國・開明開放　　　王小甫／著

　　隋唐王朝，是中國歷史上最璀璨的時代。文治武功鼎盛，「天可汗」的威儀傲視天下。經濟繁榮發達，社會活潑開放，繁華熱鬧的長安展現世界帝國首都的氣勢。這是唐太宗的帝國、李白的世界，出現中國歷史上空前絕後的女皇帝，氣勢恢弘的時代精神、富麗堂皇的藝術風格，為這「世界帝國」下了最佳註腳！

明史——一個多重性格的時代　　　王天有、高壽仙／著

　　明代在政治上專制皇權進入前所未有的高峰，經濟上工商業的繁榮也帶動了社會、文化的活躍，但也使新的問題油然而生，成為明朝不得不面對的新挑戰。想知道朱元璋如何一統天下、鄭和為什麼七下西洋、瞧一瞧皇帝身邊最勾心鬥角的宮廷世界、群臣士大夫的力挽狂瀾，見識明代富庶、奢靡的生活情趣，那你千萬不可錯過！

中國近代史——告別帝制　　　李喜所、李來容／著

　　鴉片戰爭以來，中國面臨了三千年未有的大變局。一方面是內外交逼，國將不國；另一方面是一代代的中國人投身救國救民的行列。清政府在變局中被動地回應外來的刺激，終於導致了自身的滅亡，宣告持續了兩千多年的皇帝制度從此在中國壽終正寢。儘管新的共和國風雨飄搖，但告別帝制，走向共和，已然是世界潮流，無法逆轉。

時代造就英雄，
英雄創造時代

　　站在歷史浪潮的頂端，他們乘風破浪，叱吒風雲，留給後人的，當不僅是英雄偉業、名垂青史，令人動容的，是一股歷史的使命感和扭轉乾坤的霸氣，而忠義智勇更是英雄之所以成為英雄人物的元素，且看惜秋如何帶領讀者一略歷史風雲人物的氣概。

【戰國風雲人物】　　　　【漢初風雲人物】

【東漢風雲人物】　　　　【蜀漢風雲人物】

【隋唐風雲人物】　　　　【宋初風雲人物】

【民初風雲人物】（上）（下）